Émile Durkheim
Pragmatismo y Sociología

1ª ed. - Barcelona / Buenos Aires: Miño y Dávila editores - Septiembre 2022.

224 p.; 22,5x14,5 cm.

ISBN: 978-84-18929-10-6
Depósito legal: M-32390-2021

**Edición:** Primera en castellano. Septiembre 2022
**Lugar de edición:** Barcelona, España / Buenos Aires, Argentina

**ISBN:** 978-84-18929-10-6
**Depósito legal:** M-32390-2021

**THEMA:** JHB [Sociology]
JHBA [Social theory]
**BISAC:** SOC026000 [Sociology / General]
SOC025000 [Social Work]
**WGS:** 720 / Social sciences, law, economy / Sociology
722 / Social sciences, law, economy / Sociological theories



**Traducción:** Daniel Sazbón
**Diseño:** Gerardo Miño
**Composición:** Laura Bono

**Página web:** www.minoydavila.com

**Mail producción:** produccion@minoydavila.com
**Mail administración:** info@minoydavila.com

**Dirección postal:** Miño y Dávila s.r.l.
Tacuarí 540. Tel. (+54 11) 4331-1565
(C1071AAL), Buenos Aires.

# ÉMILE DURKHEIM

## PRAGMATISMO Y SOCIOLOGÍA

**TRADUCCIÓN
Y ESTUDIO INTRODUCTORIO:
DANIEL SAZBÓN**

*Estudios Durkheimnianos* **VI**

MIÑO Y DÁVILA
◆ EDITORES ◆

# Índice

◆ **APÉNDICES** ◆

# ÉMILE DURKHEIM

# PRAGMATISMO Y SOCIOLOGÍA

**TRADUCCIÓN  
Y ESTUDIO INTRODUCTORIO:  
DANIEL SAZBÓN**

# Estudio introductorio

# ¿Hacia una sociología de la acción?

*Daniel Sazbón*

El curso que Durkheim le dedicó al análisis crítico de la filosofía pragmatista, dictado en París entre 1913 y 1914, es quizás uno de los textos menos recorridos del sociólogo alsaciano, y al mismo tiempo posiblemente uno de los más ricos y sugestivos para valorar el alcance de las pretensiones de su obra sociológica. Si por un lado se inscribe dentro de una línea muchas veces visitada pero no siempre explorada en plenitud –la de las relaciones entre sociología y filosofía, o más precisamente: la de la superación sociológica a las limitaciones de la filosofía–, por el otro supone una exploración de los límites mismos de los postulados sobre los que se asienta su enfoque sociológico, esbozando líneas de fuga del mismo que permiten anticipar algunas eventuales proyecciones futuras, coartadas por su imprevista y temprana desaparición pocos años más tarde, en 1917.

La atención brindada por Durkheim a una corriente filosófica con las características del pragmatismo, así como la significativa apertura que evidenciaba ante sus planteos –apertura que no le impidió presentarlos como un "ataque a la tradición filosófica francesa"–, tan alejados a los suyos propios, resultan significativos. En términos cronológicos, la cercanía con *Las formas elementales de la vida religiosa*, publicada el año anterior al inicio del curso, es innegable; ambos textos están igualmente animados por ofrecer una respuesta en clave sociológica a uno de los problemas de mayor recorrido en la filosofía, particularmente en la del siglo XIX: el de los fundamentos y posibilidades del conocimiento humano. Pero a esta preocupación epistemológica, de innegable presencia en este curso, se le añade aquí una que también podía hallarse en germen en dicha obra: la que ligaba la elaboración mental de la colectividad a ciertas prácticas realizadas por sus miembros; es decir, en otras palabras, la vinculación entre pensamiento y acción.

El presente estudio introductorio busca ubicar el curso dictado por Durkheim en su contexto de producción, entendiendo este término en dos sentidos diferentes, el de la historia intelectual francesa del período en el que se dictaron las lecciones, y el de la ubicación del texto dentro de la trayectoria de su autor. En el primer caso, buscaremos presentar someramente de qué modo se recibió en sede francesa la expansiva irradiación del pragmatismo norteamericano, y con qué debates y tensiones propias del siempre complejo escenario cultural galo quedó asociada su recepción. En el otro, trataremos de mostrar el lugar que ocupa la preocupación por el pragmatismo en el conjunto de la obra durkheimiana, en particular hacia los años en los que dictó el curso "Pragmatismo y sociología".

– 1 –

## El pragmatismo en el escenario intelectual y político francés

Si bien sus exponentes no siempre han reconocido una filiación compartida que los unificara como movimiento, lo que hacia fines del siglo XIX terminaría por ser conocido como "pragmatismo" reconocerá retrospectivamente sus primeras formulaciones en los trabajos de Charles Sanders Peirce (1839-1914) publicados a fines de la década de 1870, en los que por primera vez aparecía esbozada la "máxima" que condensaba a ojos de su autor su novedoso método: la identificación de la concepción de un objeto con los efectos *prácticos* a los que tal concepción conducía.[1] Unas décadas después estos aportes fueron tomados como insumo fundamental por William James (1842-1910) quien acuñó el término *"pragmatism"* (o *"practicalism"*) para referirse al principio que asume que "el significado efectivo de cualquier proposición filosófica" estará siempre supeditado a las consecuencias "en nuestra experiencia práctica futura".[2] Más allá del neologismo, la noción se correspondía con los desarrollos de James sobre la relación entre "verdad", "creencia" y "voluntad" avanzados desde sus *Principios de psicología* (1890), en los que la conciencia se presentaba como corriente o *"stream of thoughts"*, noción ilustrativa del carácter siempre fluido de una realidad que sólo debido a nuestro interés se nos presenta mentalmente como "cosas".[3] Este lazo entre acción y percepción del mundo sostiene un postulado básico del movimiento pragmatista: si la "verdad" resulta de una acción, las

---

1  "Considérese qué efectos que pudieran tener… repercusiones prácticas concebimos que tiene el objeto de nuestra concepción… nuestra concepción de esos efectos constituye la totalidad de nuestra concepción del objeto"; Peirce, "Cómo esclarecer nuestras ideas", en *Obra filosófica reunida, t. I (1867-1893)*, México, FCE, 2012 [orig. 1878].

2  "The effective meaning of any philosophic proposition can always be brought down to some particular consequence, in our future practical experience…", James, "Philosophical Conceptions and Practical Results", *University Chronicle* 1:4, 1898, pp. 287-310.

3  "What are things? Nothing… but special groups of sensible qualities, which happen practically or aesthetically to interest us…"; James, *The Principles of Psychology*, cit., t. 1, p. 285.

verdades *cambian* con el tiempo, porque el hombre y sus intereses también lo hacen.[4]

A comienzos del nuevo siglo la popularidad alcanzada por James –a partir de obras como *La voluntad de creer* (1897), *Pragmatismo* (1907), *Un universo pluralista* y *El significado de la verdad* (ambas de 1909)– había puesto al pragmatismo en boga, para cierta incomodidad del propio Peirce, quien buscó diferenciar su propio enfoque llamándolo "pragmaticismo".[5] Un paso considerable en su incorporación al mundo académico estadounidense lo dio su adopción por quien sería el filósofo más importante de EE.UU. de la primera mitad del XX, el también psicólogo John Dewey (1859-1952), quien mostraría la influencia de Peirce y James en la obra colectiva *Studies in Logical Theory* (1903) y en *Cómo pensamos* (1910), para pasar a desarrollar su propia variante del pragmatismo "instrumentalista" en *Lógica. Teoría de la investigación* (1938). Con Dewey el pragmatismo, además de ganar credenciales como tendencia filosófica reconocida al interior del campo académico, dilató su irradiación en diversas direcciones, en buena medida gracias a sus proyecciones en otros miembros de lo que sería conocida como la "escuela de Chicago", con nombres como George Hebert Mead (1863-1931), James Hayden Tufts (1862-1942), James R. Angell (1869-1949), Jane Addams (1860-1935) y Addison W. Moore (1866-1930). Partiendo de postulados genéricamente pragmatistas, sus trabajos irían orientándose en las décadas siguientes hacia otras direcciones, como el funcionalismo y el behaviorismo social en psicología.[6]

La significativa expansión que experimentó el movimiento desde los últimos años del siglo XIX no tardaría en encontrar eco en medios intelectuales europeos, especialmente en Gran Bretaña, Italia y Francia, en lo que sería la primera incorporación de la filosofía norteamericana al diálogo con su contraparte europea.[7] Si en los primeros dos lugares su influencia encontró receptores particularmente sensibles a sus lineamientos, al punto de convertirse ellos mismos en miembros prominentes de la corriente –como F.C. Schiller, Giovanni Papini y Giusepe Prezzolini–, en el caso francés su impacto estará atravesado por otros matices, aunque diste de ser menor, como evidencia la muy nutrida bibliografía que lo tiene como objeto. Efectiva-

---

4   "The truth of an idea is not a stagnant property inherent in it. Truth *happens* to an idea. It *becomes* true, is *made* true by events. Its verity *is* in fact an event, a process"; "The notion of truth", en *Pragmatism…*, cit., p. 201.

5   Peirce, "What Pragmatism Is", *The Monist* 15:2, 1905, pp. 161-181.

6   Gary Cook, "George Herbert Mead", en John Shook y Joseph Margolis, *A Companion to Pragmatism*, Blackwell, 2006.

7   Martin Halliwell y Joel Rasmussen (comps.), *William James and the Transatlantic Conversation. Pragmatism, Pluralism and the Philosophy of Religion*, Oxford UP, 2014.

mente, entre 1875 y el estallido de la guerra en 1914 se contabilizaban más de dos centenares de artículos sobre pragmatismo en revistas especializadas (particularmente la *Revue de Métaphysique et de Morale* y la *Revue philoso-phique*), mientras que el número de libros dedicados central o lateralmente al tema se acercaban al medio centenar.[8] Las traducciones de algunas obras de sus principales exponentes también evidenciaban la existencia de un público atraído por las ideas de la novel filosofía.[9] Fuera del mundo editorial, otro indicador significativo del interés suscitado por la corriente lo brindan los numerosos cursos, conferencias y encuentros en general ofrecidos para ilustrar (y discutir) sus postulados.[10] Hacia la década de 1910 la densidad del "pragmatismo francés" era ya la suficiente como para convertirlo en objeto de trabajos académicos en EE.UU. y Alemania.[11]

Esta receptividad estuvo lejos de ser homogénea en el tiempo: marginal hacia los años 1880, se incrementa a partir de 1890, tornándose significativa con el cambio de siglo (entre 1898 y 1906) a partir de los ya por entonces nutridos contactos entre James y el mundo intelectual galo (en primer lugar, Henri Bergson). A continuación se acelera significativamente, con un pico entre los años 1909 y 1911, en un movimiento que, como veremos en la siguiente sección, remite al lugar que ocuparía el pragmatismo en el encrespado espacio intelectual y político de la hora. Previsiblemente, los trabajos

---

8   Una selección de estos trabajos debería incluir los de Gaston Milhaud, *Le rationnel. Études complémentaires a l'essai sur la certitude*, 1898; Léon Brunschvicg, *L'idéalisme contemporain*, 1905; Émile Boutroux, *L'expérience religieuse selon William James*, 1907 y *Science et religion dans la philosophie contemporaine*, 1908; Marcel Hébert, *Le pragmatisme*, 1908; Albert Schinz, *Anti-pragmatisme*, 1909; Jean Bourdeau, *Pragmatis-me et modernisme*, 1909; Maurice Pradines, *Critique des conditions de l'action*, 1909; Théodore Flournoy, *La philosophie de William James*, 1911; Alfred Fouillée, *La pensée et les nouvelles écoles anti-intellectualistes*, 1911; René Berthelot, *Un romantisme utilitaire* (tres vols.), 1911-1913 y Henri Reverdin, *La notion d'expérience d'après William James*, 1913. Por el lado de los pensadores de extracción confesional: Clodius Piat, *Insuffisance des philosophies de l'intuition*, Plon, 1908, Albert Leclère, *Pragmatisme, modernisme, protestantisme*, Bloud, 1909; Léon Christiani, *Le problème de dieu et le pragmatisme*, 1909 y Pierre Bovet, *La définition pragmatique de la vérité*, Saint-Blaise, Foyer Solida-riste, 1910.

9   Desde 1906 (*L'éxperience religieuse*) hasta 1916 (*La volonté de croire*) se editaron en francés seis libros de William James, así como uno de F.C.S. Schiller (*Études sur l'huma-nisme*).

10  Los trabajos de Jean-Louis Fabiani le otorgan particular importancia a este índice, criti-cando su ausencia en la que quizás sea la más importante obra de referencia bibliográfica, el libro de John Shook, *Pragmatism. An Annotated Bibliography 1898-1940*, Amsterdam, 1998; cf. Fabiani, "Le pragmatisme et l'internationalisation du débat philosophique au-tour de 1900", *Revue de métaphysique et de morale* 84, 2014, pp. 499-511.

11  Susan Stebbing, *Pragmatism and French Voluntarism*, Cambridge University Press, 1914; Paul Simon, "Der Pragmatismus in der Modernen Franzœsischen Philosophie", Münster, 1918.

sobre la materia decaen abruptamente hacia la Gran Guerra, de la mano de un declive generalizado en la producción académica e intelectual. Finalizado el conflicto, aunque algunos textos hacia la década de 1920 demuestran la vitalidad que seguía conservando,[12] el interés por el pragmatismo terminará entrando en un cono de sombras del que recién comenzará a salir hacia la segunda postguerra, en paralelo con el ascenso de la influencia del pensamiento norteamericano en la academia y la cultura francesa en general.[13]

Tal interés –así como los matices que lo envolvían– puede explicarse por diversos factores, que hacen tanto a la existencia de antecedentes compartidos con el proyecto pragmatista en la tradición del pensamiento francés del XIX como a la coyuntura especial en la que se produjo su irrupción en dicha sede, en términos tanto propiamente intelectuales como políticos e ideológicos. En cuanto al primer punto, conviene recordar que un autor fundamental del movimiento como Peirce ya había sido publicado en la *Revue philosophique* a fines de los 1870s (es decir, cuando aún no podía hablarse del "pragmatismo" como tal), incluyendo su seminal "How to make our ideas clear", traducido al francés apenas un año después de su aparición. Lo mismo ocurre con los trabajos de William James, varios de los cuales aparecieron (aún antes de publicarse en inglés) en la *Critique philosophique* dirigida por Charles Renouvier, a quien en varias ocasiones saludó como una de las principales influencias en su pensamiento (y con quien mantuvo relaciones epistolares relativamente nutridas);[14] la de Renouvier no es por otra parte más que una de las muchas referencias del mundo cultural francés citadas en los tempranos trabajos de James, junto con otras como el psicólogo Alfred Binet o el filósofo Pierre Royer-Collard.

Más allá de los lazos personales entre James y Renouvier, la referencia ilustra el terreno común que compartía el pragmatismo estadounidense con

---

12  Como el trabajo de Jean Wahl sobre *Les philosophies pluralistes de Angleterre et d'Amérique*, de 1920, o el de Georges Sorel, *De l'utilité du pragmatisme*, de 1922. Este será también el año en que se publique el tercer y último tomo de la citada obra de Berthelot.

13  Fabiani, cit.; en lo que sigue nos basaremos en los datos de Shook, *Pragmatism…* cit., asi como en su discusión en Romain Pudal, "Enjeux et usages du pragmatisme en France (1880-1920). Approche sociologique et historique d'une acculturation philosophique", *Revue française de sociologie* 52, 2001, pp. 747-775, 2011.

14  James: "Debo todas mis doctrinas sobre este tema [del esfuerzo y la voluntad] a Renouvier", en *Un universo pluralista. Filosofía de la experiencia*, Buenos Aires, Cactus, 2009 [1909]. John B. Allcock, "Editorial Introduction to the English Translation" en Durkheim, *Pragmatism and Sociology*, Cambridge UP, 1983, p. xxv; Donald Wayne Viney: "William James on Free Will: The French Connection with Charles Renouvier", en David Schultenover (comp.), *The Reception of Pragmatism in France and The Rise of Roman Catholic Modernism, 1890-1914*, Washington, The Catholic University of America Press, 2009, pp. 93-121; Jean-Marie Chevalier: "La réception de Charles S. Peirce en France (1870-1914)", *Revue philosophique de la France et l'étranger* 135:2, 2010, pp. 179-206.

ciertas ramas de la filosofía francesa de la segunda mitad del XIX, en particular (pero no solamente) en su variante espiritualista; en dicho espacio
eran centrales nociones como "yo" (*self*), "experiencia", "voluntad" (*will*),
"libertad", etc., todas ellas subsumidas bajo la pregunta general acerca de
los fundamentos del conocimiento humano. Tal centralidad de la dimensión epistemológica en las preocupaciones del período tributaba tanto a la
ubicación del racionalismo como equivalente metonímico de la filosofía
francesa –la cual, si por un lado (a partir de Victor Cousin) había terminado
de consagrar a Descartes como figura "nacional",[15] por el otro, y en particular en el sistema académico institucionalizado, se inscribía dentro de los
parámetros del kantismo–[16] como a la dilatación del lugar correspondiente
al conocimiento científico en el período y la correlativa zona de fricción
entre corrientes positivistas, idealistas, espiritualistas, etc. Que el proyecto
pragmatista diera sus primeros pasos con las acerbas críticas de Peirce contra
la "ensalada" del cartesianismo (en su fundacional "Some Consequences
of Four Incapacities" de 1868)[17] y que los trabajos en psicología de James
abrevaran en el espiritualismo de Royer-Collard (así como en el empirismo
de Mill) para afirmar que la percepción no era una sucesión de sensaciones
sino un continuo cuya unidad mínima era la "duración", ilustraba tanto lo
que alejaba la iniciativa norteamericana de las corrientes dominantes en
Francia como sobre todo lo que la unía a ella; no por casualidad por esos
años Arthur Lovejoy catalogaba al pensamiento de James como "un capítulo
en la historia de la filosofía francesa".[18]

Efectivamente, las lecturas francesas de los autores pragmatistas (particularmente las de James) tenderán a estar condicionadas en primera instancia
por las tensiones suscitadas por la posición de privilegio del racionalismo
cartesiano y su deriva cientificista, en particular –y aquí entramos en la
segunda dimensión anticipada más arriba– en la coyuntura abierta hacia el
cambio de siglo con la "crisis" del pensamiento positivista.[19] En este escenario, delimitado por líneas de fuerza cruzadas y superpuestas, tanto a nivel

---

15  Delphine Antoine-Mahut, "Figures of Descartes in XIXth Century France", en Jorge
    Secada y Cecilia Wee (comps.), *The Cartesian Mind*, Londres, Routledge, 2019.

16  Fabiani, cit., p. 506.

17  Sobre Peirce y Descartes: Pudal, cit. y Douglas Anderson: "Peirce and Cartesian Ratio-
    nalism", en Shook y Margolis, cit.

18  Arthur Lovejoy, "The Problem of Time in Recent French Philosophy", *The Philosophical
    Review* 21:1, 1912, p. 17. Sobre relaciones entre James y la "tradición francesa", cf.
    Barbara Loerzer, "William James, the French Tradition and the Incomplete Transposition
    of the Spiritual into the Aesthetic", en Halliweell y Rasmussen, cit., pp. 66-80.

19  Es la clásica tesis de H. Stuart Hughes sobre la década de 1890 como "revuelta contra el
    positivismo", *Consciousness and Society*, Londres, Transaction, 2004 [2002], pp. 33-66:
    cf. asimismo Frédéric Worms (comp.), *Le moment 1900 en philosophie*; cf. *infra*.

filosófico-intelectual (racionalismo, empirismo, eclecticismo, espiritualismo, idealismo, positivismo, neocriticismo, etc.) como político-ideológico (siendo la oposición entre republicanismo laico y catolicismo tradicionalista la más evidente pero en ningún caso la única), la atención despertada por las ideas de James, Dewey o Peirce quedará inevitablemente teñida por su reapropiación en función de dichas coordenadas. Por un lado, para los filósofos espiritualistas el pragmatismo ofrecía respuestas novedosas a su antigua preocupación acerca del lugar de la experiencia en la operación cognitiva –en riesgo de disolución, tanto por el deductivismo racionalista como por el materialismo científico determinista–, al conectarla con nociones caras a los críticos del racionalismo abstracto como las de "voluntad" o "acción" (ligadas a la de "esfuerzo", central en autores como Maine de Biran); por el otro, para muchos pensadores católicos la nueva corriente permitía colmar la brecha abierta entre razón y religión, al poner el acento en la operatividad de la fe para toda actividad cognitiva.

Se distinguen así tres grandes campos diferenciados en la receptividad brindada al pragmatismo angloestadounidense en el cambio de siglo francés:[20] el primero, correspondiente al "constructivismo" o "convencionalismo" científico preconizado por Henri Poincaré; el segundo –que será desarrollado en el próximo apartado–, referido al modernismo católico y a la "filosofía de la acción" de Maurice Blondel; y el último, en el que encontramos al neocriticismo espiritualista de Émile Boutroux y, fundamentalmente, a Bergson, probablemente la figura más importante del escenario intelectual francés del primer cuarto de siglo XX (y cuyo evidente contraste con la sociología durkheimiana explicará en buena medida la animosidad exhibida por el autor del *Suicidio* de cara a la filosofía llegada de EE.UU.). El primero de ellos –el más alejado del universo en el que se movía Émile Durkheim, y por lo tanto el menos relevante para nuestros propósitos aquí– se desarrollaría a partir de los trabajos publicados desde los años 1890 por Poincaré, prolongándose en las décadas siguientes en el empirismo lógico de Pierre Duhem. El énfasis del matemático lorenés en la convencionalidad de los sistemas de medición y, por extensión, en el carácter *construido* de toda la geometría (por oposición tanto al empirismo, que supone su subordinación a la experiencia vivida, como al idealismo kantiano, que la considera sostenida en las facultades innatas de un sujeto trascendente) convergía con el pragmatismo norteamericano en una imagen anti-realista del conocimiento "verdadero", siendo la "comodidad" del primero similar en este punto a la noción de *utilidad* del segundo.[21]

---

20  Siguiendo a Shook, cit.

21  R.C. Grogin, *The Bergsonian Controversy in France, 1900-1914*, University of Calgary Press, 1988; Dominique Parodi, *La philosophie contemporaine en France*, París, Alcan, 1920.

De gran relevancia en la escena intelectual francesa del período, el filósofo católico Maurice Blondel (1861-1949) estuvo asociado tempranamente
al movimiento pragmatista, término que él mismo ya empleaba a fines de
los años 1880 para describir sus puntos de vista, incluso antes de entrar en
contacto con los filósofos estadounidenses. En su tesis doctoral *La acción*,
defendida en 1893, partía de un análisis fenomenológico de la voluntad
humana de actuar, enfatizando tanto su carácter "libre" en relación con
toda atadura racionalista como su subordinación al plano religioso de la
existencia, en la medida en que el sentido de dicho actuar estaba dado por
la búsqueda de absoluto ("querer lo infinito") y éste demandaba la comunicación con lo divino. Esta operación enfrentaría a Blondel tanto con el
racionalismo imperante en la academia francesa como con la escolástica
tradicionalista, haciendo de él (junto con Alfred Loisy, al que también se lo
asociará con el pragmatismo)[22] una de las figuras centrales del movimiento
modernista que, como veremos, sacudiría al universo católico desde los años
1890s.[23] La vinculación entre fe religiosa y accionar humano, una similar
subordinación de la "verdad" de una idea a sus consecuencias prácticas y
una común defensa del libre arbitrio, hacían del pragmatismo un compa-
ñero de ruta adecuado para la campaña modernista contra el determinismo
materialista. No obstante, a comienzos de siglo Blondel buscó desligarse
del movimiento originado en EE.UU. –rechazando lo que veía como su
"irracionalismo"– optando por dejar de utilizar el término *pragmatisme* para
referirse a sus propias posiciones.[24]

Esta distancia no fue obstáculo para que el propio James elogiara a Blondel (y a otro católico modernista como Edouard Le Roy) en el prefacio de su
*Pragmatism* de 1907; tampoco impidió que al año siguiente el propio Émile
Boutroux, uno de los mentores de Blondel, incluyera al pragmatismo como
parte de la familia de "filosofías de la acción".[25] La referencia no era menor,
dado que Boutroux, una de las más importantes figuras de la recepción fran-

---

22  Berthelot, cit.; Loisy había sido electo en 1909 a la cátedra de "Historia de las religiones"
    del Collège de France, en oposición a Marcel Mauss; cf. Marcel Fournier: "L'élection
    de Marcel Mauss au Collège de France", Genèses 22, 1996, pp. 160-165; Rafael Faraco
    Benthien, "Les durkheimiens et le Collège de France (1897-1918)", *Revue Européene de
    Sciences Sociales* 53:2, pp. 191-218.

23  Michael J. Kerlin: "Blondel and Pragmatism: Truth as the Real Adequation of Mind and
    Life", en Schultenover, cit., pp. 122-142. Sobre el modernismo, cf. *infra*.

24  Gérard Deledalle, "Les pragmatistes et la nature du pragmatisme", *Revue philosophique
    de Louvain* 77:36, 1979, p. 472.

25  Boutroux, *Science et religion dans la philosophie contemporaine*, París, Flammarion,
    1919 [1908]. Cf. también ese mismo año la discusión en la Société française de philoso-
    phie a partir de la exposición de Dominique Parodi, "La signification du pragmatisme",
    en la que participaron el propio Blondel y otros modernistas como Le Roy y Laberthon-
    nière.

cesa de la corriente norteamericana, era en buena medida el responsable del incremento en el interés en la obra de James (de quien en 1906 prologaría la traducción de su *Varieties of Religious Experience*),[26] dado su peso en el universo intelectual de la III República, siendo desde 1910 presidente de la Académie des sciences morales et politiques (mismo año en el que James fue electo "Associé étranger"). En los años siguientes Boutroux se convertiría en una especie de interlocutor "institucionalizado" de James;[27] esta relación incluiría el hospedaje del francés en el hogar familiar de su colega durante su estadía en EE.UU. (organizada por el norteamericano), gentileza posteriormente devuelta por Boutroux, quien además publicaría en 1911 una de las primeras biografías de James, apenas unos meses después de su fallecimiento. Junto con Bergson, Boutroux fue la figura que más incidió en la incorporación del pragmatismo en el campo intelectual de la Francia de comienzos del siglo XX.[28]

El atractivo del pragmatismo jamesiano para Boutroux radicaba en dos planos de su obra, íntimamente ligados: por un lado, su decidida postura antideterminista y su concomitante acento en el peso de la libre voluntad sobre la ciencia; por el otro, la importancia asignada al aspecto volitivo en la operación cognitiva (la "voluntad de creer"), entendida como base de todo conocer, y, consecuentemente, la posibilidad de colmar la cesura existente entre conocimiento religioso y científico. Heredero en este punto de la tradición de la psicología introspectiva encarnada por autores como Maine de Biran y Félix Ravaisson,[29] Boutroux ya defendía la posibilidad de articular al conocimiento científico con la libertad y la "contingencia" desde su tesis *De la contingence des lois de la nature* (1874), rechazando la posibilidad de someter al hombre al imperio de pretendidas "leyes" que determinarían su comportamiento.[30] Es de este afán espiritualista que tributa la atención que prestaría hacia los años '90 a la relación entre ciencia y religión, y será en el marco de estas inquietudes que entre en contacto con la filosofía pragmática jamesiana. De ella saludaría su esfuerzo por "reintegrar a la religión a la

---

26  Tema que desarrollará al año siguiente en su propio libro *L'expérience religieuse*, París, Alcan, 1907 (reeditado como *L'expérience religieuse de William James*).

27  Fabiani, cit., p. 510.

28  Neil Gross: "Durkheim's Pragmatism Lectures: A Contextual Interpretation", *Sociological Theory* 15:2, 1997, pp. 126–149.

29  El filósofo espiritualista Pierre Maine de Biran (1766-1824) fue uno de los primeros exponentes de la psicología introspectiva francesa. Su influencia es perceptible tanto en el rival de Durkheim, Gabriel Tarde, como en Bergson. Cf. François Azouvi: *Maine de Biran. La science de l'homme*, 1995; Anne Devarieux: *Maine de Biran, la individualité perseverante*, 2004.

30  Boutroux, *De l'idée de loi naturelle dans la science et la philosophie contemporaines*, París, Lecène&Alcan, 1895.

naturaleza del hombre", mostrando que forma parte de su vida "normal" y disolviendo así su oposición con la ciencia; no obstante, aun cuando valoraba la atención brindada por James al costado subjetivo de la religión (la "experiencia religiosa"), tributario de su "empirismo radical", lamentaba su descuido del aspecto objetivo (es decir, los dogmas, ritos, y tradiciones).[31]

Pero más allá de la recepción brindada por Boutroux y de sus lazos personales con James, la figura del universo intelectual y cultural de la Francia de la *belle époque* con la que más quedaría asociada la corriente pragmatista será indudablemente la de Bergson. Discípulo y continuador de Boutroux (como Blondel, a quien también estará ligado), su anticientificismo de cuño espiritualista adoptó tonos vitalistas e intuicionistas. Ya desde su primer trabajo (*Ensayo sobre los datos inmediatos de la conciencia*, 1889) Bergson objetará al paradigma matemático-naturalista de la ciencia –que remontaba a sus postulados kantianos–[32] su incapacidad para aprehender los aspectos propios de la vida humana, dada su tendencia a sustituir la realidad viviente por abstracciones conceptuales. Para sortear tales obstáculos abogaba por una filosofía capaz de capturar la inmediatez de los datos percibidos por la conciencia (apoyándose directamente en la "intuición"),[33] pasible por tal motivo de captar el carácter siempre móvil y fluido de la realidad viviente al evitar su subordinación a la simbolización del concepto.[34] Este "intuicionismo" fue saludado efusivamente por James, quien le dedicó a Bergson una de las lecciones que luego reuniría en *Un universo pluralista* (1909), en la que declaraba que sólo gracias a las críticas bergsonianas al "intelectualismo" él había llegado a adquirir la audacia para "renunciar a la lógica" y optar en su lugar por los "pulsos concretos de la existencia",[35] adoptando un "empirismo radical" que partía de la "pura experiencia", es decir, del "flujo inmediato de la vida", la materia sobre la que operan las categorías conceptuales reflexivas.[36]

---

31  Boutroux, *Science et religion dans la philosophie contemporaine*, París, Flammarion, 1908.

32  Henri, Bergson, "Introducción a la metafísica" (1903), incluido en *El pensamiento y lo movible*, Santiago de Chile, Ercilla, 1936 [1934]. Sobre Bergson y Kant, cf. Frédéric Worms, "L'intelligence gagnée par l'intuition? La relation entre Bergson et Kant", *Les études philosophiques* 59, 2001, pp. 453-464.

33  Bergson, *L'évolution créatrice*, París, Alcan, 1908, p. 192.

34  Bergson, *Materia y memoria. Ensayo sobre la relación del cuerpo con el espíritu*, Buenos Aires, Cactus 2006 [1896]

35  James, *Un universo pluralista. Filosofía de la experiencia*, Buenos Aires, Cactus, 2009 [1909], p. 176.

36  James, *Essays in Radical Empiricism*, Nueva York, Longmans, Green and Co., 1912 [1905], p. 93. La lectura de *La evolución creadora* parece haber sido particularmente inspiradora para James; cf. la tesis de Peggy Lynne Hurtado, "The philosophy of Wil-

Bergson, por su parte, tampoco dejó de apreciar la obra del filósofo y psicólogo neoyorquino, con quien tejió una buena relación personal; cuando tras la muerte de James, en 1911, se editó la traducción francesa de *Pragmatism*, Bergson la prologaría con un texto (que varios años más tarde incorporaría a su *El pensamiento y lo moviente*) en el que expresaba tanto sus elogios a la "profundidad y originalidad" del autor como "ciertas reservas" que no detallaba.[37] A pesar de sus notorias diferencias –el lugar de la "utilidad", central en el pragmatismo y ausente en el francés, la relación inversa entre psicología y filosofía en sus enfoques, el lazo entre "verdad" y "realidad", y en general, la distancia entre el "intuicionismo" de uno y el "empirismo radical" del otro–,[38] el nombre de Bergson tendió a quedar asociado con el del pragmatismo (y particularmente con el de James) para buena parte de sus contemporáneos, ya sean críticos o adherentes de la *nouvelle philosophie*.[39] Para Bergson esta vinculación no dejó de ser provechosa: si por un lado le brindó un acceso a la audiencia anglosajona que sería altamente capitalizado por el parisino (el éxito de las conferencias brindadas en su visita a EE.UU. en 1913 así lo certifica),[40] por el otro fue importante para brindarle apoyo en su disputa contra el modelo racionalista y cientificista imperante en el sistema académico institucionalizado francés (principalmente, el kantismo *sorbonnien*), cuya legitimidad constituía uno de sus principales blancos.[41]

La asociación generalizada entre Bergson y el pragmatismo fue indudablemente uno de los principales factores de la rápida difusión y popularización del movimiento en Francia, dada la inmensa fama alcanzada por el autor de *La risa*.[42] Tanto por vía de Bergson como por la labor del propio

---

liam James as related to Charles Renouvier, Henri Bergson, Maurice Blondel and Emile Boutroux", Portland State University, 1987.

37   "Sur le pragmatisme de William James: vérité et réalité, en Bergson, *La pensée et le mouvant*, París, Alcan, 1934. Bergson también debía prologar la traducción de *Varieties of Religious Experience*, pero una enfermedad le impidió cumplir con la tarea; cf. Allcock, cit., p. xxvii.

38   Cf. William Kallen, *William James and Henri Bergson*, University of Chicago Press, 1914; Susan Stebbing, *Pragmatism and French Voluntarism*, Cambridge University Press, 1914; "James and Bergson: Reciprocal Readings", en Schultenover cit., pp. 76-92.

39   Grogin, cit.

40   Thomas Quirk, "Bergson in America", Prospects 11, 1986, pp. 453-490; McGrath, "Bergson Comes to America", *Journal of the History of Ideas* 74:4, 2013, pp. 599-620.

41   Fabiani, "Enjeux et usages de la 'crise' dans la philosophie universitaire en France au tournant du siècle", *Annales E.S.C.* 2, 1985, pp. 377-409; Giuseppe Bianco, "Les gardiens de la Sorbonne", en *Après Bergson. Portrait de groupe avec philosophe*, París, PUF, 2015.

42   La encuesta sobre la enseñanza filosófica llevada adelante por el psicólogo Alfred Binet demostraba ambas cosas: "Le pragmatisme de Bergson… remplit les meilleurs cours; il y en a où il est partout. Depuis l'influence de Renouvier, il n'y en a pas eu de plus

James –dueño también de una gran capacidad para circular sus ideas en auditorios más amplios que los estrechos círculos de la filosofía académica–[43] el pragmatismo se convirtió en objeto de atención para un enorme abanico de lectores y consumidores de productos culturales en general. Así, por ejemplo, dos figuras como Gustave Le Bon y Georges Sorel, parte importante de este universo relativamente marginal a los carriles institucionalizados del saber del período, pero de gran inserción en diversos circuitos de difusión de ideas, no dejaran de percibir la vitalidad de la corriente filosófica. El primero dejó constancia de su receptividad a las tesis pragmatistas en diversas obras, particularmente en *La vie des verités*, de 1914,[44] que continuaba su *L'opinion et les croyances* (1911), en la que también aparecían varias referencias a William James. Sorel, por su parte, modificará radicalmente su opinión acerca del movimiento filosófico de la hora, pasando de despacharlo sin miramientos como mero producto del "pensamiento burgués" en 1911 en *Las ilusiones del progreso* a saludarlo con entusiasmo hacia el final de su vida en 1921 en su libro *De l'utilité du pragmatisme*, donde por el contrario encontraba afinidades profundas entre James y Marx.[45]

Las vacilaciones acerca de su afinidad con el pragmatismo también se pueden apreciar en la tradicional *Revue socialiste* (por entonces: *Revue socialiste, syndicaliste et coopérative*), en la que si algunas voces se refieren despectivamente al "dilettantismo" del "irracionalismo" pragmatista,[46] otras intentan aprovechar la vitalidad de la corriente como indicativa de la vigencia del materialismo histórico. Desde esta perspectiva se destaca el acento puesto en ambas doctrinas en el componente *acción* de la vida humana, siendo en este sentido el marxismo un "pragmatismo social" y una teoría "voluntarista y pragmatista de la acción",[47] mientras que las críticas de Engels a la teoría del conocimiento idealista feuerbachiana harían de él el "auténtico precur-

---

grande"; Binet, "Une enquête sur l'évolution de l'enseignement philosophique"; *L'année psychologique* 14, 1907, pp. 152-231; cf. Grogin, cit.

43   Francesca Bordogna, *William James at the Boundaries: Philosophy, Science and the Geography of Knowledge,* Chicago University Press, 2008.

44   Le Bon, *La vie des verités,* París, Flammarion, 1914; cf. el cap III, "L'évolution utilitaire de la philosophie. Le pragmatisme".

45   "...le pragmastisme est d'accord avec le matérialisme historique de Marx", Sorel, *De l'utilité du pragmatisme,* París, Marcel Rivière, 1921; Sorel también eliminó sus críticas al pragmatismo en la reedición de ese año de *Les illusions du progrès*.

46   Cf. la reseña de Roger Picard a G. Pirou, *Proudhonisme et syndicalisme révolutionnaire*: "les théoriciens syndicalistes se proclament les adeptes du pragmatisme, ils réagissent contre le rationalisme scientifique"; *La revue socialiste, syndicaliste et coopérative* 54, julio-diciembre 1911, p. 283; la acerba crítica antisoreliana de Eugène Fournière, "La sociocratie, essai de sociologie positive", en ese mismo número, apunta en tal sentido.

47   "...la philosophie de Marx, c'est la philosophie de l'action sociale... elle est pragmatiste, c'est un pragmatiste d'une nuance sociale"; L.A. Tcheskis, "Les idées philosophiques

sor" de la nueva doctrina.[48] La misma asociación se hacía desde posiciones ideológicas más hostiles, reconduciendo a ambas corrientes a las antiguas doctrinas utilitaristas, de las que no serían más que formas renovadas: siendo el marxismo un "utilitarismo social", su afinidad con el pragmatismo, caracterizado por René Berthelot como "romanticismo utilitario", resultaba clara. Estas "aplicaciones en la vida social" del pragmatismo las encontraba tanto alimentando a los teóricos socialistas sindicalistas sorelianos como a los vinculados con el nacionalismo conservador, en una variedad y diversidad de sentidos que hacía de él una "criatura informe y multiforme", inasible y cambiante.[49]

Esta inestabilidad de su definición muestra hasta qué punto se encontraba integrado el pragmatismo al universo cultural e intelectual francés promediando la primera década del siglo XX, a tal punto que hacia 1911 su difusión podía compararse "con la propagación de un incendio", según la metáfora recogida por la *Revue philosophique*.[50] La multiplicidad de sentidos asociados al término no dejaba de ser hasta cierto punto esperable, habida cuenta de las características de la corriente, carente de un *corpus* sistematizado y con pretensiones dogmáticas que pudiera ofrecer una imagen más o menos rígida que lo delimite. Se trataba, siguiendo la imagen de Papini, de una teoría "pasillo", comunicando "innumerables habitaciones".[51] Al punto tal de que una de las tantas obras que lo tomaban como objeto concluía afirmando la importancia fundamental de "explicar con precisión" el sentido y los límites en los que se tomaba el término "pragmatismo", dado que se había convertido en "un término equívoco";[52] misma conclusión a la que arribaba Lovejoy ese mismo año, distinguiendo hasta trece sentidos distintos que se adscribían al término.[53] En este escenario, antes que una corriente

---

et sociales de G. Plekhanoff. Son interprétation du matérialisme historique", *La revue socialiste...* 59, enero-junio 1914, p. 546.

48   Edmond Laskine, "Le matérialisme historique et son nouvel interprète" (reseña a Rodolfo Mondolfo, *Il materialismo storico in Federico Engels*), *La revue socialiste...* 57, enero-junio 1913, p. 424.

49   René Berthelot, *Un romantisme utilitaire...*, cit., t. 1, p. 28.

50   J. Pérès, "Pragmatisme et esthétique", *Revue philosophique* 72, 1911, p. 284; la metáfora la toma de G. Vidari, en "Pragmatismo e intelletualismo di fronte alla morale", *Cultura filosofica*, 1910.

51   Giovanni Papini, "Il pragmatismo messo in ordine", *Leonardo,* abril 1905, reeditado en *Sul pragmatismo (saggi e ricerche, 1903-1911)*, Milán, Librería Editrice Milanese, 1913, pp. 77-82; James retoma la expresión en "Lo que significa el pragmatismo", conferencia incluida en *Pragmatismo*, cit., pp. 78-100.

52   Marcel Hébert, *Le pragmatisme*, París, Nourry, 1909, p. 123. La misma obra contaba con un breve apéndice en el que se trataba el "pragmatismo social" de Durkheim; cf. *infra*.

53   Arthur Lovejoy, "The Thirteen Pragmatisms", *The Journal of Philosophy, Psychology and Scientific Methods* 5:1-2, 1902, pp. 5-12 y 29-39.

de contornos precisamente definidos, el pragmatismo se parecía más bien a una "caja de útiles" de la que echarán mano diversos autores en función de las coordenadas de las tensiones de la hora.[54]

— 2 —

### EL CURSO EN CONTEXTO: LA RACIONALIDAD FRENTE AL "PELIGRO" PRAGMATISTA

De estos usos del pragmatismo, los que tuvieron lugar en el campo religioso a fines de la primera década del XX fueron particularmente condicionantes en la recepción francesa de la corriente, y en particular las recusaciones a su ingénito "irracionalismo".[55] Debe recordarse la notable centralidad de la que gozaba el tópico de las relaciones entre religión y conocimiento en el escenario político e intelectual francés desde la segunda mitad del XIX, acentuada a partir del auge de la corriente positivista, que se reclamaba heredera y superadora "científica" del tradicional racionalismo especulativo, y que precisamente comenzaba a mostrar sus límites más evidentes en los años del cambio de siglo de la mano del florecimiento de filosofías espiritualistas o genéricamente "antipositivistas".[56] La sólida (y muchas veces abusiva) identificación entre la institución eclesiástica y el *ancien régime* –y, simétricamente, la de la causa republicana con el laicismo–,[57] sumada a las numerosas y profundas reformas emprendidas por algunos gobiernos de la III República en dirección a una ampliación de las competencias del poder estatal en ámbitos anteriormente reservados a la autoridad religiosa católica, así como los ecos del Affaire Dreyfus (que entre otros efectos implicó un reverdecimiento del pensamiento católico antiprotestante),[58] permiten apreciar hasta qué punto los debates filosóficos y los enfrentamientos religiosos se imbricaban en disputas en el terreno político-estatal.

Significativamente tanto los pensadores vinculados más o menos laxamente con los círculos católicos como aquellos identificados con cierta organicidad con la causa republicana coincidirán en ver al pragmatismo bajo el signo de una "amenaza" que pondría en riesgo ciertos postulados

---

54  Pudal, "Enjeux et usages...", cit.

55  Gross, cit.

56  Stuart Hughes, cit.; Eugen Weber: *France: Fin-de-siècle,* Harvard UP, 1986.

57  Jaqueline Lalouette, *La république anticléricale*, París, Seuil, 2002.

58  Cf. Jean Baubérot, "L'anti-protestantisme politique à la fin du XIXe siècle", *Revue d' histoire et de philosophie religieuses* 53:2, 1973, pp. 177-211.

básicos del universo conocido para entonces. Para entender esta percepción del pragmatismo como peligro debemos recordar la sintonía de su despliegue europeo con la mencionada irrupción del movimiento modernista en el pensamiento católico, con resonancias particularmente sonoras en Francia. A la mencionada tesis de Blondel (*L'action*, 1893) se debe agregar la publicación en 1902 de *l'Evangile et l'église* de Alfred Loisy, así como la aparición de obras de nombres más o menos afines a la corriente como Lucien Laberthonnière (*Essais de philosohie religieuse*, 1903) o Édouard Le Roy (*Dogme et critique*, 1907). Mientras que en Blondel la acción era el punto de convergencia entre naturaleza, voluntad e inteligencia, Le Roy postulaba que la religión no refería al intelecto sino a la participación vivida en realidades "misteriosas", adjudicándole al dogma, en cuanto "regla de conducta", un sentido eminentemente práctico (mientras que ciencia y filosofía, por el contrario, pertenecerían al terreno de la teoría).[59] El argumento de Loisy, en lo referido a la exégesis bíblica, planteaba que la verdad religiosa no era alcanzada de una vez y para siempre, como ocurre con la revelación, o por la mera fuerza dogmática de la letra de los evangelios, sino que por el contrario resultaba de la evolución a lo largo de la historia de "la acción continua y real de la providencia".[60]

En esta idea de una verdad más bien histórica y progresiva, inmanente antes que trascendente, en desarrollo antes que inmutable,[61] se advertía la huella de la noción de desarrollo histórico de las doctrinas propia del sacerdote británico John Henry Newman (1801-1890);[62] los lazos con el pensamiento anglosajón no se detenían allí, dado que otra de las figuras centrales de la corriente era el irlandés George Tyrell. Frente a estas "novedades", muchas de ellas identificadas con el pensamiento de origen protestante, la reacción del tradicionalismo católico fue marcadamente hostil, cristalizando en la fuerte condena de Pio X a la corriente en 1907,[63] que incluyó la censura o la

---

59 "Un dogme… est plus que tout la formule d'une règle de conduite pratique…", Edouard Le Roy, *Dogme et critique*, París, Bloud, 1907, p. 25.

60 Loisy, citado por Georges Weill en *Histoire du catholicisme libéral en France, 1828-1908*, París, Alcan, 1909, pp. 246-47.

61 "La vérité religieuse s'est fait peu a peu… elle continue a se faire dans l'Église à travers l'histoire et elle continue aujourd'hui même à se faire dans l'Église vivante…"; Loisy citado por Berthelot, cit., t. II, p. 26. Este lugar de la evolución era especialmente condenado en *Pascendi*, así como su empleo del "famoso método que ellos denominan histórico".

62 Sobre las apropiaciones francesas del newmanismo en este período, cf. Keith Beaumont "The Reception of Newman in France at the Time of the Modernist Crisis", en Frederick Aquino y Benjamin King, *Receptions of Newman*, Oxford University Press, 2005, pp. 156-176.

63 Primero a través del decreto *Lamentabili sane exitu*, y luego, también en 1907, en la encíclica *Pascendi Dominic gregis*, que denunciaba la "gravedad de los errores" de los

directa excomunión a algunos de sus autores, como Laberthonnière, Loisy y Tyrell. En este contexto, los aspectos más indigestos para la tradición escolástica –la subordinación de la verdad al plano histórico-empírico, la opción por la inmanencia de la experiencia antes que por la abstracción de la razón formal, la identificación entre lo verdadero y lo útil, la primacía dada a la acción y el esfuerzo individuales, el reconocimiento de la incapacidad de los esquemas intelectuales para abarcar la totalidad de la vida religiosa y la importancia otorgada en este sentido a instrumentos ajenos a la lógica totalizante del racionalismo idealista (como la intuición) para agotar la experiencia religiosa– llevaron a la asimilación entre pragmatismo, modernismo y newmanismo bajo la acusación de lo que era visto como su común "anti-intelectualismo".[64]

Tal amalgama de corrientes contribuyó a que la recepción del pragmatismo multiplicara las tradiciones de las cuales se lo veía portador, en general desde una mirada crítica, y explica también la gran profusión de trabajos que lo tomarán como objeto en publicaciones periódicas vinculadas al catolicismo.[65] Así, en el terreno religioso se lo veía incurriendo en la vieja pretensión fideísta de subordinar el conocimiento a la fe, postulando una creencia en base a "razones irracionales", en la medida en que la opción por una noción de verdad desplegada históricamente –y por lo tanto, más terrenal e imperfecta que acabada y trascendente– suponía su "rebajamiento".[66] En términos filosóficos (pero de evidentes proyecciones religiosas)[67] los defen-

---

sacerdotes que "posan de renovadores", y veía al modernismo como "conjunto de todas las herejías".

64  "De là sont nés les divers systèmes anti-intellectualistes du Pragmatisme, du Practicisme, de la Philosophie de l'Action, de l'Humanisme, du Thélématisme, du Dogmatisme moral…", Albert Farges, *La crise de la certitude. Étude des bases de la connaissance et de la croyance, avec la critique du néo-kantisme, du pragmatisme, du newmanisme, etc.*, París, Berche et Tralin, 1908; cf. también los referidos de textos Berthelot, Hébert y Bourdeau.

65  Se encuentran referencias y lecturas sobre el pragmatismo en artículos de la *Revue Néoscolastique de Philosophie*, la *Revue Néo-scolastique*, la *Revue thomiste, Revue de sciences philosophiques et théologiques, Annales de philosophie chrétienne, Bulletin de littérature ecclésiastique*, la *Revue apologétique*, la *Nouvelle revue théologique, Études, l'Université catholique*, entre otras.

66  Farges, cit.

67  Sin ir más lejos, la recensión de la traducción francesa de *Varieties of Religious Experience* en la *Revue néoscolastique* de Lovaina aunaba su crítica al menosprecio que evidenciaba el autor por las "laboriosas especulaciones filosóficas" inherentes al pensamiento religioso con la diatriba a Kant, percibido como principio rector del "espíritu positivo" de la época ("Des intelligences modelées par la *Critique de la raison pure* pourraient-elles faire autre chose que d'aprouver pareille défiance pour la métaphysique et ses hardiesses?"; Edgar Janssens, *Revue néscolastique* 53, 1907, pp. 136-140). Por su parte, los autores de la encíclica *Pascendi* eran sacerdotes franceses (como Joseph

sores de la escolástica aristotélica veían en el pragmatismo tanto las huellas de un empirismo radical como las del kantismo, culpable de la separación entre pensamiento y realidad: así como el subjetivismo kantiano habría pavimentado el camino para el newmanismo, éste habría hecho lo propio con el escepticismo pragmatista.[68] Desde luego, ambas doctrinas eran además coincidentes en su ajenidad respecto a la tradición francesa, siendo expresión del pensamiento anglosajón y protestante: un testimonio de la época ligaba irónicamente la eclosión de esta filosofía "anglofrancesa" con el establecimiento en esos años de la *entente cordiale* entre Gran Bretaña y Francia.[69]

Esta asociación entre modernismo y pragmatismo no fue privativa de los círculos católicos tradicionalistas, hostiles por definición al primero y por extensión al segundo, ni era únicamente signo de un conocimiento sesgado de los postulados de la corriente; también se verificó en algunos autores con mayor familiaridad con sus posiciones. Recordemos que Blondel había llamado a su filosofía "pragmatismo" (aunque a partir de 1902 había preferido distanciarse de dicho término, al mismo tiempo que buscará evitar ser alcanzado por la condena papal al modernismo).[70] Será por esta asimilación entre las versiones estadounidense y francesa del pragmatismo que muchas lecturas lo terminaron reduciendo a no ser más que una "filosofía de la acción".[71] Por su parte Emile Baudin, quien sería precisamente el traductor de dos obras de William James,[72] había afirmado antes que el newmanismo era "un pragmatismo religioso", aun cuando su texto era mucho más crítico de la obra del sacerdote británico converso que del autor del *Will to Believe*.[73] Así, hacia 1907, año de la condena papal al modernismo y al mismo tiempo de la publicación de *Pragmatism* de James (que incluía referencias elogiosas hacia Blondel y Le Roy), el pragmatismo ya era visto en Francia como una "moda" que contaba con "padrinos ilustres", pero de inquietantes contornos irracionalistas. Ese mismo año un autor particularmente crítico se preguntaba si los franceses debían seguir dócilmente a los promotores

Lemius) preocupados por el kantismo propio del pensamiento modernista y su ataque contra el sistema tomista; cf. George Daly, "Catholicism and Modernity", *Journal of the American Academy of Religion* 53:3, pp. 773-796 y John Shook y David Schultenover, "Introduction", en Schultenover, cit., pp. 14-15.

68   Farges, cit.

69   Léon Nöel, "Bulletin d'épistemologie. Le pragmatisme", *Revue néo-scolastique* 14:54, 1907, pp. 220-243; la entente se firmó en 1904.

70   Roger D. Haight, "The Unfolding of Modernism in France: Blondel, Laberthonnière, Le Roy", *Theological Studies* 35:4, 1974, pp. 632-666.

71   Léon Noël, "Le pragmatisme" (citado en Chevalier, cit., p. 193).

72   Son *Précis de psychologie* (traducción y versión abreviada de *Principles of Psychology*), en 1909, y *Philosophie de l'éxperience* (traducción de *A Pluralistic Universe*), de 1910.

73   Emile Baudin, *La philosophie de la foi chez Newman*, Montligeon, 1906.

de esta "filosofía de ingenieros, mercaderes y financistas" para abandonar "nuestra tradición secular de especulación desinteresada".[74]

Más allá de la *boutade*, resulta claro que la recepción francesa del pragmatismo se encontraba condicionada por una fuerte desconfianza ante lo que era visto como una corriente si no directamente hostil por lo menos ajena al racionalismo propio de la herencia que reclamaba orgullosamente la cultura nacional. Promediando la primera década del siglo la asociación entre modernismo, irracionalismo, misticismo y pragmatismo estaba sólidamente instalada. También en 1907 el ya mencionado Binet –él mismo bastante interiorizado en el pensamiento de James, a quien cita elogiosamente en sus trabajos–[75] organizó una encuesta para determinar el estado de la enseñanza filosófica en los establecimientos de enseñanza media (*lycées* y *collèges*); en ella incluyó preguntas que revelaban una alarmada inquietud por la penetración entre los estudiantes de "las ideas corrientes acerca del "irracionalismo", término bajo el que se adivinaba fácilmente la referencia a un conjunto de nociones asociadas por entonces al pragmatismo ("La ciencia no toca nada de lo real, es arbitraria y convencional"; "sólo se alcanza el fondo de las cosas humillando a la razón ante la revelación y la fe").[76] Si bien las respuestas recibidas fueron tranquilizadoras acerca de la ausencia de "infiltración" de estas ideas ("a la inmensa mayoría de los estudiantes el irracionalismo y el pragmatismo les es extraño"; "son ávidamente racionalistas"; "Descartes sigue siendo el maestro") y Binet podía congratularse del avance del espíritu científico en desmedro de la "metafísica", la sola presencia de las preguntas en el cuestionario revelaba el temor frente a las acechanzas que se adivinaban detrás de las nuevas corrientes intelectuales. Como afirmaba Romain Rolland, ante una razón que parecía estar "agotada" por esfuerzo realizado en el siglo anterior, aires "místicos, esotéricos y ocultistas visitaban el cerebro de Occidente".[77]

---

74 François Mentré, "Note sur la valeur pragmatique du pragmatisme", *Revue de philosophie* 11, julio-diciembre 1907, pp. 5-22.

75 Como *La psychologie du raisonnement* (1902), *Étude expérimentale de l'intelligence* (1904) y *L'âme et le corps* (1906).

76 La encuesta, dirigida a los profesores de filosofía en liceos, recibió unas 300 respuestas; algunas de sus preguntas (de un total de 18) eran: "¿Cuáles son sus preferencias (y las de sus estudiantes) en términos de sistema filosófico?", "¿Prefieren los alumnos de hoy los hechos o las teorías, los análisis o las síntesis?", "¿Considera que sus clases [de filosofía] tienen algún efecto sobre las opiniones políticas o de otro tipo de sus alumnos?", y sobre todo: "¿En qué medida los alumnos están penetrados por las ideas corrientes del irracionalismo?"; Alfred Binet, "Un enquête sur l'évolution de l'enseignement philosophique", *L'année psychologique* 14, 1907, pp. 152-231.

77 "...à la suite des religions, les souffles théosophiques, mystiques, ésotériques, occultistes, visitaient le cerveau de l'Occident. La philosophie même vacillait. Leurs dieux de la pensée, Bergson, William James, titubaient. Jusqu'à la science, où se manifestaient les signes

En rigor, esta preocupación ante el avance de lo que era percibido como ataque contra los principios racionalistas se remontaba a por lo menos una década atrás, a los años 1890.[78] Ya en 1895 el propio Durkheim –en un texto también orientado a evaluar el estado de la enseñanza filosófica en los liceos franceses– se mostraba alerta por la clientela que "el neomisticismo recluta entre nuestros estudiantes";[79] ese mismo año tal preocupación figura en el prefacio a la primera edición de *Las reglas del método sociológico*, en el que expresaba su fe en el "porvenir de la razón" en una época de "misticismo renaciente".[80] Poco antes Alfred Fouillée también había publicado dos largos artículos contra este "nuevo misticismo" que, partiendo de Kant y Schopenhauer, buscaba volver a "los misterios de India y Judea".[81] No tardarían en aparecer otras intervenciones igualmente alarmadas por el "retroceso en términos de especulación filosófica" que suponían las corrientes "anti-racionalistas" en boga, cuya "primacía del sentimiento o de la voluntad" implicaba la consecuente "subordinación de la inteligencia".[82] La propia *Revue de Métaphysique et de Morale* había aparecido en 1893 precisamente para combatir tanto al "positivismo que se detiene en los hechos" como al "misticismo que conduce a las supersticiones";[83] para sus autores, la "filosofía de hoy" pretendía derrumbar uno de los postulados medulares de la "filosofía de ayer", como era "el derecho a la vida espiritual del pensamiento puro".[84]

---

de fatigue de la raison... Un nouvel ordre naissait. Une génération se levait, désireuse d'agir plus que de comprendre, affamée de possession plus que de vérité. Elle voulait vivre, elle voulait s'emparer de la vie, fût-ce au prix du mensonge"; Romain Rolland, *Jean Christophe*, t. *La nouvelle journée*, París, A. Michel, 1934 [1912], p. 391 y 288.

78  "...ce qui caractérise la période [commencé environs 1890] de la philosophie française... c'est avant tout une réaction assez marquée... contre l'intellectualisme"; Dominic Parodi, *La philosophie contemporaine en France. Essai de classification des doctrines,* París, Alcan, 1920.

79  Durkheim, "L'agrégation de philosophie et l'enseignement philosophique", *Revue philosophique* 39, 1895, pp. 121-147

80  Durkheim, *Las reglas del método sociológico*, Buenos Aires, Shapire, 1969 [1895], p. 9.

81  Fouillée, "L'abus de l'inconnaissable et la réaction contre la science", *Revue philosophique* 36 y 37, 1894, pp. 337-365 y 1-33.

82  [Baptiste] Jacob "La philosophie d'hier et d'aujourd'hui" y Léon Brunschvicg, "De quelques préjugés contre la philosophie", *Revue de métaphysique et de morale* 6:2 y 6:4, 1898, pp. 170-201 y 401-421 respectivamente.

83  "Introduction", *Revue de métaphysique...* 1:1, 1893, p. 4. Sobre la actitud de la *Revue de métaphysique...* frente al bergsonismo, cf. Stéphan Soulié, *Les philosophes en République: L'aventure intellectuelle de la Revue de métaphysique et de morale et de la Société française de philosophie (1891-1914)*, Presses Universitaires de Rennes, 2009, cap. 6.

84  Brunschvicg, "La philosophie nouvelle et l'intellectualisme", *Revue de métaphysique...* 9:4, pp. 433-478.

El "misticismo" que motivaba estas inquietudes no refería específicamente al movimiento pragmatista estadounidense, todavía de incipiente inserción en el escenario intelectual francés, sino a una serie de posiciones por entonces en plena etapa de irradiación en diferentes campos –filosofía, psicología, física, matemáticas, pero también literatura y arte en general– y que eran vistas como conformando lo que uno de sus más duros críticos calificó como verdadera "insurrección contra la inteligencia".[85] En ella se mezclaba al convencionalismo físico-matemático de los ya referidos Duhem o Poincaré, con su énfasis en el carácter construido del conocimiento, con el vitalismo antimecanicista de Bergson, el espiritualismo de Félix Ravaisson o Émile Boutroux, el modernismo de Blondel o Le Roy, pero también con el auge de los estudios sobre actividades paranormales (ocultismo, hipnotismo, mesmerismo, etc.), con tantos lazos con el desarrollo de los análisis sobre el inconsciente en la psicología y la psiquiatría del período.[86] En el terreno literario, la hostilidad a la expansión de la cultura cientificista alimentó al desarrollo del movimiento simbolista y parnasiano, reactivo ante el realismo naturalista dominante en la segunda mitad del XIX; no debe sorprender que la noción de "bancarrota de la ciencia", fórmula destinada a obtener gran circulación en el período, haya aparecido en un ensayo denominado "Science et poésie" (de Paul Bourget), antes de ser retomada luego por Ferdinand Brunetière, figura central en la reacción católica y a su vez importante crítico literario.[87] Obras como *Le disciple* de Bourget (1889) o *Les déracinés* de Maurice Barrés (1897) abundaron en descripciones críticas de la cultura impartida por el sistema escolar francés (particularmente tras las reformas modernizadoras de 1902), cuyo cientificismo la alejaba de la realidad espiritual profunda de la nación francesa.[88]

En estas polémicas alrededor de la vigencia del racionalismo y de la capacidad de la ciencia por dar sentido al mundo, las diferencias en las tradiciones intelectuales de pertenencia se solapaban con posicionamientos propios de la política académica así como disputas partidarias a nivel nacional. La fuerte

---

85　"Après avoir traversé une période où, selon le mot d'Auguste Comte, l'intelligence était en insurrection contre le cœur, nous entrons en une autre où le cœur est en insurrection contre l'intelligence"; Fouillée, *Le mouvement idéaliste et la réaction contre la science positive*, París, Alcan, 1896.

86　Stephen Schloesser, "*Vivo ergo cogito*. Modernism as Temporalization and its Discontents", en Schultenover, cit., pp. 21-58; Stuart Hughes, cit.

87　Paul Bourget, "Science et poésie" (1883); Ferdinand Brunetière, "Après une visite au Vatican", *Revue des Deux Mondes* 127, 1895, pp. 97-118. Cf. Harry W. Paul, "The Debate over the Bankruptcy of Science", *French Historical Studies* 5:3, 1968, pp. 299-327; Jaqueline Lalouette, "La querelle de la foi et de la science et le banquet Berthelot", *Revue historique* 300:4, 1998, pp. 825-844.

88　Cf. Bruno Belhoste, "L'enseignement secondaire français et les sciences au début du XXe siècle. La réforme de1902 des plans d'études et des programmes", *Revue d'histoire des sciences*, 43:4, 1990, pp. 371-400.

identificación del discurso del elenco gobernante con el cientificismo tendió a superponer las críticas a este último con los ataques al primero, tanto para propios como para extraños. Por otro lado, esta proyección de la relación con las autoridades de la III República al sistema de educación superior (cuyo ejemplo más cardinal puede ser el científico y ministro Marcellin Berthelot, quien graficaba su optimismo racionalista afirmando que el mundo ya "carecía de misterio")[89] implicó que la contraposición entre intelectualismo e "irracionalismo" fuera también una disputa de posiciones al interior del campo académico. La equiparación es en algún punto abusiva, sobre todo en cuanto a la adhesión al republicanismo en ambas instituciones (como pudo observarse en ocasión del Affaire Dreyfus, gran parteaguas del mundo intelectual del período),[90] pero aun así puede trazarse un paralelo entre la sólida implantación de la tradición cientificista de círculos intelectuales con mayor inserción en la Sorbona por un lado, y las críticas al mecanicismo determinista que moldeaban el "anti-intelectualismo" de algunas figuras con presencia en el Collège de France, un ambiente mucho más afín a la cultura literaria y humanista clásica.[91] Es en este último ámbito donde dictaban sus cursos modernistas como Loisy o Le Roy y filósofos espiritualistas como Émile Boutroux, pero sobre todo, era el espacio desde el que brillaba la estrella de Bergson.

Como se señaló en la sección anterior, la popularidad de Bergson contribuyó en buena medida a la extensión del conocimiento del pragmatismo por fuera de los círculos especializados en filosofía o psicología; al mismo tiempo, la asociación con su nombre también reforzó la equivalencia entre pragmatismo e "irracionalismo", en la medida en que el propio Bergson aparecía a ojos de muchos de sus lectores como exponente de un pensamiento "misticista" y anti-intelectualista. En la mencionada encuesta de Binet de 1907, la referencia al "pragmatismo de Bergson" apareció en las respuestas de varios profesores, expresión tanto del influjo ejercido sobre los estudiantes (ante quienes la "viveza y riqueza de su espíritu" generaba una evidente seducción)[92] como del interés suscitado entre los propios instructores, algunos de los cuales declaraban haber adoptado "sin reservas" sus postulados. La síntesis de las concepciones bergsonianas que ofrece uno de

---

89  "Le monde est aujourd'hui sans mystère; la conception rationnelle prétend tout éclairer et tour comprendre; elle s'efforce de donner de toutes choses une explication positive et logique, et elle étend son déterminisme fatal jusqu'au monde moral", Marcellin Berthelot, *Les origines de l'alchimie*, París, Steinheil, 1885.

90  Christophe Charle, *Naissance des "intellectuels"*, París, Minuit, 1990.

91  William R. Keylor, *Academy and Community. The Foundation of the French Historical Profession*, Harvard University Press, 1975.

92  "Le pragmatisme de Bergson… remplit les meilleurs cours; il y en a où il est partout. Depuis l'influence de Renouvier, il y en a pas eu de plus grande"; Binet, cit,, p. 169.

los correspondientes de la encuesta ("la filosofía comienza donde se detiene la ciencia… los hechos psicológicos deben ser vividos, pero no pueden ser científicamente conocidos"), así como el reconocimiento de otro de ellos de su fracaso a la hora de enseñar "las sutilezas de su doctrina", motivaron el rechazo del propio Bergson, quien en dos cartas dirigidas al autor de la *enquête* (y publicadas como su apéndice) sostenía su ajenidad frente a tal versión de sus ideas, rechazando su pretendida "condena a la ciencia" o su subordinación a la metafísica: en dichas teorías, afirmaba, "no reconozco nada propio, nada que haya alguna vez pensado, enseñado o escrito".[93]

Más allá de los reclamos de Bergson, resulta claro que hacia comienzos de la década de 1910 su nombre y el del pragmatismo, al que había quedado asociado, eran leídos por muchos como sinónimos de una crítica –o al menos una relativización– de los lineamientos principales del racionalismo ilustrado y su desinencia contemporánea, el conocimiento científico. Esta hostilidad por parte de quienes se consideraban representantes del laicismo republicano espejaba el embelesamiento de quienes veían en el pragmatismo sea una oportunidad de recuperar la fuerza movilizadora del catolicismo, sea una herramienta para debilitar los cimientos del orden político y social; tal entusiasmo anti-intelectualista reunía a sindicalistas revolucionarios de inspiración soreliana, que lo veían como medio de liberación contra "el estéril y obsesivo racionalismo tiránico",[94] con el nacionalismo integrista de Charles Péguy, para quién el misticismo de Bergson representaba un antídoto contra la tiranía del "partido intelectual" que dominaba tanto desde el Elíseo como desde la Sorbona.[95] Precisamente esta irritación que producía en sus adversarios la enseñanza cientificista que se impartía en tales ámbitos motivaría una de las intervenciones más importantes de esos años, por parte de quienes levantaban las banderas de una formación más afín al espíritu "clásico" que al rígido racionalismo cartesiano de la "nueva Sorbona". Frente al *esprit de géometrie* sorboniano, se reivindicaba el clásico *esprit de finesse* que corporizaban las lecciones de Bergson en el Collège de France, mucho más afín a una idea de tradición nacional que se veía más fielmente reflejada en su literatura que en el seco kantismo del positivismo científico.[96]

---

93  Binet, cit., pp. 229-231

94  "L'influence de la philosophie de M. Bergson", M.D. Draghicesco, *Le mouvement socialiste* 30:235, 1911, pp. 266-269. Sobre Sorel y el bergsonismo, cf. Lovejoy, "The Practical Tendencies of Bergsonism", en *The International Journal of Ethics* 23:3-4, pp. 253-275 y 419-443.

95  Charles Péguy, *De la situation faite au parti intellectuel dans le monde moderne*, París, Cahiers de la Quinzaine, 1907.

96  Phyllis Stock, "Students vs. University in Pre-World War Paris", *French Historical Studies* 7:1, 1971, pp. 93-110.

Es este espíritu el que animaba a los organizadores de dos agrupaciones, los "Amigos del latín" y sobre todo la "Liga por la cultura francesa", creadas en 1911 para exigir la defensa de las humanidades y la restauración de la enseñanza escolar clásica (basada en la tradición literaria y en el conocimiento del latín y el griego), cuyo manifiesto apareció firmado en la prensa por, entre otros, Barrès, Bourget, Poincaré y Bergson.[97] Es también el que había impulsado el año anterior a dos de los más jóvenes y activos miembros de la Liga a publicar, con el seudónimo conjunto de "Agathon", una serie de ataques venenosos contra la formación "alemana" impartida en la Sorbona republicana, luego editados como *L'esprit de la nouvelle Sorbonne* (1911), y continuados por una (otra) encuesta, que exponía la insatisfacción de la nueva generación con la enseñanza allí recibida (*Les jeunes gens d'aujourd'hui*, 1913).[98] En ellas –así como en la aún más agresiva obra de Pierre Lassere, aparecida entre ambas, con tonos marcadamente antisemitas–[99] se atacaba el "despotismo intelectual" ejercido por sus profesores (particularmente Durkheim) y su aplastamiento de la libertad individual en nombre de la mediocridad democrática, y se saludaba "el gusto por la acción" de la juventud, frente a la "impotencia del pensamiento". La contraposición entre el anquilosamiento de la enseñanza universitaria y el "renacimiento filosófico" que, puertas afuera de la Sorbona, brillaba en el Collège, era explícita: "es Bergson quien nos ha abierto una nueva senda, en la que seguimos a Le Roy, a Blondel, a Laberthonnière".[100]

La cercanía de muchas de estas intervenciones con las posiciones que en esos años empezaba a defender la derecha nacionalista nucleada en Action française (cuyo surgimiento, según Agathon, favorecía al actual "despertar de la conciencia nacional"), así como la explícita invocación del intuicionismo bergsoniano como antídoto contra el pesimismo y la "miseria moral" a la que conducía el culto a la ciencia positivista, confirmaban a ojos de muchos de los miembros del elenco político e intelectual republicano el peligro que suponían las críticas pragmatistas. Su respuesta fue variada, e incluyó tanto

---

97  Stock, cit.; Gisèle Sapiro, "Défense et illustration de 'l'honnête homme'. Les hommes de lettres contre la sociologie", *Actes de la recherche en sciences sociales* 153, 2004, pp. 11-27.

98  El nombre "Agathon" encubría las identidades de Henri Massis, futuro colaborador de Charles Maurras en la Action française, y Alfred de Tarde, hijo del ya mencionado adversario de Durkheim, el sociólogo Gabriel Tarde. Sobre Agathon, cf. el capítulo "Au temps d'Agathon" en Christophe Prochasson y Anna Rasmussen, *Au nom de la patrie. Les intellectuels et la Première Guerre mondiale (1910-1919)*, París, La Découverte, 1996.

99  Pierre Lassere, *La doctrine officielle de l'université*, París, Mercure de France, 1912.

100 Agathon [Henri Massis, Alfred de Tarde], *Les jeunes gens d'aujourd'hui*, París, Plon, 1913, p. 158.

posicionamientos al interior del universo académico (como el discurso del decano de la facultad de Letras, alertando contra "las nuevas corrientes que tienden a redimir ciertas potencias irracionales del alma humana", aunque confiado de que la "moda intelectual" del intuicionismo sería, como otras, "efímera"),[101] artículos y cartas en la prensa masiva de algunas de sus mejores espadas (incluyendo al historiador y funcionario público Ernest Lavisse), la formación de una contra-liga, el "Comité de amigos del francés y de la cultura moderna", así como de una comisión senatorial para discutir lo que pasó a llamarse la "crisis del francés".[102] En su discurso en el senado en defensa de la educación universitaria, el presidente de la comisión de educación superior, Eugène Lintilhac, expresó elocuentemente la percepción de varios de sus colegas: detrás de la "coalición de descontentos" con el estado de la Sorbona se hallaba agazapada "una ofensiva del antirracionalismo", escondido tras la "máscara" que le ofrece la filosofía "surgida de uno los cerebros más potentes y sutiles de nuestro tiempo", doctrina "conocida como *intuicionismo* en Francia y *pragmatismo* en Estados Unidos".[103]

— 3 —

## DURKHEIM Y EL PRAGMATISMO

Es en este contexto de erizada hostilidad frente a la percibida "amenaza" de la penetración del pragmatismo en el horizonte intelectual francés que Émile Durkheim dictará entre 1913 y 1914 su curso sobre "Pragmatismo y sociología". Su autor tenía varios motivos para sentirse directamente interpelado por el despliegue de la *"nouvelle philosophie"* en sede francesa. Desde el punto de vista personal, las críticas deslizadas por James contra la obsesión de la "escuela sociológica contemporánea" por "las medias estadísticas, las leyes generales y las tendencias predeterminadas", y su consecuente "infravaloración de la importancia de las diferencias individuales",[104] podían perfectamente percibirse como dirigidas contra sus propios postulados. Mucho más cuando venían acompañadas de referencias elogiosas de James a la obra de Gabriel Tarde, quien por esos años ocupaba el lugar de contrafigura de la suya propia, en cuanto exponente de una sociología

---

101 Alfred Croiset, "Ouverture des conférences de la Faculté des Lettres de l'Université de Paris", *Revue internationale de l'enseignement* 58, 1909, pp. 385-413.

102 Cf. los trabajos referidos de Grogin y de Stock.

103 Discurso de Eugène Lintilhac en "L'instruction publique au Sénat", *Revue internationale de l'enseignement* 62, 1911, pp. 328-342.

104 William James, *La voluntad de creer y otros ensayos de filosofía popular,* Barcelona, Marbot, 2009 [1897], p. 299.

basada en la centralidad de la invención individual antes que en la presión de la "conciencia colectiva".[105]

Por lo demás, a la firme adhesión de Durkheim al sistema de valores que se condensaban en la noción de un "racionalismo" filosófico (explícita en la referida mención en *Las reglas del método...*) y a su compromiso cívico anexo,[106] se sumaba el hecho de que su nombre apareciera citado con particular ensañamiento en los textos de Agathon –"dogmático, autoritario, despótico"– como expresión del cientificismo de cuño alemán (y judío, agregaría Lasserre) que se habría enseñoreado en la Sorbona. La centralidad entre los sectores más receptivos a esta corriente estadounidense de una figura como Bergson, por quien sentía una sorda (y mutua) animadversión, también contribuía a su involucramiento directo en el debate motivado por su recepción.[107] Asimismo, la identificación de importantes sectores de la juventud universitaria con el pragmatismo y el bergsonismo tenía resonancias significativas para Durkheim, dada la importancia que le asignaba su sociología a la dimensión pedagógica, tanto desde el punto de vista teórico como en sus proyecciones más concretas. La presencia entre los estudiantes de su curso de su propio hijo, André, coloreaba con tinte personal una preocupación de mayor amplitud: era a toda su generación a la que le interesaba llegar el autor de *El suicidio*, en momentos donde parecía ser más sensible a la seducción del "misticismo" intuicionista y anti-intelectualista.[108]

Así, la preocupación por enfrentar el ataque contra la "base racionalista de la cultura francesa" y su alarma ante el virtual derribo de la tradición cartesiana que supondría validar al pragmatismo aparecen listados en primer

---

105 James cita a *Las leyes de la imitación* de Tarde como "una obra de genio"; *ibid.* Sobre la polémica Durkheim-Tarde, cf. el prólogo de Pablo Nocera a Tarde, *Las leyes de la imitación y La sociología*, Madrid, CIS, 2011.

106 En cuanto a la relación de la sociología durkheimiana con los filósofos republicanos y su común preocupación por el lazo social y la pedagogía cívica, cf. Jean-Louis Fabiani, "Durkheim et le retour a la philosophie", *Revue de métaphysique et de morale* 98:1-2, 1993, pp. 175-191.

107 Sobre las apreciaciones mutuas entre ambas figuras, cf. Steven Lukes, *Émile Durkheim. Su vida y su obra*, Madrid, CIS – Siglo XXI, 1984 [1973] y Marcel Fournier, *Émile Durkheim. A Biography*, Cambridge, Polity Press, 2013; cf. también: Heike Delitz, "L'impact de Bergson sur la sociologie et l'ethnologie françaises", *L'année sociologique* 62, 2012, pp. 41-65. Recordemos que el mismo año del curso sobre pragmatismo, Durkheim sostuvo una discusión pública con el bergsoniano Joseph Wilbois a partir de su *Essai de morale sociale*: "Une nouvelle position du problème moral", *Bulletin de la Société française de philosophie* 14, 1914, pp. 26-29, 34-36.

108 "Le but qu'il se proposait était de faire connaître aux étudiants cette forme alors encore nouvelle de la pensée philosophique : le pragmatisme. Il avait projeté ce cours pour son fils André Durkheim, alors son élève. Il voulait combler une lacune de l'éducation de ces jeunes gens"; Marcel Mauss, "*In memoriam*. L'œuvre inédite de Durkheim et de ses collaborateurs", en *L'Année sociologique* 1923-24, 1925, pp. 7-29.

                         *Daniel Sazbón*

lugar a la hora de la justificación del curso por parte de su autor. La centralidad del pensamiento de Descartes en la tradición francesa aparece referida
a menudo en la obra de Durkheim, en ocasiones en forma explícita,[109] en
otras alusiva (como al señalar que el "genio nacional" francés apunta a la
claridad analítica). No obstante, este reconocimiento no le impedía afirmar
que, si bien "debemos seguir siendo cartesianos", era necesario superar la
lógica basada en la "razón matemática", que no veía las cosas más que bajo
una forma simplificada e ideal, y reducía al hombre al pensamiento claro y
el mundo a sus formas geométricas.[110]

De todos modos, si bien esta voluntad de discutir con la corrientes intelectuales más críticas al cartesianismo y hostiles a la cultura política de la
que se quería portadora la III República estuvo indudablemente ligada a su
decisión de dedicarle un curso al análisis de la filosofía pragmatista –a la
que presenta, muy en sintonía con el clima descrito, como formando parte
de un "asalto a la razón"–, el interés de Durkheim por esta corriente de
pensamiento era muy anterior. También debe notarse que su actitud frente
al pragmatismo era mucho más receptiva y abierta que lo que podrían hacer
sospechar estas referencias iniciales del curso de 1913.[111]

Efectivamente, para esta fecha nuestro autor ya llevaba varios años de
atenta lectura de los autores vinculados al pragmatismo, fundamentalmente
William James. Ello no debe sorprendernos, dados los referidos lazos entre
esta corriente filosófica y el escenario intelectual y cultural francés de la
segunda mitad del siglo XIX, en particular con dos figuras centrales para
la formación del pensamiento durkheimiano como fueron los mencionados
Boutroux y Renouvier, a su vez, como se señaló, destacados en diferentes
ocasiones por el propio James.[112] Es posible que la relación personal del autor

---

109 Por ejemplo: "[les] français, nous sommes tous… des cartésiens inconscients" ("La philosophie dans les universités allemandes", *Revue internationale de l'enseignement* 13,
1887, pp. 313-28; 423-40]; cf. además: "nous sommes et nous restons quoi qu'on fasse,
le pays de Descartes" ("La sociologie en France aux XIXe siècle", *Revue Bleue* 12, 1900,
pp. 609-13; 647-52; "el francés es un cartesiano consciente o inconsciente" (*La educación moral*, Buenos Aires, Losada, 1947 [1925]). Sobre Durkheim y el cartesianismo,
véase Giovanni Paoletti "Durkheim historien de la philosophie", *Revue philosophique
de France et de l'Étranger* 195:3, pp. 275-301; para una posición contraria, Robert Alun
Jones, quien pone el centro en la ambivalencia del "realismo social" de Durkheim vs. la
"cultura cartesiana" adoptada en su formación (*The Development of Durkheim's Social
Realism*, Cambridge UP, 1999, o también Michèle H. Richman, *Sacred Revolutions.
Durkheim and the Collège de Sociologie*, University of Minnesota Press, 2002.

110 *L'évolution pédagogique en France*, t. 2, París, Félix Alcan, 1938.

111 Cf. Paul de Gaudemar: "Les ambigüités de la critique durkheimienne du pragmatisme",
*La Pensée* 145, 1969, pp. 81-88.

112 Sobre la influencia de Boutroux y Renouvier en la formación del pensamiento durkheimiano, cf. los trabajos citados de Lukes y de Fournier; más específicamente Sue Stedman

de *Will to Believe* con Boutroux haya pesado en la atención prestada por Durkheim al escritor estadounidense, en particular a sus obras sobre temas religiosos. Precisamente hacia los primeros años del siglo XX, período de mayor interés del sociólogo alsaciano hacia el problema de la religión, es cuando más florece el intercambio de James con Boutroux, coincidente con la intención de este último de colmar la brecha entre pensamiento científico y religioso.[113] Cuando en 1906 se edite la traducción francesa de *Las variedades de la experiencia religiosa* (prologada por el propio Boutroux), Durkheim, en ejercicio de sus funciones de evaluador del Comité de travaux historiques et scientifiques, recomendará su adquisición –aunque no sin expresar sus reservas sobre las tesis del autor– dada la relevancia que ya habían adquirido los debates en torno al tema.[114] Misma opinión favorable le mereció la intención de Réné Berthelot de "criticar al pragmatismo profundizando en él y superándolo", juicio que no extendía, significativamente, al *Antipragmatisme* de Albert Schinz, censurado por la ausencia de pruebas que apoyen sus afirmaciones.[115]

No debe sorprender por lo tanto que la presencia del pragmatismo en la obra de Durkheim esté centrada preponderantemente en James, y en particular en sus trabajos sobre temas religiosos. Fuera de los cursos, que por su naturaleza suponen un recorrido más exhaustivo, Durkheim sólo mencionará en sus escritos dos textos de James: los *Principles of Psychology* y las *Varieties*... El primero será objeto de su crítica antirreduccionista en uno de sus textos más célebres, "Representaciones individuales y representaciones colectivas" (1898), donde se lo coloca en línea con otros exponente de la "psicología experimental" y la "psicofisiología", como los británicos Henry Maudsley y Thomas Huxley, o el francés Léon Dumont, amalgamados en un común dilución "epifenomenista" de la conciencia a su sustrato físico (lo que parecería revelar su conocimiento fragmentario de la obra del autor pragmatista, teniendo en cuenta la conocida crítica de James al epifenomenismo de Huxley casi dos décadas antes de este artículo).[116] El texto también aparecerá citado, pero de modo más elogioso, en *Las formas elementales...*,

---

Jones: "Charles Renouvier and Émile Durkheim: *Les régles de la méthode sociologique*", *Sociological Perspectives* 38:1, 1995, pp. 27-40 y "Representation in Durkheim's Masters: Kant and Renouvier", en W.S.F. Pickering (comp.), *Durkheim and Representations*, Routledge, 2014, pp. 37-79.

113 Allcock, cit, pp. xxvi-xvii.

114 Durkheim, *L'évaluation en comité*, textos seleccionados por Stéphane Baciocchi y Jennifer Mergy, Berghann Books, París, 2003, p. 112.

115 Cf. Jean-Louis Fabiani, "Clore enfin l'ère des généralités", en Durkheim, *L'évaluation en comité...*, cit., p. 181.

116 William James, "Are We Automata?", *Mind* 4:13, 1879, pp. 1-22. Sin embargo Warren Schmaus rescata una posible lectura epifenomenista de los *Principles*: "Durkheim, James-

junto con la referencia a la segunda obra de James mencionada, *Las variedades de la experiencia religiosa*, presentada como producto de un "reciente
apologista de la fe". No hay mención a otros trabajos de James, ni de otro
autor vinculado con el pragmatismo, salvo desde luego en este curso;[117]
tampoco las indicaciones de préstamos bibliotecarios en su etapa bordelesa
permite apreciar la presencia de otros nombres vinculados a esta corriente.[118]

Muy ligado a la preocupación por lo religioso, un aspecto tan capital
para su sociología como es el estudio de la moral también formará parte
de un área común en la que Durkheim podrá encontrar vasos comunicantes
con el pragmatismo. En rigor, el tema atraviesa a un variado abanico de
autores más o menos cercanos generacional y académicamente a Durkheim –pero no por ello necesariamente exentos de diferencias con él– que
de modos distintos presentan en sus obras intersecciones con los planteos
elaborados por la filosofía proveniente de Estados Unidos y Gran Bretaña. Podemos citar al colaborador de Durkheim en *l'Année sociologique*,
Lucien Lévy-Bruhl, quien desde una perspectiva muy cercana proponía en
*La morale et la science des moeurs* (1903) un estudio empírico de la moral
que mostraba cómo sus fundamentos dogmáticos (la "moral teórica") son una
racionalización de las consideraciones prácticas de la vida social.[119] Aún más
visibles son los lazos en Frédéric Rauh, amigo personal de Durkheim, cuya
*L'expérience morale* (del mismo año que el texto de Lévy-Bruhl, con quien
discute) vinculaba el estudio de la moral con la crítica a los fundamentos
del cientificismo de cuño kantiano de un modo que pudo ser acercado al
pragmatismo tanto por sus contemporáneos como por lecturas recientes.[120]

---

ian Pragmatism and the normativity of truth", *History of the Human Sciences* 23:5, 2010,
pp. 1-16.

117 Cf. Paoletti, *Durkheim et la philosophie. Représentation, réalité et lien social*, París, Gar-
nier, 2012, p. 43; Schmaus señala que la identificación del pragmatismo con la teoría de
la verdad desarrollada por James evidencia el desconocimiento durkheimiano de la obra
de Charles Peirce (*Durkheim's Philosophy of Science and the Sociology of Knowledge*,
University of Chicago Press, 1994, p. 162), concluyendo que para Durkheim el pragmatismo era principalmente una "teoría de la verdad y del conocimiento" antes que una
"teoría del significado", como prefería Peirce; cf. "Jamesian Pragmatism…" cit.

118 Nicolas Sembel, "La liste d'emprunts de Durkheim à la bibliothèque universitaire de
Bordeaux. Une 'imagination méthodologique' en acte", *Durkheimian Studies* 19, 2013,
pp. 5-48.

119 Lucien Lévy-Bruhl, *La morale et la science des mœurs*, París, Alcan, 1903; cf. Dominique Merllié, "Lévy-Bruhl et la philosophie morale", *Durkheimian Studies / Études
durkheimiennes* 8, 2002, pp. 71-93.

120 Berthelot, *Une romantisme…*, cit., t. I, pp. 412-413; Parodi, cit., p. 317; Simon, "Der
Pragmatismus…", cit.; Richard Horner, "A Pragmatist in Paris: Frédéric Rauh's 'Task of
Disollution'", *Journal of the History of Ideas* 58:2, 1997, pp. 289-308. Sobre Durkheim
y Rauh, cf. Massimo Borlandi, "Durkheim, Rauh et la part qui revient à l'individu dans

Similares cruces se pueden hallar en una figura como Jean-Marie Guyau, de quien se ocupara tempranamente Durkheim (reseñando su *L'irreligion de l'avenir*, 1887) y de quien tomara, invirtiendo su valoración, una noción tan central en su interpretación de la moral como la de "anomia".[121]

Estos solapamientos y similitudes también llevaron a que la propia sociología durkheimiana fuera vista por algunos de sus contemporáneos en plena sintonía con el pensamiento pragmatista. Es el caso de Marcel Hébert, por ejemplo, quien en 1909, en su *Le pragmatisme*, no dudaba en hablar de "pragmatismo social" para caracterizar la obra de "Darkheim".[122] Éste, quien ya ese mismo año había escrito que "el empirismo desemboca en el irracionalismo",[123] debió enfrentar nuevamente tal comparación, en una discusión con el psicólogo Henri Delacroix en la Société française de philosophie acerca de "El problema religioso y la dualidad de la naturaleza humana", en 1913.[124] La equiparación de Delacroix entre el énfasis durkheimiano en el carácter "dinamogénico" de las religiones –su fuerza para mover a las personas en las circunstancias excepcionales en las que experimentan el fervor religioso–[125] y el pragmatismo de James motivó el tajante rechazo del autor del *Suicidio*: "entre el pragmatismo y yo hay un abismo como el que separa al racionalismo del empirismo místico". Y recordemos que ya en 1901 Durkheim había coqueteado con la posibilidad de llamar "pragmatología" a toda una rama de trabajos de la sociología, cuyo objeto serían los *actos* realizados por las personas –"ya que las instituciones sociales sólo viven y funcionan en las conductas de ciudadanos, funcionarios, etc."– antes de preferir mantener la fórmula compuesta "Sociología criminal y estadística

---

la genèse des phénomènes sociaux", *Durkheimian Studies / Études durkheimiennes* 12, 2006, pp. 17-29.

121 Sobre Guyau y el pragmatismo (particularmente el pensamiento de Bergson), cf. Berthelot, cit., Stebbing, *Pragmatism and French Voluntarism,* cit., Geoffrey Fiddler, "On Jean-Marie Guyau, Immoraliste", *Journal of the History of Ideas* 55:1, 1994, pp. 75-97.

122 Marcel Hébert, *Le pragmatisme*, París, Critique, 1909; la referencia es en una nota al pie, luego ampliada en un apéndice dedicado exclusivamente a Durkheim (con su nombre corregido).

123 "Sociologie religieuse et théorie de la connaissance", *Revue de Métaphysique et de Morale* 17:6, 1909, pp. 733-758.

124 Delacroix había reseñado *Les variétés de l'expérience religieuse* en la *Revue de métaphysique et de morale* 11:5, 1903, pp. 642-669. Cf. también Noemí Pizarroso y Edgardo Cabanas, "La obra de John Dewey contada por Henri Delacroix. Notas para una revisión del pragmatismo en Francia", *Revista de historia de la psicología* 33:4, 2012, pp. 75-96.

125 Durkheim, "Le problème religieux et le dualisme de la nature humaine" (orig, 1913, reeditado en *Textes 2. Religion, morale, anomie*, París, Minuit, 1975). Cf. Stéphan Soulié, "Le débat philosophique autour des *Formes élémentaires* (1912-1914)", *L'Année sociologique* 62, 2012, pp. 447-463.

moral" para evitar el uso de neologismos.[126] Todavía en 1920 Parodi aproximaba la sociología durkheimiana a la filosofía pragmatista, como se verá
en la referencia que cita Armand Cuvillier en su Prefacio a este curso.[127]

Así, más allá de la ampulosa toma de distancia expresada en la discusión con Delacroix, los vínculos entre Durkheim y las ideas desplegadas
en la obra de James (por no mencionar al otros autores como Dewey) son
lo suficientemente ricos como para permitir que lecturas actuales lleguen
a mencionar (si bien negándolo) la posibilidad de un "giro pragmatista" en
su obra madura.[128] Precisamente son estas similitudes entre ambas líneas
de análisis las que, según otros autores, explicarían su interés por demarcar
las líneas de oposición entre ellas, siendo así *Pragmatismo y sociología* un
curso destinado a evitar tal confusión.[129] Algunas interpretaciones, aten-
tas a cierta discontinuidad en la evolución del pensamiento durkheimiano
a lo largo de su producción, ven su acercamiento al pragmatismo como
evidencia de una mayor atención en su sociología a la esfera de la acción
individual, notoria en su caracterización del ser humano como *duplex*, es
decir, conteniendo tanto una faz social como otra irreductiblemente individual.[130] Otras han ido más lejos, planteando que la receptividad del último
Durkheim frente al pragmatismo sería parte de un camino que conducía
hacia posiciones afines a esa corriente, como las del interaccionismo sim-
bólico o la etnometodología,[131] o acercando a la sociología durkheimiana
a las versiones no jamesianas del pragmatismo, tanto de Peirce como de
John Dewey.[132]

---

126 *Année sociologique* 4, 1901, p. 436.

127 Cf. Cuvillier, "Prefacio", *infra*, p. 69 de esta edición.

128 Stéphane Baciocchi y Jean-Louis Fabiani, "Durkheim's Lost Argument (1895-1955):
   Critical Moves on Method and Truth", *Durkheimian Studies/Études Durkheimiennes* 18,
   2012, pp. 19-40.

129 Es la interpretación que parece sostener Robert N. Bellah en su "Durkheim and History",
   *American Sociological Review* 24:4, 1959, pp. 447-461.

130 Mark Cladis: "Durkheim's Individual in Society: A Secret Marriage?", *Journal of the
   History of Ideas* 53:1, 1992, pp. 71-90; Jason Throop y Charles Laughlin, "Ritual, Collective Effervescence and the Categories: Toward a Neo-Durkheimian Model of the Nature
   of Human Consciousness, Feeling and Understanding", *Journal of Ritual Studies* 16:1,
   2002, pp. 40-63.

131 Gregory Stone y Harvey Farberman, "On the Edge of Rapprochement: was Durkheim
   moving towards the Perspective of Symbolic Interaction?", *The Sociological Quarterly*
   8, 1957, pp. 149-164; Hans Joas, "Durkheim et le pragmatisme. La psychologie de la
   conscience et la constitution sociale des catégories", *Revue française de sociologie* 25,
   1984, pp. 560-581.

132 Respectivamente: Jurgen Habermas: *Teoría de la acción comunicativa*, t. II, Madrid,
   Taurus, 1992 [1981], pp. 105-106; Gérard Deledalle: "French Sociology and American

Un área en la que reinterpretaciones de la obra durkheimiana en clave pragmatista han sido nutridas es la de su sociología del conocimiento, donde ciertas lecturas (apoyadas en las perspectivas etnometodológicas desarrolladas por Harold Garfinkel) han querido reemplazar la centralidad que se le suele otorgar a las "representaciones colectivas" por la de las *prácticas*, a partir de la importancia de los rituales religiosos en *Las formas elementales*... De acuerdo a esta línea, el pragmatismo le habría servido a Durkheim como recurso para poder superar el idealismo kantiano (vigente por el contrario en las interpretaciones culturalistas de su obra), reconociendo que el espacio de constitución de lo social debe ubicarse en las prácticas sociales compartidas (*enacted practices*), verdadera instancia de conformación de las categorías del entendimiento.[133] Desde otras perspectivas, más alineadas con el pragmatismo de cuño meadiano, el encuentro de Durkheim con la filosofía estadounidense le permitiría no sólo anclar su crítica al apriorismo kantiano y al empirismo tradicional, sino otorgarle una no siempre reconocida relevancia a la *acción* en la construcción del conocimiento.[134] Sin embargo, señalan, mientras que en el pragmatismo son las situaciones prácticas cotidianas las que proporcionan el sustrato para la elaboración de las nociones mentales necesarias para su resolución, en la sociología durkheimiana este lugar lo ocupa la praxis propia de situaciones rituales estrictamente extra-cotidianas (la "efervescencia" propia de los estados de "éxtasis"), en las que se institucionaliza una nueva moral colectiva.

Los tres elementos referidos –moral, religión, conocimiento– se dan cita, como es sabido, en el último libro publicado por Durkheim en vida, *Las formas elementales*..., de 1912 (es decir, recordémoslo una vez más, el año anterior al dictado de este curso), cuyo título originalmente previsto era, significativamente, "Las formas elementales de la vida y la *práctica*

---

Pragmatism: The Sociology of Durkheim and the Pragmatism of John Dewey", *Transactions of the Charles S. Peirce Society* 38:1-2, 2002, pp. 7-11.

133 Ann Rawls, "Durkheim's Epistemology: The Neglected Argument", *American Journal of Sociology* 102:2, 1996, pp. 430-482, y "Durkheim and Pragmatism: An Old Twist on a Contemporary Debate", *Sociological Theory* 15:1, 1997, pp. 5-29. Contra Rawls: Susan Stedman-Jones, "Truth and Social Relations. Durkheim and the Critique of Pragmatism", *Durkheimian Studies/Études durkheimiennes* 10, 2004, pp. 70-87; y "Action and the Question of Categories: A Critique of Rawls", *Durkheimian Studies/Études durkheimiennes* 12, 2006, pp. 37-67. También cf. Warren Schmaus, "Durkheim, Jamesian Pragmatism and the Normativity of Truth", *History of the Human Sciences* 23:5, 2010, pp 1-16, y el debate con Rawls en el *American Journal of Sociology* 103:3, 1998, pp. 872-886.

134 Joas, cit.; también: "Durkheim et l'extase collective", *Trivium. Revue franco-allemande de sciences humaines et sociales* 13, 2003, y más en general, *Pragmatism and Social Theory*, University of Chicago Press, 1993, y *The Creativity of Action*, Londres, Polity Press, 1996 [1992].

religiosa".[135] Esta sintonía permite encontrar un eje que articula las tres dimensiones anteriores y al mismo tiempo explica el interés que le concede Durkheim a la filosofía pragmática: se trata de la antigua preocupación durkheimiana por pensar la *acción* de los individuos que conforman las sociedades, motivo presente ya en sus primeras intervenciones públicas y que hilvana sus principales textos, y que encontrará en la última etapa de su vida una forma de articulación singular en la dimensión religiosa. Si en sus tempranas reseñas había visto a las máximas de 1789 como "artículos de fe" producidos por "hombres de acción", en *Las formas...* la constatación del origen religioso de todas las instituciones sociales se amplía con la subsunción de las categorías del entendimiento humano al plano determinado por las prácticas rituales. Es en esta intención de colmar la cesura entre conocimiento y acción donde Durkheim puede encontrarse con el pragmatismo de James, que desde otras coordenadas intentaba igual superación, también partiendo de la religión (en su caso, desde la experiencia del creyente) como espacio de integración de actos y creencias.

Al mismo tiempo, la interlocución con el pragmatismo se inscribe en la dimensión más amplia del diálogo entre sociología y filosofía, preocupación que, si bien subtiende toda la producción durkheimiana, adquiere más nitidez en sus escritos a partir de en 1898,[136] siendo este curso su "coronación" según Marcel Mauss (una aseveración que coincide con la importancia del tema en su "Lección inaugural", como se comentará en el siguiente apartado).[137] La presencia de Durkheim en los debates de la *Sociéte française de philosophie* o en la *Revue de métaphysique...* atestiguan este interés, así como la recíproca apertura del universo filosófico al diálogo con la nueva disciplina, del cual la publicación de *Las formas elementales...* configuró uno de sus principales capítulos.[138] También se inscriben en él las lecciones sobre "La certeza" y "Los conceptos" editadas como apéndice a este *Pragmatismo y sociología*. En lenguaje kantiano, central en el horizonte filosófico del período,[139] esta

---

135 Cf. las reseñas recogidas en Stéphane Baciocchi y François Théron, "La première réception des *Formes* (1912-1917)", *Archives des sciences sociales des religions* 159, 2012.

136 Cf. Paoletti, *Durkheim et la philosophie*, cit.; Fabiani "Durkheim et le rétour de la philosophie".

137 Marcel Mauss, "*In Memoriam*. L'œuvre inédite de Durkheim et de ses collaborateurs", *L'Année sociologique* 1923-24, pp. 7-29; Durkheim (editado por Baciocchi, Fabiani y Watts Miller), "Leçon inaugurale: Pragmatisme et sociologie, 1913", *Durkheimian Studies/Études durkheimiennes* 18, 2012 pp. 41-58; sobre esta versión del curso, cf. *infra*, la sección 4ª de este estudio introductorio.

138 Baciocchi y Théron, cit.

139 La centralidad del pensamiento de Kant en la historia intelectual francesa del siglo XIX es conocida; cf. entre muchos otros: J. Alexander Gunn, *Modern French Philosophy*, Londres, Fischer Unwin, 1922; Laurent Fédi, *Kant, une passion française, 1795-1940*,

preocupación por superar la tensión entre conocimiento y acción supone romper la clásica distinción entre razón teórica y razón práctica.[140] Así, si su problema es el mismo que estructuraba *La división del trabajo social* –los mecanismos mentales que mueven a actuar a las personas–, su abordaje ya no se coloca en el plano de unas "condiciones de vida" transformadas históricamente, sino en el antropológico-filosófico de los fundamentos del propio pensar (y actuar) humanos: los rituales religiosos (por definición, colectivos) son el origen del pensamiento conceptual, pero es únicamente la sociedad la que permite superar el plano mental de imágenes y sensaciones.[141]

Es sugerente en este sentido la interpretación que propone Bruno Karsenti, para quien la clave radica en el papel de la *idealización* en la resolución durkheimiana del problema epistemológico de la construcción del conocimiento. Contra el pragmatismo, que concibe a la conceptualización como resultado de la gradual generalización de la experiencia, Durkheim sostiene que es sólo la ruptura con el plano de sensaciones e imágenes lo que permite arribar al concepto. La conceptualización, resultante de la idealización, "enriquece" la realidad experimentada con elementos sociales, siendo así una actividad fundamentalmente creadora de lo real (en cuanto realidad *pensada*). Es gracias a la idealización que pensamiento y acción no están escindidos: actuamos porque pensamos en conjunto con los demás, siendo el pensamiento no la interiorización de algo externo, sino el resultado de una potencia creada por el acto mismo de nuestro estar-juntos en sociedad. La referida trascendencia de la reflexión conceptual se resolvería de este modo dentro de la inmanencia de la vida social.[142] Así, la originalidad durkheimiana al pensar socialmente la acción radicaría en otorgarle a la religiosidad un carácter de condición de existencia de la vida social, en su creación continua de ideales; siguiendo al "el alma es la idea del cuerpo" de Spinoza (recuperado en este curso),[143] Durkheim parecería entender a la conciencia como resultante de la actividad del conocimiento de la sociedad sobre sí misma.

De este modo, Durkheim encuentra en la religión, entendida en su forma más elemental ("primitiva"), el puente que le permite articular el pensar y el actuar, ya que en ella "pensamiento y acción están estrechamente unidos, al

---

Hildesheim, Georg Olms, 2018, o la tesis de Jean Bonnet, "Kant, instituteur de la République (1795-1904)", EPHE, 2006.

140 Paoletti, cit., p. 245.

141 Ernst Gellner, "Concepts and Society", en Bryan R. Wilson, *Rationality*, Oxford, Basil Blackwell, 1970, pp. 18-50.

142 Bruno Karsenti, "La sociologie à l'epreuve du pragmatisme. Réaction durkheimienne", en Bruno Karsenti y Louis Queré (comps.), *La croyance et l'enquête. Au sources du pragmatisme*, París, EHESS, 2004.

143 Lección XVII.

punto de ser inseparables";[144] de allí el mencionado carácter "dinamogénico" del fenómeno religioso.[145] No obstante, este puente no supone la dilución de ambos elementos ni en el puro pensamiento (variante idealista) ni en la sola experiencia (como hace el empirismo clásico), soluciones ambas igualmente monistas; tampoco es aceptable el método dialéctico, que "desvanece la realidad que se quiere explicar", en una nueva manifestación del rechazo del alsaciano por el pensamiento hegeliano.[146] Si en este común rechazo a las tentativas de la filosofía idealista Durkheim puede encontrar un aliado en el pragmatismo, no podrá aceptar empero su "empirismo radical", también monista por no aceptar la heterogeneidad pensamiento-realidad. Esta crítica es reveladora de la importancia que tiene el *dualismo* en esta etapa de la obra durkheimiana –que incluye *Las formas elementales…* y "El dualismo de la naturaleza humana y sus condiciones sociales", y abarca el curso sobre pragmatismo–,[147] y que se extiende desde su conceptualización del hombre como "doble" (parte individual, parte social) hasta la referida contraposición irreducible entre razón (conceptual) y experiencia (sensibilidad), pasando por la distinción entre sagrado y profano que estructura la vida religiosa.[148]

Podría agregarse a esta enumeración de tópicos, que explican tanto el interés de Durkheim por el pragmatismo como las discrepancias con sus planteos, un aspecto no siempre registrado entre las elaboraciones de su sociología, como es el del *tiempo*.[149] En efecto, en la filosofía pragmática encontramos una modalidad propia de concebir el flujo temporal en relación con la experiencia de los sujetos atravesados por él, cuya mejor condensación quizás se encuentre en la tesis de James sobre la "percepción del tiempo": tal percepción sería un continuo –cuya unidad mínima es la "duración"–, en el cual pasado y futuro se sintetizan en lo que denomina un presente "especioso", es decir, provisto de cierto grosor, antes que el "filo de un cuchillo" del presente "real", cuya instantaneidad sólo duraría lo que la "chispa de una

---

144 Durkheim, "De la définition des phénomènes religieux", *L'Année sociologique*, 1899, pp. 1-28; cf. la "Leçon inaugurale" de este curso en la versión de Baciocchi et al, p. 46: "…dans la religion la pensée est intimement unie a *l'action*. L'action intelectuelle et l'action y sont intimement liées l'une à l'autre".

145 Durkheim, "Le sentiment religieux à l'heure actuelle", *Archives de sociologie des religions* 27 y 30, 1969 y 1971, pp. 73-7 y 89-90 [orig.: 1914].

146 "Leçon inaugurale", cit,, p. 45.

147 Según Paoletti, también *La educación moral* debe incluirse en este listado; cit., pp. 359-363.

148 Paoletti, cit.

149 Al respecto: Ramón Ramos Torre, "El calendario sagrado: el problema del tiempo en la sociología durkheimiana", *Reis. Revista Española de Investigaciones Sociológicas* 46-49, 1989-90; Thomas Hirsch, *Le temps des sociétés. D'Émile Durkheim à Marc Bloch*, París, EHESS, 2016.

luciérnaga". De esta noción se derivaba la ya referida noción pragmatista de la conciencia como un "torrente" continuo y siempre móvil, del cual únicamente el interés de nuestra *"attention"* permite capturar momentos y constituirlos como objetos.[150] En el contexto francés, atento desde hacía varias décadas a esta dimensión "temporalista" (central en el pensamiento de Renouvier),[151] quien más desarrolló esta perspectiva fue, nuevamente, Bergson, quien apoyándose tanto en los avances teóricos de la física como en la crítica antimecanicista de la filosofía vitalista, oponía, al tiempo "espacializado" y cuantificable de las ciencias físicas, la temporalidad experimentada individualmente, cualititativa, fluida e indeterminada.[152]

Es precisamente contra esta noción de temporalidad basada en la percepción del sujeto individual que Durkheim había esbozado en *Las formas elementales...* su propia conceptualización del "tiempo social", "marco abstracto e impersonal" que abarca a "todos los acontecimientos posibles", el tiempo "tal y como objetivamente es pensado por todos los hombres de la misma civilización", ritmado colectivamente por "ritos, fiestas y ceremonias".[153] Evidentemente, el objetivo polémico al que apuntaba la requisitoria durkheimiana era la noción bergsoniana (y no la jamesiana) de "duración", pero las críticas contra la idea de un tiempo individual también pueden extenderse al uso pragmatista, como se aprecia en este curso. Aquí la forma en la que se introduce el problema de la temporalidad es a través de la pregunta acerca de la historicidad del conocimiento y de la verdad, parte central del corazón argumental del curso, como se verá en el siguiente apartado. Aunque la sociología coincida con el afán pragmatista por mostrar el carácter histórico de "lo que constituye la razón", el diferendo insalvable corresponde a la posibilidad de abarcar el cambio y el devenir, parte de la cuestión más amplia acerca de la relación entre el conocimiento y su objeto: dirigiendo sus críticas contra el élan *vital* de Bergson (a quien nombra aquí por única vez en sus escritos), Durkheim rechaza toda cesura entre pensamiento estático y una realidad dinámica que lo desbordaría, ajena a toda pretensión analítica que buscara distinguir artificialmente lo que en sí sería

---

150 James, "The Perception of Time", *The Journal of Speculative Philosophy* 20:4, 1886, pp. 374-407 (luego incluido en *The Principles of Psychology*, Nueva York, Henry Holt, 1890).

151 El término es de Lovejoy, "The Problem of Time...", cit.; Stedman Jones, *Durkheim Reconsidered*, Cambridge, Polity Press, 2001.

152 Bergson, *L'évolution créatrice*, cit.

153 "...el complejo de imágenes y sensaciones que sirve para orientarnos en el transcurso de algo... son el resumen de experiencias individuales. Por el contrario, la categoría de tiempo expresa algo común al grupo, el tiempo social (es) una institución social...", *Las formas elementales...*, cit., pp. 15-16.

"indistinto", siendo que la propia realidad contiene en sí misma un aspecto estático, reflejado por la atemporalidad del concepto.

Al aplicar esta tesis a la pregunta acerca de la posibilidad de aprehender el *cambio* a través de los conceptos –"¿es posible pensar el movimiento?"– aparece, como correlato del problema de la temporalidad, la cuestión del conocimiento *hist*órico, tema que atraviesa toda la obra durkheimiana.[154] Frente a la objeción pragmatista que identificaba lo real con lo moviente, Durkheim afirma que sin la existencia de un aspecto estático en la realidad, el devenir no sería más que "agitación vana"; es sólo como sucesión de "estados consecutivos" que el pensamiento puede distinguir las formas anteriores de las posteriores, y sobre todo la relación entre ellas.[155] Como aplicación de esta clave para comprender la mutabilidad de los objetos por su fijeza estructural-funcional, Durkheim menciona el ejemplo de la institución familiar en la evolución histórica francesa,[156] referencia que también empleará al año siguiente en otra discusión con el bergsonismo (representado por Joseph Wilbois), frente a cuyas acusaciones de haber desarrollado una sociología "estática" puntualizaba que su método intentaba explicar las novedades como resultado de la acción asociada y cooperativa de los seres vivos "sobre el fondo que ellos no han creado sino que han recibido", mientras que la escuela de Bergson sostenía que "el devenir escapa al pensamiento científico".[157] Este lazo entre pasado y presente en la explicación del cambio histórico cifraba no sólo la crítica durkheimiana al modo de concebir la temporalidad de pragmatistas y bergsonianos, sino toda su articulación entre sociología e historia, así como la concepción de tiempo que la sustentaba: una temporalidad compleja en la que el presente actúa sobre un pasado condensado en instituciones.[158]

Desde luego, existen otros ángulos desde los cuales comprender el interés de Durkheim por el pragmatismo. Se ha señalado la equivalencia entre el problema de la anomia y la desarticulación del vínculo social que supondría el "aflojamiento" de la autoridad de la que debe gozar la noción de verdad,

---

154 Bellah, cit.; Georges Davy, "Durkheim. Sa sociologie", en *Émile Durkheim. Choix de textes avec étude du système sociologique*, París, Michaud, 1911.

155 Cf. *infra*, lección XX.

156 Lección XIV.

157 Durkheim, contribución a la discusión "Une nouvelle position du problème moral", *Bulletin de la Société française de philosophie* 14, 1914, pp. 26-9, 34-6" (reproducido en *Textes* I, cit.).

158 Se reconocerá inmediatamente el legado de Fustel de Coulanges en esta formulación; cf. François Héran: "L'institution démotivée. De Fustel de Coulanges á Durkheim et au-delà", *Revue française de sociologie* 28, 1987, pp. 67-97; más en general: Daniel Sazbón, "La categoría de 'tiempo social' en la obra de Durkheim y su relación con el 'tiempo histórico' koselleckiano", *Diferencias* 9, 2019, pp. 19-32.

siendo el peligro pragmatista el equivalente en este sentido a una "anomia intelectual".[159] Otros han visto en el señalamiento de la necesaria supervivencia de las "verdades mitológicas" frente a las limitaciones inherentes a las "científicas" una indicación de que su sociología del conocimiento estaba dando paso a una nunca del todo desarrollada teoría de la ideología.[160] Algunos autores han esbozado que el objeto polémico de Durkheim en su curso sobre pragmatismo no sería otro que Sorel, quien como vimos oficiaba de nexo entre el irracionalismo bergsoniano y el nacionalismo integrista antirrepublicano; de este ánimo derivaría, según esta hipótesis, su énfasis en la profundidad de las raíces francesas del cartesianismo.[161]

— 4 —

## LA ESTRUCTURA DEL CURSO

El curso "Pragmatismo y sociología" fue dictado por Durkheim entre diciembre de 1913 y mayo de 1914 en la Universidad de la Sorbona, a lo largo de 20 lecciones semanales. Se trató de la primera asignatura en dicha sede en portar en su título la referencia a la sociología, y según las crónicas fue seguido con mucho interés por sus asistentes, entre los que se contaba, como ya señalamos, el hijo de Durkheim, André, por entonces estudiante de filosofía, y quien sólo dos años más tarde moriría combatiendo en el frente oriental en el transcurso de la I Guerra Mundial.

Toda conclusión que se pretenda extraer de la lectura de esta edición del curso debe partir de la precaución de señalar su provisionalidad, habida cuenta del carácter fragmentario de su reconstrucción. Como se verá en el "Prefacio", su recuperación –tras ser considerado irremediablemente extraviado por varias décadas– respondió a una "feliz casualidad": el hallazgo de dos series de apuntes tomado por anónimos estudiantes presentes en el curso, en base a las cuales Armand Cuvillier realizó su edición de 1955, que es la base de la que aquí se traduce. Dichas notas también parecen haberse perdido definitivamente luego del fallecimiento de Cuvillier, a pocos años de su publicación,[162] así como había ocurrido con las anotaciones del propio Durkheim, tal como se lamentaba su sobrino Marcel Mauss. De tal modo

---

159 Stepjan Mestrovic y Hélène Brown, "Durkheim's Concept of Anomie as Dérèglement", *Social Problems* 33:2, 1985, pp. 81-99.

160 Allcock, cit. Sobre el tema, cf. *infra*, la n. 183 de este estudio introductorio.

161 Rene König: "Drei unbekannte Werke von Emile Durkheim", *Kölner Zeitschrift für Soziologie und Sozialpsychologie* 8:4, 1956.

162 Cf. Allcock, cit.; Baciocchi y Fabiani, cit.

que, como nos advertía el propio editor en su introducción, lo que se nos ofrece no es tanto la voz del autor como una "reconstitución", realizada en base a los restos así hallados.

Los recientes descubrimientos de tres nuevas series de notas del curso (tomadas por los estudiantes René Le Senne y René Maublanc, así como por un tercer asistente al curso de identidad aún desconocida)[163] han permitido ampliar en buena medida el conocimiento del curso de 1913, dejando a la luz las limitaciones de la reconstrucción emprendida por Cuvillier a la hora de recuperar el tono y los matices de las lecciones impartidas por Durkheim, y reponiendo algunas de sus falencias.[164] A contraluz de este hallazgo, la fundamental empresa de Cuvillier aparece notoriamente condicionada por su inscripción en la polémica que por entonces sostenía con Georges Gurvitch, contra cuyo intento de "absorción de la sociología en la filosofía" se yergue buena parte de su producción del período, incluida su edición del curso durkheimiano.[165] En este sentido, la edición realizada por Stéphane Baciocchi, Jean-Louis Fabiani y William Watts Miller de la "Lección inaugural" del curso –cuyo contenido estaba casi por completo ausente de la versión de 1955– evidencia hasta qué punto el interés de Durkheim por las relaciones entre pragmatismo y sociología es inseparable del más general acerca de tales vínculos entre sociología y filosofía, algo que no resultaba tan evidente en la edición de Cuvillier. Por su parte, los apuntes de Maublanc, de recentísima aparición, así como los aún no identificados hallados en la Sorbona, aún en su estado fragmentario presentan algunas diferencias significativas con la versión Cuvillier en lo que refiere a la última sección del curso, como se indicará más adelante.[166]

-----

163 El filósofo espiritualista tomista René Le Senne (1882-1954), también psicólogo, fue discípulo de Rauh y Hamelin, aunque en su obra se aprecie más la influencia de Maine de Biran y, en menor medida, Henri Bergson; cf. Grogin, cit. Por su parte, René Maublanc (1891-1960) también filósofo, se destacó sobre todo por su activa militancia sindical y política, tanto en el Partido Comunista francés como en organizaciones pacifistas y antifascistas de los años '30.

164 Baciocchi y Fabiani, cit.

165 Cf. la reseña de Lucien Febvre a su *Où va la sociologie française?* de 1953, "Débats autour de la sociologie", *Annales E.S.C.* 9:4, 1954, pp. 524-526, donde se sorprende por el tono "por momentos violento" de los ataques a Gurvitch; éste, a su vez, había maltratado a Cuvillier ("autor desinformado" y "de nivel mediocre") en "Hyper-empirisme dialectique: ses applications en sociologie", de 1953; cf. *infra*, la n. 23 del estudio introductorio de Cuvillier.

166 El manuscrito Maublanc es un cuaderno adquirido en 2022 por la biblioteca de la École Normale Supérieure, que contiene las notas de Maublanc de las últimas lecciones del curso de Durkheim. Lo mismo ocurre con los apuntes sin nombre del curso encontrados en la Sorbona, unas 20 páginas manuscritas en ambas caras, comprendiendo anotaciones de distintas secciones del curso. Ambos textos aún no han sido publicados, pero hemos podi-

Como se observa, nuestro conocimiento del curso está actualmente en plena transformación, de la mano de la aparición de estos manuscritos. De allí que constituya un hito relevante la publicación de esta "Lección inaugural" que aquí se ofrece traducida por primera vez al castellano. Efectivamente, el interés durkheimiano por la filosofía, presente desde su más temprana formación y naturalmente central en sus primeros trabajos docentes –como profesor de esa asignatura en el *lycée* de Sens– fue adquiriendo creciente relevancia en sus últimos años, a medida que la incorporación de la disciplina sociológica en el sistema académico-institucional permitía (como se señaló en la sección anterior de este estudio) la existencia y consolidación de espacios de diálogo y reconocimiento mutuo. La implícita identificación durkheimiana entre filosofía y racionalismo, así como su confianza en la capacidad de la sociología por enfrentar y superar las aporías a las que se había visto conducida aquella, habilitan este cruce, del cual (a decir de Marcel Mauss) el curso dedicado al Pragmatismo sería su "coronación".[167]

De acuerdo a lo que puede leerse en las notas de Le Senne, el comienzo del curso evidencia que la intención que animaba a Durkheim al introducirse en el análisis del pragmatismo era colmar la separación entre filosofía y sociología, intentando un abordaje de los problemas planteados por la primera a través de las herramientas que proporciona la segunda. La convergencia natural entre ambas formas de conocimiento aparece condensada en su convicción de que el desarrollo de la sociología la conduce indefectiblemente a la filosofía, aunque paradójicamente para ello debía primero alejarse de ella, saliendo de su etapa "filosófica" (representada por Comte y Spencer). Para ello la nueva disciplina debía apoyarse en su capacidad para abordar lo que clasifica como "problemas centrales" de la vida humana, manteniendo un "rigor científico". La postulación de la *conciencia humana* como dimensión privilegiada de dichos problemas centrales, y la negativa a aceptar las posibilidades de la psicología para dar cuenta de ellos –dada su limitación al plano de la conciencia meramente individual–, son los puntos en los que se apoya Durkheim en su argumentación en favor de la capacidad de la sociología para enfrentar tales cuestiones.

Para ello son necesarios aún dos movimientos realizados en la lección inaugural del curso: la equiparación entre "conciencia" y "representación" (o mejor: "conjunto de representaciones"), por un lado, y por el otro la singularidad de la religión – entendida a su vez como "frondosa masa de representaciones organizadas"– por su capacidad de articular en ella el pensamiento y la acción. Ambos rasgos, evidentemente, colocan al curso en la

---

do consultarlos gracias a la gentileza de Stéphane Baciocchi; de su lectura provienen las observaciones que pueden encontrarse más adelante, a partir de la lección décimo octava.

167 Cf. la referencia brindada por Cuvillier en su Prefacio.

estela de *Las formas elementales...*, y aún más en la de lo que sería luego la base de su capítulo inicial, el artículo publicado en 1909 donde Durkheim intersectaba por primera vez el estudio de la religión con la posibilidad de una teoría del conocimiento, y cuya última sección parece haber servido de base para la apertura de este curso.[168] Allí había postulado que el punto de llegada de la sociología era el conocimiento más acabado de "el hombre" (en lugar de hacer de este su punto de partida), objetivo de naturaleza claramente filosófica que se intentaba alcanzar a través del recurso científico que proporcionaba la nueva rama del saber, hermanada en este punto a la psicología pero dotada de mayor concreción y complejidad.

Es recién después de este rodeo que se llegará al objeto del curso, allí donde se inicia la versión editada por Cuvillier: de los temas "filosóficos" que pueden tratarse a través de las investigaciones sociológicas sobre la religión –entendida como conjunto de representaciones que ligan la acción con el pensamiento– Durkheim señala que tratará aquí de un problema "central": el de la teoría de la verdad. Dado que el pragmatismo es el más reciente intento de respuesta a este problema, afirma, es natural que sea de interés su tratamiento para la sociología, en la medida en que ambas intentan conectar a tal objeto (la verdad) con las condiciones prácticas de su producción (la "acción"). En este punto es donde señala el "peligro" que representa tal corriente para la tradición filosófica francesa, ubicándola en la estela de los sofistas presocráticos y caracterizándola como "ataque a la razón".

Luego de una rápida referencia a los "orígenes" de la corriente pragmatista –identificados en Nietzsche, Peirce y la tradición de pensamiento romántica del siglo XIX–, Durkheim presenta a los principales exponentes de la corriente, para lo cual parece seguir implícitamente la selección de autores ofrecida por William James en el prefacio de su *Pragmatismo*: el propio James, Dewey y el británico F.C.S. Schiller. La ubicación de Peirce al plano de mero antecedente es justificada por la ausencia en éste de una "teoría de la verdad", lo que nuevamente revela la centralidad de James en la interpretación durkheimiana de la corriente, entendida, como ya se señaló, como teoría del conocimiento antes que como filosofía del significado.[169] Esta relevancia del problema de la verdad para la definición del pragmatismo se reitera en la segunda lección, cuando Durkheim coloque este eje por encima de otros componentes del movimiento, como el metodológico y su "teoría del universo", apenas mencionados en su presentación.

---

168 "Sociologie religieuse et théorie de la connaissance", *Revue de Métaphysique et de Morale* 17, 1909, pp. 733-758. El paralelo entre este trabajo y la Lección inaugural de *Pragmatismo...* es expuesto en detalle por Baciocchi en su edición de "Leçon inaugurale...".

169 Schmaus, "Durkheim, Jamesian pragmatism...", cit.

A partir de esta lección da comienzo la presentación de la "parte crítica" de las tesis pragmatistas, es decir, sus objeciones contra lo que es denominado por momentos como "racionalismo tradicional" o "clásico", o bien como "dogmatismo". Durkheim –que aclara que no pretende realizar "una exposición completa" de la corriente sino únicamente mostrar su "tendencia general", –concentra estas críticas en una serie de nudos conceptuales. El primero es la "crítica del dogmatismo", que abarca la discusión con la noción de verdad del racionalismo clásico por un lado, y el rechazo a la caracterización de lo real como "estático" por el otro. En cuanto a la primera, el pragmatismo objetaría el carácter "superfluo" de la verdad (en la medida en que sería un mero agregado superfluo, una "duplicación" de la realidad sin ninguna utilidad) así como su ajenidad y exterioridad respecto al mundo de las "cosas". Esta última crítica se liga al rechazo general a la separación entre pensamiento y existencia que caracterizaría al pensamiento racionalista tradicional, brecha que el pragmatismo se habría dado como tarea cerrar.

Que la verdad pertenezca al mundo trascendente y alejado de la realidad concreta implica para el pragmatismo que está separada del hombre, es decir, que es "extra-humana", lo que constituye otro de los ángulos de su crítica al racionalismo dogmático: la "deshumanización del conocimiento" (de acuerdo a la expresión de Schiller). Frente a esta verdad "ideal" del dogmatismo, es decir, impersonal, única, invariable, y tan inaccesible que termina conduciendo al escepticismo, el pragmatismo propondría según Durkheim una verdad "concreta", entendiendo por esto una verdad ligada a la existencia humana real, "viva", mutable y diversa, que admite tolerantemente la divergencia de opiniones y creencias. Aquí nuestro autor anticipa una de sus objeciones, al señalar que el pragmatismo ha encontrado un problema filosófico real ("la diversidad de los espíritus") pero del que no puede dar cuenta por encontrarse "superado" ante él.

El problema de la diversidad de opiniones le da pie a Durkheim para pasar al segundo eje de las críticas pragmatistas al racionalismo clásico, su rechazo a la "concepción estática de lo real". Desde esta perspectiva el pensamiento tradicional se vería imposibilitado de pensar el cambio y la transformación de la realidad, el aspecto dinámico del mundo, representándose únicamente las cosas a través del prisma de la fijeza y la inmutabilidad. Dicha limitación del espíritu racionalista se debería, de acuerdo a esta crítica, a la ilusión de seguridad que brinda la fijeza de su concepción de la realidad, cuya inmutabilidad proporciona una tranquilidad invalorable para este modo de concebir el mundo, aún al precio de empobrecerlo. Contra esta mirada de la realidad "en reposo" el pragmatismo postula, por el contrario, su carácter inacabado y móvil, concentrándose en el principal factor que a su juicio explica "la novedad en el mundo": la acción de la conciencia. Lejos de ser mera copia o duplicación de lo real, el pensamiento es entendido así como *creador de la realidad*.

Se desprenden de aquí, por lo tanto, dos modos contrapuestos de concebir a lo real, es decir, dos "teorías del universo": la racionalista, percibida desde esta mirada como "monista", para la cual el conjunto de elementos que forman la realidad se encuentra subsumido en una totalidad que lo abarca y ordena, y la propia del pragmatismo, presentada como "pluralista". Bajo esta noción (tomada una vez más de James) se entiende a lo real como formado por una densa retícula que integra a sus elementos constitutivos ("redes que unen a las cosas y los seres") de modo inestable, dado que está en constante proceso de "deformación y transformación".[170] Se deriva de aquí la noción jamesiana del universo como "desperdigado" [*loose universe*],[171] es decir, opuesta al modelo "rígido, formal, ordenado" del racionalismo tradicional, para cuya crítica el autor estadounidense habría echado mano, según Durkheim, de los argumentos desarrollados por Bergson.

El Bergson empleado por James en su *Un universo pluralista* es la base para la crítica del estadounidense al pensamiento conceptual, desarrollada por Durkheim en la lección 5ª del curso. Dado que el concepto es, por su propia naturaleza, "definido y distinto [*distinct*]",[172] está alejado de nuestra experiencia, formada por un "flujo de imágenes" en el que "las impresiones se compenetran mutuamente". Esta propiedad de los conceptos supone también su incapacidad para referir a la totalidad de las cosas, restringiéndose siempre a un solo aspecto de ellas, "determinado y delimitado", y por lo tanto, discontinuo, dominando el principio de identidad por el que cada concepto no puede ser otra cosa más que sí mismo. Todos estos rasgos alejan al pensamiento conceptual de la posibilidad de capturar la realidad, dada su naturaleza continua, fluida, móvil y cambiante. Siguiendo la argumentación bergsoniana condensada en la noción de "élan *vital*", James destaca la imposibilidad del racionalismo conceptual (epitomizado por el idealis-

---

170 Resulta tentador en este punto aproximar la descripción del pragmatismo que propone Durkheim a algunos de los postulados centrales desarrollados por su tradicional rival, Gabriel Tarde, rescatado a su vez como precursor de las modernas teorías del "actor-red" (cf. Bruno Latour: "Gabriel Tarde and the End of the Social", en Patrick Joyce (comp.), *The Social in Question. New Bearings in History and the Social Sciences*, Londres, Routledge, 2002). El paralelismo entre Tarde y James es tratado por David Lapoujade en *William James. Empiricism and Pragmatism*, Durham, Duke University Press, 2020 [1997]. Sobre los elogios de James a Tarde, cf. *supra*, n. 105 de este estudio introductorio.

171 Sobre la traducción de este término, cf. la Lección cuarta, n. 13.

172 Como señalamos en el contenido de la obra, el sentido del "*distinct*" que emplea Durkheim en distintas ocasiones de curso refiere a la caracterización de Descartes de las ideas como "*claires et distinctes*" en su *Discurso del método*; hemos preferido mantener la traducción clásica ("claras y distintas"), indicando en notas al pie el modo en que debía entenderse el término.

mo platónico) de aprehender lo real desde su ángulo más característico: el *cambio* ("la esencia de la vida es ser cambiante"); al intentar aprehenderlo, el pensamiento conceptual introduce artificialmente distinciones que fijan, separan e inmovilizan arbitrariamente lo que es fluido, confuso y móvil.

En la lección 6ª Durkheim introduce lo que presenta como "aspectos secundarios" de la corriente pragmatista, entre las cuales –además de la ya referida noción de "pluralismo"– ubica en primer lugar su equivalencia con el "empirismo radical" con el que James buscaba diferenciarse del tradicional empirismo humeano. Esta identificación del pragmatismo con el empirismo jamesiano (a pesar de la advertencia en contra realizada por el propio James)[173] le permite a Durkheim adelantar uno de los principales argumentos que empleará más adelante para caracterizar negativamente a la corriente: catalogarla como un "monismo" que disuelve la distinción entre "experiencia y realidad". Agotada aquí la fase "crítica" de la corriente, se pasa revista (desde esta lección hasta la 10ª) a sus tesis positivas, de las cuales las principales según Durkheim serían la relación entre pensamiento y realidad, el vínculo entre conocimiento y acción, y fundamentalmente los criterios de verdad empleados por el pragmatismo.

Durkheim analiza la relación del pensamiento con la realidad postulada por el pragmatismo a partir del rechazo de James a la separación que el racionalismo cartesiano postula entre ambos planos, así como de la distinción de Dewey entre "pensamiento constitutivo" y "reflexión"; en ambos autores la conclusión es que, lejos de cualquier dualismo que oponga "la conciencia y las cosas", el pensamiento debe entenderse como "instrumento" que opera sobre la realidad. De allí que entre conocimiento y acción exista una fundamental continuidad, siendo que el objetivo perseguido por todo conocer es siempre la satisfacción de una necesidad *práctica*. El propio concepto, lejos de estar opuesto (como en el racionalismo) a la sensación o a la imagen, es visto ahora como "fragmento de experiencia", dotado de la facultad de permitirnos avanzar más rápidamente que las sensaciones. Los conceptos constituyen en este sentido "atajos" para "poner a nuestro alcance los objetos" necesarios de modo más eficiente.

Consecuentemente, el criterio de verdad defendido por el pragmatismo (objeto de la lección 9ª) radica en la propiedad de un juicio de "brindarnos satisfacción", es decir que se apoya en sus resultados prácticos. En este sentido, toda idea debe lograr un "acuerdo" que no es sólo intelectual –con las ideas anteriores, ya presentes en el espíritu, cuyo equilibrio viene a "perturbar" con su aparición– sino también con las "cosas exteriores". Así "rebajada", la verdad pragmatista es concebida como fruto de la acción

---

173 "...no existe conexión lógica entre el pragmatismo... y una doctrina que recientemente he presentado bajo el nombre de 'empirismo radical'"; James, *Pragmatismo*, cit., p. 54.

humana, resultado de un "trabajo" por el que una idea "se convierte en verdadera", equiparando así verdad con verificación. Esta noción de verdad supone, continúa Durkheim, una concepción del universo como "maleable" y "plástico", una realidad caótica sobre la que el espíritu actúa, "tallando" en ella los objetos que necesita, incluyendo conceptos y categorías, creadas como respuesta a sus necesidades. El hombre es, por lo tanto, el *autor de la realidad.* Esta confusión pragmatista entre pensamiento y realidad (entre "lo real" y "lo verdadero") no dejó de ser percibida por Dewey, pero su solución –concebir como realidad únicamente la sección de ésta recortada en función de sus intereses por la "conciencia instintiva" humana–es considerada insatisfactoria por Durkheim.

Luego de la faltante lección 11ª (que parece haber desarrollado el tema iniciado al final de la anterior: el problema del método en el pragmatismo), la exposición de la doctrina pragmatista concluye con la presentación de sus proyecciones en "problemas especiales", de los cuales, tras una muy somera revisión del problema de la moral ("no hay moral pragmatista"), el de la religión es "el único tema tratado en toda su extensión" según los postulados de la doctrina. Concentrándose en los trabajos de James, Durkheim destaca su desinterés por los aspectos institucionales de toda religión y su opción por la experiencia del fiel, en la que lo principal es analizar los "resultados" a los que lo lleva su creencia, los que son analizados en los individuos que expresan con mayor intensidad su estado de religiosidad: los "santos". Al indudable beneficio social que reportan las virtudes de santidad, se añade según James la capacidad de la religión de permitir acceder a un conocimiento "directo" de la realidad a través de la "experiencia mística".

La lección 12ª concluye con una exposición sobre el "espíritu general del pragmatismo", en la que Durkheim rechaza que su rasgo característico sea de naturaleza práctica (la preocupación por la acción) y postula, nuevamente, la centralidad de los problemas filosóficos. Como "empirismo radical", el interés central del pragmatismo sería "flexibilizar [*déraidir*] a la verdad",[174] es decir, "liberar al pensamiento" de los rigores de "la especulación y el pensamiento teórico". Planteado así el eje del problema, en la lección siguiente Durkheim procede a presentar su "crítica general" a través de un cotejo con la sociología que en realidad ya se venía adelantando en las lecciones anteriores. A pesar de que su diagnóstico inicial es terminante, negándole al pragmatismo derecho a ser considerado como "doctrina filosófica" (privilegio que, implícitamente, sí parecería corresponderle a la sociología),[175] Durkheim señala que su existencia responde a un "móvil fundamental" que

---

174 Cf. la n. 6 de la Lección Décimo tercera en cuanto al origen del término y la elección de nuestra traducción.

175 Sobre este punto, Fabiani, "Durkheim et le retour a la philosophie", cit.

lo justifica –un argumento similar al que empleara frente a otros objetos, como es el caso del socialismo–;[176] dicho móvil sería en este caso la necesidad humana de poder "analizar y explicar" a la verdad.

Es en este punto donde Durkheim introduce explícitamente el paralelismo entre pragmatismo y sociología, en la medida en que ambas intentan contestar la misma inquietud acerca de la naturaleza de la verdad, problema al cual el racionalismo clásico no ha podido dar respuesta satisfactoria. La superioridad del punto de vista sociológico radica no sólo en poder plantear el problema desde una perspectiva que exceda el plano psicológico-subjetivo en el que se mantiene la doctrina pragmatista, sino sobre todo en recuperar la dimensión histórica del problema de la verdad: para ella, verdad y razón son "resultados de un devenir", un producto del desarrollo de la historia humana.[177] Aunque en este punto el pragmatismo ha acertado en su rechazo a la separación nítida entre errores y verdades que postula el racionalismo, señalando correctamente que ambas deben pensarse en mutua relación dinámica (los errores como "momentos del devenir de la verdad"), no logra trascender el plano de la experiencia individual. La sociología, en cambio, preserva la "dualidad" entre mentalidad individual y colectiva, y así puede explicar el problema de la "variabilidad de la verdad" (que ocupa la lección 14ª) desde la perspectiva de la evolución histórica de las sociedades.

A partir de la lección 15ª la crítica al pragmatismo se concentra en la relación que establece entre verdad y utilidad, que le permite a Durkheim introducir su conocida fórmula de condena a la doctrina por ser un "utilitarismo lógico".[178] Esta limitación le imposibilitaría al pragmatismo explicar el carácter "moralmente obligatorio" y fácticamente "imperativo" [*nécessitant*] de la verdad, ya que la considera como algo que resulta puramente de la actividad constructora del hombre, movido por la búsqueda de su conveniencia. Reproduciendo sus varias veces reiteradas críticas a las posiciones utilitaristas,[179] Durkheim señala su incapacidad para explicar el carácter "impersonal" de la verdad, así como su función propiamente especulativa, absorbida por las preocupaciones meramente prácticas. Esta relación entre especulación y práctica da cuerpo a la lección siguiente, en la que se discuten los argumentos empleados por Dewey para subordinar el pensamiento a la

---

176 "El socialismo... por más que no se le pueda considerar como una expresión científica de los hechos sociales, resulta... en sí mismo un hecho social de la mayor importancia... nos [ayuda] a comprender los hechos sociales que lo suscitaron... [porque] los manifiesta y expresa a su modo"; Durkheim, *El socialismo*, Barcelona, Apolo, 1932 [1928], p. 20.

177 Gaudemar, cit.

178 Para una crítica de la calificación del pragmatismo como utilitarismo, cf. Joas, "Durkheim et le pragmatisme...", cit.

179 Notorias, por ejemplo, en *La división del trabajo social, Las reglas del método...* y *El suicidio*.

acción. Frente a este planteo Durkheim, retomando la psicología experimental de Théodule Ribot (y, sin nombrarlo, de Alexander Bain), postula por el contrario el antagonismo entre ambas dimensiones: "pensar es contenerse de actuar", la conciencia reflexiva interrumpe y altera los movimientos del cuerpo, y a su vez requiere de una concentración que demanda tiempo y "suspende" el movimiento fluido del acto.

En las últimas lecciones (a partir de la 17ª) Durkheim abandona la exposición del pragmatismo para desplegar los desarrollos de su enfoque sociológico sobre aquellos puntos que se han presentado como nodales en la crítica a la corriente filosófica estadounidense. Esta sección del curso es la más nutrida de elementos que enriquecen su sociología del conocimiento, como el papel de la conciencia, la relación entre verdades y representaciones colectivas, y la distinción en estas últimas entre las científicas y las mitológicas. En cuanto al primer punto, el argumento de Durkheim reproduce aquí en parte la crítica al "epifenomenalismo" psicológico expuesta en 1898,[180] indicando que la conciencia no es meramente rectora del comportamiento de los organismos dotados de ella, sino que su función es constitutiva, permitiendo que surja "un ser que no existiría sin ella". Aunque para definir a la conciencia como actividad cognoscitiva del propio organismo sobre sí mismo Durkheim cita aquí a Spinoza ("el alma es la idea del cuerpo"), al mismo tiempo escapa de ese monismo sustancialista preservando la dualidad fundamental que distingue al cuerpo individual del pensamiento, por definición colectivo.[181]

La inscripción de la noción de verdad en el terreno de las "representaciones colectivas" da cuerpo a las lecciones 18ª y 19ª, y constituye otro de los grandes puntos medulares de la argumentación durkheimiana, que continúa aquí los desarrollos expresados en textos anteriores como *Las formas elementales...* La naturaleza representacional de la verdad le permite a Durkheim explicar su carácter tanto obligatorio como colectivo, es decir, un producto resultante de la creación humana que se impone a sus creadores. Si en las lecciones anteriores se presentó al pensamiento como actividad constitutiva de lo real, ahora se afirma que la realidad "superior" creada por las representaciones colectivas es la sociedad misma. También es social el fundamento de verdad que se le reconoce a las nociones míticas, que, sin ser verdaderas respecto a las cosas referidas, sí lo son "en relación con los sujetos que las piensan", es decir, el colectivo humano.

Estas "verdades mitológicas", que operan a partir de la construcción de símbolos tomados de la realidad exterior al conjunto social, funcionan

---

180 "Representaciones individuales y representaciones colectivas", en *Sociología y filosofía*, cit.

181 Al respecto, cf. Karsenti, cit.

a la par de las "verdades científicas", estas sí adecuadas a su objeto, en una disposición que recuerda el esquema dispuesto en *La división del trabajo social* entre solidaridad mecánica y orgánica, en la medida en que los mitos suponen la "confusión de los espíritus particulares" en un único ente colectivo, mientras que las verdades de la ciencia "mantienen su individualidad" pero coincidiendo en su objeto. Al igual que se postulaba en *Las formas elementales...* respecto de la religión, Durkheim afirma aquí que tales representaciones míticas están destinadas a perdurar, dado que cumplen una función vital para lograr que la sociedad "viva y actúe", en lugar de quedar sumergida en la duda. La ubicación de algunas de las nociones centrales del pensamiento político moderno –"democracia, progreso, lucha de clases"– en la categoría de "dogmas" recuerda tanto a la comparación entre las modernas fiestas cívicas y las rituales religiosos en *Las formas...* como a la temprana reivindicación durkheimiana de los "principios" de 1789 no por su carácter científico sino, precisamente, por haber sido una religión.[182]

Como se observa, Durkheim resuelve el problema de la verdad (y el del conocimiento en general) en su dimensión representacional, es decir, en definitiva, en la cuestión de la efectividad práctica de las creencias. Este desarrollo de su producción, presente *in nuce* en sus primeras publicaciones, pero con contornos claramente más evidentes a partir de su citado artículo de 1898 sobre las "representaciones colectivas", es lo que ha permitido postular su afinidad con tratamientos como los desarrollados en los años 1960s por Louis Althusser en cuanto a la elaboración de una "teoría de la ideología".[183] Los pasajes del curso en los que Durkheim refiere a la capacidad de la conciencia colectiva de "apropiarse de las verdades científicas" y constituir con ellas una "filosofía popular", así como al carácter inevitablemente mítico que tienen las representaciones que operan en esta dimensión, permiten abonar estos acercamientos. También se hallan en sintonía con las ideas que en esa dirección postulaba contemporáneamente Georges Sorel –creativo lector, como se mencionó más arriba, de Bergson y el pragmatismo– en cuanto al

---

182 "On y croit non comme à des théorèmes, mais comme à des articles de foi. Ils n'ont été faits ni par la science ni pour la science... ils ont été une religion", Durkheim, reseña a Th. Ferneuil, *Les principes de 1789 et la science sociale*, *Revue Internationale de l'enseignement* 19, 1890, pp. 450-456, reproducido en Durkheim (J.C. Filloux comp.), *La science sociale et l'action*, París, PUF, 1970.

183 En cuanto a "Pragmatismo...", esta es la tesis de Allcock referida *supra*, n. 160; más en general, cf. Sheelagh Strawbridge, "Althusser's theory of ideology and Durkheim's account of religion: An examination of some striking parallels", *Sociological Review* 30:1, 1982, pp. 125-140; Kenneth Thompson: "Durkheim, Ideology and the Sacred", *Social Compass* 40:3, 1993, pp. 451-461.

papel jugado por los mitos para producir un conocimiento "inmediato" que moviera al sujeto a la acción.[184]

Finalmente, en la 20ª y última lección, la crítica durkheimiana se dirige más abiertamente al bergsonismo,[185] sindicado de ser responsable de los argumentos que el pragmatismo tomaría "prestados" acerca de la heterogeneidad entre verdad y realidad, es decir, entre el pensamiento conceptual "estático", artificialmente diferenciado, y la fluidez continua e indistinta de lo real. Contra el élan *vital* bergsoniano Durkheim argumenta aquí que la "necesidad de distinción y separación" entre los entes no es meramente fruto de la operación intelectiva sino de la propia realidad objetiva, "está en las cosas como lo está en el espíritu", siendo el desarrollo evolutivo fundamentalmente una "separación progresiva" de lo anteriormente confundido. Frente a la supuesta incapacidad del conocimiento científico de asir la naturaleza eminentemente dinámica de la vida, Durkheim objeta que entre vida y materia no existe la oposición que postula Bergson: la materia sería, por el contrario, "vida degradada y fijada", lo que permite postular la existencia de "aspectos estáticos" dentro del cambio: el devenir no sería una "fuga perpetua, sin detención ni reposo", sino una sucesión de "estados" consecutivos, pasible de ser estudiada históricamente. En estos pasajes se evidencia la manera de entender el cambio y la temporalidad que sostiene a la sociología durkheimiana a la que nos referíamos más arriba, y que permiten comprender su particular afinidad con la reflexión histórica.[186]

El curso se cierra con una breve conclusión en la que Durkheim reafirma la superioridad de la sociología para responder a las objeciones correctamente planteadas por el pragmatismo contra el racionalismo. Sólo desde el punto de vista sociológico, afirma, la verdad puede entenderse al mismo tiempo como producto humano, sujeto a la diversidad del tiempo y el espacio, integrado a la vida en lugar de separada de ella, pero a la vez obra colectiva, trascendente respecto de sus creadores y dotada del poder de imponerse sobre ellos. Se acepta así que la verdad no puede ser un mero "lujo" superfluo de lo real, como postulaba el pragmatismo, sino que está dotada de utilidad; pero esta "función útil" –la propia constitución del conjunto–, antes que

---

184  Sorel, *Reflexiones sobre la violencia*, Buenos Aires, La Pléyade, 1978 [1908].

185 Debe señalarse que las críticas explícitas a Bergson que se refieren en este párrafo corresponden a la edición de Cuvillier del curso, es decir, la traducida en este libro. En el manuscrito Maublanc arriba referido no hemos encontrado ninguna mención a Bergson en los pasajes que, en términos generales, corresponderían a aquellos donde Cuvillier las ubica. En las notas halladas en la Sorbona, sólo aparece una mención al uso de James de "la filosofía de B". Esta discrepancia introduce una nota de cautela en la interpretación que se haga de esta sección de la obra, al menos en el estado actual de nuestro conocimiento de ella. Cf. *infra* las notas a las lecciones XVIII-XX.

186 Cf. la n. 158 de este estudio.

voluntaria e individual, es social y coercitiva. Equiparable así a la moral, la verdad es entendida como "norma para el pensamiento", del mismo modo en que la primera lo es para la conducta.

Las dos lecciones colocadas por Cuvillier al final de la edición de 1955 como "Apéndices" pertenecen a un curso del que se desconoce la fecha precisa, aunque es dable presumir que fueron relativamente contemporáneos al dictado de las lecciones sobre el pragmatismo.[187] Varias afinidades abonan esta cercanía (reforzada por las notas al pie agregadas por Cuvillier): en la primera lección, sobre "La certeza", se parte de la crítica al racionalismo de Descartes (para quien la certidumbre provenía de la "evidencia", cualidad intrínseca a la propia idea) a través del neokantismo de Renouvier, identificando la certeza con una "obra del hombre", ligándola así tanto a la esfera de la acción como a la de las creencias (como hemos visto ocurría con la religión): la certeza entendida como "disposición a actuar en conformidad con una representación".[188] Al igual que con el pragmatismo, Durkheim rechaza del "voluntarismo" de Renouvier su incapacidad de capturar el aspecto imperativo [*nécessitant*] de las certezas, proveniente de su carácter colectivo, y por el cual, nuevamente, la imposición de la lógica se inscribe dentro de la presión moral del conjunto.

En cuanto a la siguiente lección, "Los conceptos", la argumentación durkheimiana reproduce en buena medida la seguida en el curso sobre pragmatismo, así como la desplegada en *Las formas elementales…* Para fundamentar el carácter "específicamente diferente" del concepto y su discontinuidad en relación con las sensaciones y las imágenes, Durkheim destaca que sus cualidades intrínsecas –inmovilidad, fijeza, universalidad, comunicabilidad, impersonalidad, etc.– provienen de su carácter colectivo, ya que "todo lo colectivo tiende a fijarse y eliminar lo contingente", aunque esto no lo lleva a aceptar el postulado del racionalismo dogmático "pueril" que

---

187 Dado que Marcel Tardy, autor de los apuntes que recoge aquí Cuvillier, había nacido hacia 1890, puede deducirse que las lecciones fueron impartidas alrededor de 1910. De acuerdo a la enumeración de los cursos dictados por Durkheim elaborada por Jean Claude Filloux, es posible que se trate del curso "Education intellectuelle" (dictado anteriormente en Burdeos como "Education de l'intelligence"), dictado en 1910-11; cf. Filloux, "Présentation", en *Durkheim et l'éducation*, París, PUF, 1994.

188 Cf. Paoletti, *Durkheim et la philosophie…*, cit., pp. 267-68. Resulta sugestivo comparar el tratamiento de la noción de *certitude* en este curso con el que había realizado el joven Durkheim en sus primeros pasos como docente, en el liceo de Sens; allí también rechazaba la idea de la "evidencia" como criterio de certeza (atribuida a Spinoza antes que a Descartes), y también se tomaba el ejemplo de las creencias religiosas (englobadas bajo las "creencias morales"), pero no se hacía mención a la relación entre certidumbre y acción, que es central en este curso; cf. Neil Gross y Robert Alun Jones (eds.), *Durkheim's Philosophy Lectures. Notes from the Lycée de Sens Course, 1883-84*, Cambridge UP, 2004.

asigna dicha conceptualización a la humanidad como un todo ("el acuerdo de todas las razones humanas"). Encontramos nuevamente la equiparación entre el plano intelectual y el moral en cuanto a la relación de ambos con el pensamiento individual, así como la inscripción del conocimiento en el plano de la "experiencia colectiva", fundamento de la labor de conceptualización por la que el conjunto permite superar los límites de la experiencia del individuo.

# Acerca de esta traducción

L a presente traducción reúne por primera vez en un único texto las dos versiones hasta ahora publicadas del curso de Émile Durkheim sobre el pragmatismo: por un lado, conformando la casi totalidad de la obra, la edición preparada por Armand Cuvillier en 1955, que era hasta hace pocos años, la única existente; por el otro, su "Lección inaugural", hallada en los manuscritos de René Le Senne y publicada en versión bilingüe en 2012, a partir de la labor de Stéphane Baciocchi, Jean-Louis Fabiani y William Watts Miller. Mientras que la primera ha sido ya traducida a varios idiomas (incluyendo en primer lugar el castellano, en la versión publicada en nuestro país por la editorial Schapire en los años '60s, con traducción de Noé Jitrik),[1] la Lección inaugural sólo se había dado a conocer hasta el momento en francés e inglés, siendo por lo tanto la presente su primera traducción a nuestro idioma.

Siguiendo el ejemplo de otras traducciones,[2] hemos incluido en la presente el texto introductorio de Cuvillier como "Prefacio" a la obra, dado que no sólo brinda importante información acerca de su operación de "reconstitución" del contenido del curso sino también respecto del contexto intelectual en el que tuvo lugar tal empresa. En aras de la coherencia interna, preferimos mantener este prefacio en su habitual lugar en relación con el texto, es decir, anterior y por fuera del cuerpo de la obra prologada. Esto, no obstante, supone un problema, en la medida en que la primera sección del curso de Durkheim que se ofrece al lector (su "Lección Inaugural") no formaba parte de la versión de la cual el estudio de Cuvillier oficiaba de prólogo. El lector debe estar sobre aviso, por lo tanto, que dicha sección proviene de otro origen al de la edición de 1955.

En lo que hace a la traducción de la "Lección inaugural", no hemos seguido del todo el criterio adoptado en la transcripción ofrecida por Ba-

---

1 *Pragmatismo y sociología*, Buenos Aires, Schapire, s.d. [¿1968?].

2 Como la citada de Schapire y la inglesa (*Pragmatism and Sociology*, Cambridge UP, 1983), con traducción de J.C. Whitehouse e introducción de John B. Allcock.

ciocchi, Fabiani y Watts Miller en relación con el empleo de señaladores que indican la paginación original del manuscrito Le Senne en folios, o la preservación de la grafía original de términos abreviados que luego fueron desplegados.[3] Tampoco hemos mantenido las tachaduras, preservadas en la edición Baciocchi, ni las marcas que denotan dudas en la traducción, así como tampoco las numerosas notas al pie que marcan la sintonía entre este texto y obras anteriores de Durkheim.[4] Sólo preservamos aquellas anotaciones donde se señala la ilegibilidad del manuscrito, así como los términos entre corchetes que denotan agregados realizados por los editores para reponer los fragmentos omitidos en las anotaciones de Le Senne (que nosotros hemos complementado con otros por nuestra cuenta). En términos generales, privilegiamos la sencillez en la lectura en desmedro de la fidelidad al manuscrito original, dado que nuestro contacto con el mismo ya estaba mediado por la edición realizada por los mencionados autores.[5]

El texto del curso cuenta con dos tipos de notas al pie, claramente diferenciados. Por un lado, las que pertenecen a la edición de Cuvillier de 1955, de su autoría; estas notas están numeradas correlativamente de acuerdo a cada una de las lecciones. Por otro lado, hemos agregado notas propias, en la mayoría de los casos con aclaraciones sobre la elección adoptada en esta traducción; este conjunto de notas se distingue del primero por aparecer entre corchetes y con el encabezamiento "N. del t." (nota del traductor). Particular atención se ha puesto en la traducción de algunos términos adjudicados por Durkheim al pragmatismo de William James, dado el grado de distancia que muchas veces existe entre la traducción francesa empleada por nuestro autor y la versión original del filósofo estadounidense. También hemos agregado al estudio introductorio de Cuvillier algunas notas aclaratorias (en su mayoría, precisando el blanco implícito de sus dardos).

Buena parte de las referencias a textos de autores pragmatistas realizadas en el curso han sido tomadas de sus ediciones en castellano, aun cuando estas traducciones diferían significativamente de la versión francesa citada por Durkheim (o Cuvillier). En estos últimos casos se optó por señalar en nota al pie tal divergencia, manteniendo la traducción al castellano propia de la versión tomada por el autor. En los casos en los que no existen versiones en nuestro idioma de las obras citadas (como los *Essays in radical*

---

3   Por ejemplo, "d[ans] 1 [une] cert.[aine] mesure", ha sido traducido directamente como "en cierta medida".

4   Particularmente su artículo de 1909, "Sociologie religieuse et théorie de la connaissance", primera versión de lo que sería luego la introducción a *Las formas elementales de la vida religiosa*; cf. *supra*, nuestro estudio introductorio a esta edición.

5   Así, "…des portions + [plus] ou – [moins] ~~vagues~~ grandes du rée[l]", es traducido aquí por "…porciones más o menos grandes de la realidad".

*empiricism* de James o las obras de Schiller), hemos traducido nosotros la versión original en inglés, señalando eventualmente las diferencias con la traducción empleada por Durkheim si las discrepancias tenían cierto grado de relevancia. Las referencias a los libros utilizados se colocan entre corchetes, al lado de las realizadas por Cuvillier –en algunos casos en el cuerpo del texto y otros en las notas al pie, como indica en el Prefacio a la edición de 1955–,[6] precedidas por la indicación "Nota del Traductor".

---

6  Cf. la p. 67 del Prefacio de Cuvillier.

# PREFACIO A LA PRIMERA EDICIÓN

*Armand Cuvillier*

En 1925, analizando la obra inédita de Émile Durkheim, Marcel Mauss escribía:

"En el mismo orden de circunstancias debemos lamentar la pérdida del curso completamente nuevo que Durkheim diera en 1913-14, justo antes de la guerra. El objetivo que se proponía era el de hacer conocer a los estudiantes esta forma de pensamiento filosófico por entonces todavía nueva: el *pragmatismo*. Había pensado ese curso para su hijo André Durkheim, por entonces su alumno. Quería colmar una laguna en la educación de esos jóvenes. Tomó la ocasión no sólo para hacerles conocer esta filosofía, sino también para precisar las relaciones, la concordancia y la discordancia que constataba entre ese sistema y los datos filosóficos que le parecía que ya se podían desprender de la sociología en sus comienzos. Se colocaba a sí mismo y a su filosofía de cara a Bergson, William James, Dewey y los autores pragmatistas estadounidenses. No sólo resumía su doctrina con potencia y conciencia, sino que filtraba aquello que debía ser retenido desde su propio punto de vista. En particular daba cuenta de Dewey, por quien sentía una gran admiración. Ese curso fue de gran valor y produjo una gran impresión sobre un público muy amplio, y sobre todo –lo que más quería Durkheim– sobre algunos jóvenes y buenos espíritus. Lamentablemente, el manuscrito de esas lecciones, coronación de toda la obra filosófica de Durkheim, se ha perdido. Todo lo que sobrevive en los documentos que se encontraron en su domicilio son notas poco numerosas y sobre todo las fichas de los textos que había extraído de los libros de los pragmatistas estadounidenses, en particular de los libros de Dewey. Algunas de esas fichas, en general escritas con lápiz azul, están numeradas reproduciendo el orden en el que se citaban los documentos en el manuscrito, tanto en limpio como en los resúmenes de las lecciones que llevaba consigo, y que a veces ni llegaba a desplegar en la cátedra.

No nos explicamos la desaparición de cualquier otro vestigio. Quizás Durkheim le confió a su hijo André el texto de estas lecciones, y éste le comunicó el precioso manuscrito, pasado en limpio, a un camarada también desaparecido como él. Quizás Durkheim confió en las notas que tomaba André en su curso, y éste a lo mejor las prestó.

Si por casualidad estos apuntes se encontraran en las manos de algún amigo o de alguna persona de buena voluntad, le rogamos a quien fuera que tenga a bien hacérnoslas llegar. Quizás el azar, el manuscrito encontrado y la colaboración de los antiguos alumnos que estuvieron en el curso y aún sobreviven permitan algún día dar una idea de ese trabajo. Por el momento sólo podemos indicar su importancia".[1]

El pedido de Marcel Mauss encontró eco. Sabemos que algunos oyentes del curso de 1913-14 le reenviaron sus apuntes. Lamentablemente nuestros intentos por encontrar esas notas entre los papeles de Marcel Mauss depositados en el *Musée de l'homme* no han arrojado resultados. En cuanto a las fichas a las que hace alusión, deben haber sido destruidas por la ocupación durante la II Guerra Mundial, junto con todos los demás papeles de Durkheim.

Sin embargo, un feliz azar nos ha permitido entrar en posesión de dos series de notas de estudiantes por intermedio de la librería Vrin, una completa (salvo quizás por una lección) y la otra más fragmentaria. Hemos creído poder utilizarlos para reconstruir el curso de Durkheim en la medida de lo posible. Pero consideramos necesario precisar que lo que aquí le ofrecemos al lector no es el texto mismo de Durkheim, dado que la redacción escrita por su mano, si es que alguna vez existió, sigue sin ser encontrada. Sólo se trata de *una reconstitución*, lo repetimos, que nos hemos esforzado por realizar de la manera más fiel posible a través de esta serie doble de notas. Estas nos han permitido a menudo el cotejo más seguro entre una y otra versión, y estamos convencidos de que al menos en ciertos pasajes el texto idéntico o casi idéntico en ambas –siendo que estas son claramente independientes– nos trae verdaderamente el eco de la palabra misma de Durkheim.

Sin dudas se encontrarán en estas lecciones algunas reiteraciones y quizás algunas negligencias que seguramente habrían desaparecido en una redacción destinada a ser impresa. En particular, a menudo se repiten al comienzo de cada lección, resumidas, las ideas principales o las conclusiones de la lección anterior. Pero aquí encontramos uno de los procedimientos de exposición familiares a Durkheim en sus cursos, como puede apreciarse en los

______

1   *l'Année sociologique* 1 (nueva serie), 1925, p. 10.

solapamientos análogos que podemos encontrar en sus otros cursos editados, como aquel sobre la *Educación moral*, sobre *La evolución pedagógica en Francia* o, finalmente, las *Lecciones de sociología*, recientemente editadas en Estambul. No obstante, hemos preferido no corregir estos ligeros defectos, aplicando la regla que el propio Durkheim formuló cuando publicó el curso de Octave Hamelin sobre Descartes, haciendo notar que Hamelin lo había redactado "como lecciones, ubicándose en el pensamiento de cara a su futuro auditorio".

"Por ello todo tipo de fórmulas y procedimientos de exposición que son ineludibles para un profesor pero que no tienen la misma razón de ser en un libro: frecuentes resúmenes, conexión nítidamente marcada de cada lección con la anterior, divisiones fuertemente subrayadas, etc.… Podríamos por tanto preguntarnos si no habría lugar para retocar el texto de modo tal de despojarlo de este aparato escolar. Pero nos ha parecido que no nos correspondía sustituir al autor y prestarle un idioma que no era el suyo… De un modo general estas intervenciones del editor difícilmente pueden dejar de ser arbitrarias, incluso cuando se esfuerzan por ser discretas; es por ello que en principio hemos decidido no realizarlas. Bajo el pretexto de corregir ciertas imperfecciones sin importancia corremos el riesgo de despojar al trabajo de algo que forma parte de su carácter propio. Fue concebido como curso, y es por lo tanto como curso que debía ser presentado al público".

En cuanto a los textos de los autores citados en el curso, en particular los de James, Dewey y Schiller, no nos resultó difícil restablecerlos casi en su totalidad, incluso sin contar con las fichas bibliográficas de las que habla Mauss, dado que las citas más o menos abreviadas o deformadas que encontramos en nuestros manuscritos eran sin embargo lo suficientemente precisas y explícitas como para permitirnos encontrar el texto original. Incluso a veces alguna de nuestras dos versiones –o ambas a la vez– contenía la referencia exacta al mismo tiempo que la cita.

Por lo tanto, no deberá llamar a asombro que la obra que aquí presentamos contenga dos series de referencias, unas incluidas en el mismo texto –aquellas que hemos encontrado en nuestros manuscritos– y otras indicadas en notas, las que hemos podido encontrar por nosotros mismos.

Por lo demás, de modo general *las notas a pie de página nos pertenecen. Ocurre lo mismo con los títulos y subtítulos incluidos en el texto* para claridad de la exposición.[2]

◆ ◆ ◆

---

2    [*N. del t:* esta edición mantiene los subtítulos agregados por Cuvillier].

                     *Armand Cuvillier*

Muchos de quienes asistieron a este curso nos expresaron la impresión que produjo sobre los oyentes en 1913-14, confirmando de este modo la afirmación de Marcel Mauss.

Nos ha parecido que hoy su interés no ha disminuido. Ya que al que presentaba entonces –a saber: permitirnos conocer mejor el pensamiento y, me atrevo a decir, la filosofía general de Durkheim, por comparación con las doctrinas pragmatistas– se agrega hoy un poderoso interés de actualidad. En efecto, si hoy en día el pragmatismo nos parece una doctrina no demasiado profunda y largamente superada, vemos como algunas de sus inspiraciones reaparecen en construcciones filosóficas que se presentan como novedosas, pero contra las cuales la crítica de Durkheim sigue manteniendo validez.

◆ ◆ ◆

Comencemos por el primer punto. Por empezar, es totalmente evidente que las ideas expuestas en este curso forman un complemento y una continuación, por así decir, de la teoría del conocimiento esbozada en *Las formas elementales de la vida religiosa*. Como afirma Durkheim al comienzo de estas lecciones, superados ya el kantismo y el neokantismo, no existía por entonces ninguna teoría de la verdad fuera del pragmatismo. Por supuesto, también estaba el idealismo de Hamelin. Se sabe de la amistad que unía a Durkheim con el autor de los *Elementos principales de la representación* (del cual, como recién recordáramos, había editado sus lecciones sobre el sistema de Descartes), y cuánto atención le prestaba a su pensamiento. Esta estima se transparenta en distintos pasajes de este curso.[3] Pero el idealismo sintético de Hamelin tenía el inconveniente de seguir presentando al conocimiento como algo que presupone un objeto dado producido completamente por fuera de nosotros.[4]

Por el contrario, lo que Durkheim retenía del pragmatismo era que *el pensamiento es creador de la verdad* y que ésta no es, por consiguiente, ni algo fijado ni algo ya terminado, sino algo vivo y humano. Sólo que le parecía que la forma en la que el pragmatismo interpretaba esta idea, en sí

---

3   Recíprocamente por otro lado, Hamelin se está refiriendo visiblemente a Durkheim cuando escribe: "Si no nos equivocamos, ciertos sociólogos profesan que existe, además de las conciencias individuales, una conciencia social, y que sin embargo esta conciencia no debe ser colocada aparte de las conciencias individuales, que tiene por soporte a cada una de esas conciencias. Similarmente, admitimos en cada ser, y en particular en cada hombre, una conciencia de sí mismo y una conciencia de todo el resto. Por esta conciencia del universo cada ser sería el sostén de todos los demás…" (*Eléments principaux…*, 1° ed., p. 453, 2° ed., p. 489).

4   Cf. *Eléments principaux…*, 1° ed., p. 471, 2° ed., p. 508: "La voluntad no crea al objeto: lo presupone… Al no producir el objeto, el sujeto sólo interviene en la posición del objeto prestándose y abriéndose a él por la atención, o por el contrario, cerrándose".

misma correcta, llevaba *pura y sencillamente a arruinar la verdad*: a partir
de ella, la verdad se presentaba arbitrariamente variable y desprovista de
toda objetividad. No existían más verdades "necesarias".

Sobre este punto han habido algunas confusiones; y es posible confundirse, en efecto, si no se ve que aquí Durkheim protesta con energía
contra estas consecuencias de la doctrina pragmatista, contra lo que llama
"el amorfismo de la verdad" (ver más abajo, p. 177). Se pudo temer que
el propio Durkheim, ligando la verdad a la vida y a la acción, habría caído
en una suerte de utilitarismo que subordina el pensamiento a la práctica, a
lo sumo interpretando a esta última de acuerdo a la dimensión social. Este
temor es el que expresó Parodi:

> "Las doctrinas –por otro lado, bastante dudosas– de Peirce, Dewey
> y James en Estados Unidos, y de Schiller en Inglaterra, tienen como
> rasgo común considerar a las nociones de verdad o de error como
> completamente relativas a la acción, y sin otro sentido más que sus
> consecuencias prácticas, su utilidad o su comodidad: es innegable que
> encontramos esta misma idea en Henri Poincaré, en Bergson y, si-
> guiéndolos, a un gran número de sus contemporáneos. Incluso se la
> encuentra en Durkheim, dado que para éste las categorías son de origen
> social, adaptadas a las exigencias de la vida colectiva y por lo tanto
> destinadas antes que nada a permitirnos actuar en el medio propio de
> la humanidad: es Durkheim quien señala, como podría hacerlo Berg-
> son, "el estrecho parentesco… de estas tres nociones: útil, categoría e
> institución".[5]

Pero el propio Durkheim hace alusión a este posible malentendido, aquí
mismo, en la lección decimo-octava (p. 199). Rechaza este "utilitarismo
lógico" que es el pragmatismo y que no explica lo que podría llamarse el
carácter "duro" de la verdad. Sin dudas, al igual que el bien moral aparece
como "deseable" al mismo tiempo que obligatorio, la verdad, como dice el
pragmatismo, nos proporciona una cierta "satisfacción" (p. 147 y ss.). Pero
al mismo tiempo ella "se impone", de hecho y de derecho, con un carácter
obligatorio y restrictivo. ¡Cuántas veces es dolorosa! (p. 184). A ojos de
Durkheim, únicamente una teoría sociológica de la verdad puede dar cuenta
de este doble carácter.

Durkheim se niega a admitir que la verdad se pueda definir sólo por su
eficacia práctica y que no tenga correspondencia con la realidad. Llega incluso a oponer los rasgos del pensamiento con los de la acción (p. 192-193).
Muestra una severidad hasta excesiva contra esta doctrina llegada del otro
lado del Atlántico, a la que acusa de ser mucho menos una doctrina de la

---

5　*La philosophie contemporaine en France*, 3° ed. p. 458.

acción que un "intento dirigido contra la especulación pura y el pensamiento teórico" (p. 169). Contra Dewey, mantiene enérgicamente que la verdad, sea cual sea, tiene siempre una función especulativa. Decimos bien: *sea cual sea*, porque Durkheim nos advierte que no toda verdad es del orden puramente racional: al lado de las verdades científicas existirán siempre verdades que califica como "mitológicas". Pero incluso estas últimas no son en absoluto puras fantasmagorías o simples instrumentos de acción. Si en un sentido se puede decir que son, también, "verdades", es porque expresan *sub specie loci et temporis* realidades indiscutibles, a saber, realidades sociales. En efecto, es un error creer que la sociedad pueda vivir en la ilusión o en la total fantasía. Estas "verdades mitológicas" tienen por lo tanto algo de racional, corresponden a una verdadera *necesidad intelectual*, a una *necesidad de comprender*. Son cosmologías que traducen el modo en que la sociedad se representa el universo en un momento dado de su historia, y también aquel en que se concibe a sí misma. Ya que para Durkheim la sociedad forma parte de la naturaleza, es su "manifestación más alta", y las categorías que sirven a la inteligencia de la sociedad son también las que funcionan como marcos para el conocimiento del universo.[6] Así, la verdadera función del pensamiento no es en absoluto práctica: el pragmatismo tuvo razón en decir que el pensamiento es quien crea lo real, pero no pudo interpretar esta fórmula en su verdadero sentido. El papel de la conciencia es crear al ser (p. 115 y 195). Esto ya es cierto en el plano psico-orgánico, donde según Durkheim la conciencia cinestésica no es otra cosa que "el organismo conociéndose a sí mismo". Es aún más cierto en el plano psico-social, donde más que en cualquier otro sitio se aprecia que el papel del pensamiento es el de "constituir a un ser que no existiría sin él", el de "hacer", como dicen los pragmatistas ("The making of reality", es el título de un capítulo de Schiller), a esta realidad superior que es la sociedad (p. 198).

Es curioso ver cómo el realismo sociológico de Durkheim se realiza así en un ideo-realismo gnoseológico según el cual la verdad y el pensamiento son homogéneos a la realidad, al igual que la sociedad es, como ya decía Espinas, "un organismo de ideas". En efecto, estas lecciones terminan con una crítica que, aquí, no es únicamente contra el pragmatismo sino también contra Bergson, y que apunta a la tesis según la cual el pensamiento racional sería extraño a la realidad y la vida. El mismo "élan *vital*", replica Durkheim (p. 212) está cargado de distinciones y articulaciones que allí están ya pre-

---

6   Cfr. *Las formas elementales de la vida religiosa*, p. 25, en particular: "Por ejemplo, lo que está en la base de la categoría de tiempo es el ritmo de la vida social; pero si hay un ritmo en la vida colectiva, puede estarse seguro de que hay otro en la vida de lo individual, más generalmente, en la del universo".

formadas y que le son inmanentes, y el pensamiento conceptual no hace sino participar de esta propiedad de lo real.

◆ ◆ ◆

Existe también un segundo punto en el que estas lecciones nos pueden ayudar a comprender mejor el pensamiento de Durkheim. Se lo ha acusado de haber confundido a la conciencia colectiva, sede de toda luz y toda verdad, con "el mundo de las Ideas eternas", con el *logos universal*, incluso con Dios, del mismo modo en que, por otra parte, se le reprochaba que había constituido, bajo la cobertura de la moral sociológica, una "moral semi-sociológica, semi-metafísica", que pretendía "derivar una moral que impone fines y prescribe reglas de conducta a partir de un conocimiento teórico previo", y en la que por lo tanto se desconocería la posibilidad de "conocer y prescribir al mismo tiempo".[7]

Ya en 1939 la *Revue de Métaphysique et de Morale* reaccionaba contra el primero de estos argumentos, denunciando que era gratuito: "Se puede encontrar en la teoría del conocimiento de Durkheim (por otra parte apenas esbozada, y bastante discutible) un intento de llevar lo universal a lo colectivo, pero no encontramos el menor esfuerzo en el sentido inverso de reducir lo colectivo a un universal a priori… Puede pensarse lo que se quiera de su explicación, pero ¿cómo negar que es una explicación puramente positiva? Por el momento, no parece en absoluto demostrado que exista en Durkheim *una metafísica*, y aún menos *una teología*".[8] También el decano Davy, en su introducción a las *Lecciones de sociología. Física de las costumbres y del derecho*, respondió en parte a la segunda crítica, mostrando que, si en ciertos aspectos los dos temas mayores entre los que se reparte el pensamiento durkheimiano, el *tema de la ciencia* y el *tema de lo social* (es decir, en el fondo, de lo humano) se oponen, no son sin embargo en absoluto incompatibles, sino por el contrario complementarios, y que, en Durkheim, ambos se concilian y se asocian. Nos parece que el curso que hoy publicamos apoya brillantemente esta forma de ver, y permite poner en su lugar las objeciones que se apoyan en una incomprensión radical del pensamiento durkheimiano, y así penetrar mejor en su sentido profundo.

---

7   [*N. de. t.*: Cuvillier está citando aquí el artículo de Georges Gurvitch "La science des faits moraux et la morale théorique chez Emile Durkheim", *Archives de philosophie du droit et de sociologie jurídique* 1-2, 1937; comienza de este modo su ataque contra Gurvitch, que se extenderá por buena parte del Prefacio, sin jamás mencionar su nombre].

8   *Revue de Métaphysique et de Morale*, año 46, n° 3, julio 1939, p. 545 [se trata de una recensión al volumen doble de los *Archives de Philosophie du Droit et de Sociologie Jurídique*, 1938, que incluye un estudio de Georges Gurvitch (co-director de los Archives) sobre "la concepción durkheimiana de la conciencia colectiva"].

Quien desee constituir una axiología –sea de la verdad o de valores morales– se encontrará en presencia de esta "falsa exigencia de la razón" que ya en 1907 denunciaba nuestro venerado maestro André Lalande: la obligación de demostrarlo todo, de probarlo todo, incluso los primeros principios, en particular en materia normativa.[9] Por el contrario, debe convenirse que en la base de toda "ciencia normativa", de toda moral, de toda lógica, de toda "teoría del conocimiento", se encuentra necesariamente un principio (o varios) que no son susceptibles de prueba o demostración propiamente dicha, cuando no de toda justificación racional. Por lo tanto, sólo la "experiencia vivida" es capaz de proporcionarnos estos principios, o mejor estos "fundamentos" de toda axiología. Pero hay muchas formas de entender esta "experiencia vivida".

Comprendamos entonces que en Durkheim el recurso a "lo social" es precisamente la solución frente a esta dificultad. No significa en ningún modo que la sociedad sea a sus ojos una suerte de "cosa en sí" fijada en su eternidad, ni tampoco un "bien supremo" inmóvil. Por el contrario, significa que Durkheim tomó clara conciencia de esta necesidad –aunque, desde luego, expresando su pensamiento en otro lenguaje–, sentida tan vivamente por los filósofos contemporáneos, de *arraigar los valores fundamentales del hombre en su experiencia vivida*, de "darles fundamento", si se quiere, no demostrándolos deductiva o inductivamente –lo que llevaría a un círculo vicioso– sino mostrándolos *implicados en esta misma existencia*, la cual, a ojos de Durkheim, es esencialmente una *existencia social*, al menos a nivel de los valores ideales. Es por lo tanto un total contrasentido ver en esto algún tipo de "metafísica". Muy por el contrario, Durkheim hace suyas las críticas del pragmatismo contra todas las teorías de inspiración más o menos platonista, que hacen de la verdad algo "cuasi divino" (p. 173), y en las cuales la verdad se pierde "en las lejanías de un mundo inteligible o un entendimiento divino" (p. 215). En Durkheim el recurso a "lo social" es la marca de su sentimiento vivo y profundo de las condiciones *existenciales* de la elección.

Lalande nos recuerda que Durkheim elogió a Paul Janet por haber dicho que los "fundamentos" de la moral son "las obligaciones admitidas por todos, o al menos por aquellos con los que se discute o con los que se habla".[10] ¿Acaso no reconoció el mismo Durkheim que toda moral implica al menos un principio –un juicio de valor– que no se toma de la ciencia, a saber, que

---

9	"Sur une fausse exigence de la raison dans la méthode des sciences morales", en *Revue de Métaphysique et de Morale*, enero 1907, p. 18; cf. *La raison et les normes,* cap. VI.

10	*La raison et les normes*, p. 135.

la vida es algo que vale la pena vivir?[11] Con la verdad ocurre como con los valores morales. Es Durkheim quien afirma este paralelismo en estas mismas lecciones: así como para saber lo que es la moralidad es ilusorio proceder sólo por construcción conceptual, como hace la mayoría de los filósofos, del mismo modo, si queremos saber lo que es la verdad, no tenemos que determinar a priori lo que ella debe ser bajo su forma ideal, sino que debemos estudiar *las verdades vivas*, las verdades *reconocidas como tales por los hombres en sociedad*, analizando sus características (p. 180 y 197).

También se comprende ahora por qué Durkheim manifiesta tanta simpatía por el pragmatismo, como señala Marcel Mauss, al tiempo que expresa hacia él las mayores reservas. Es que el pragmatismo se propuso antes que nada aligerar la verdad, "flexibilizarla", como dice James (p. 172),[12] mostrar que es un producto humano, y por tanto móvil y cambiante, en pocas palabras: "*ligar el pensamiento a la existencia y a la vida*" (p. 108). El pragmatismo nos revela de este modo lo que hay de demasiado estrecho en el antiguo racionalismo, pero al mismo tiempo nos permite renovarlo, preparándonos a aceptar una teoría (como la teoría sociológica del conocimiento) que, en lugar de considerar a la razón como una facultad rígida e inmutable, la conecta nuevamente a la historia y a la vida misma de la humanidad (p. 174). El mismo Durkheim nos lo dice: lo que aprecia del pragmatismo es principalmente su "sentimiento más vivo de lo que es la realidad humana, el sentimiento de la extrema variabilidad de todo lo que es humano" (p. 180).

Conviene en este sentido dar cuenta de un tercer contrasentido cometido –y propagado– en relación con la doctrina durkheimiana. Según ciertos exégetas, Durkheim, al identificar lo social y lo institucional, habría desconocido todo lo que existe de vivo y "efervescente" en la vida en sociedad. ¡Desconocimiento aún más extraño que los anteriores! ¡Como si las instituciones no estuvieran sometidas a un perpetuo devenir (p. 178)! ¡Como si la sociedad, sobre todo, no fuera a ojos de Durkheim una realidad histórica en la que se dan cita sin cesar "nuevas fuerzas", que "lejos de permanecer siempre idénticas a sí mismas" se desarrollan en síntesis "ricas, de posibilidades ilimitadas" y esencialmente creadoras! (p. 115-116 y 178) Tal contrasentido sólo puede explicarse ligado al punto de vista de esta "tipología" sociológica que permanece asentada en lo intemporal, y que, como ha dicho recientemente un historiador eminente, acecha y ataca desde "un

---

11　Cf. *La división del trabajo social*, prefacio de la 1ª ed.: "¿cómo no ver que, suponiendo que el hombre quiera vivir, una operación muy simple transforma inmediatamente las leyes que [la ciencia] establece en reglas imperativas de conducta?" [Buenos Aires, Schapire, 1967, p. 35].

12　[*N. del t.*: Cuvillier emplea aquí el término "*déraidir*", utilizado también por Durkheim para referirse al "*unstiffening*" de James; acerca de su origen y de las razones que explican la traducción que hemos empleado aquí, cf. infra, Lección Décimo tercera, n. 6.]

anti-historicismo" de principios.[13] Sería extraño hacerle pagar a Durkheim las consecuencias de tal error.

◆ ◆ ◆

Pero si el pensamiento de Durkheim, lejos de regresar a la ontología, se aproxima singularmente desde ciertos puntos de vista a la filosofía contemporánea, está lejos de limitarse a apelar pura y simplemente a la "experiencia vivida", tal como lo vemos a menudo hoy en día. Por empezar, para Durkheim esta experiencia vivida no es la experiencia subjetiva, no es la experiencia interna del individuo –algo que abriría el camino a todas las arbitrariedades y a todas las interpretaciones gratuitas, y en definitiva a la negación de toda objetividad de los valores–, es la experiencia colectiva, la experiencia del hombre *en sociedad*. Luego y principalmente, esta experiencia colectiva debe ser *pensada racionalmente*. Desde la primera edición de las *Reglas del método sociológico* Durkheim había declarado que "el único calificativo que aceptamos es el de racionalista",[14] y en *Las formas elementales de la vida religiosa* habla del "racionalismo que es inmanente a una teoría sociológica el conocimiento".[15] Aquí se opone resueltamente a las posiciones pragmatistas, y no duda en elevarse con gran energía contra esta guerra declarada a la razón por una doctrina de origen extranjero, que va en sentido contrario a todas las tradiciones del pensamiento francés. Hoy, en Francia, cuando se sostiene un lenguaje de este tipo frente a doctrinas análogas, se reciben acusaciones de xenofobia y chauvinismo. Durkheim no duda: "existe un interés *nacional*" (p. 89) en aclarar este tema, allí donde todo el espíritu de la cultura francesa está en juego. En efecto, es fácil imaginar cuál pudo ser su reacción al leer en William James que el pragmatismo "se levanta en armas, en una actitud de combate" contra el racionalismo (p. 89), o en *Las variedades de la experiencia religiosa* que "las ciencias de la naturaleza desconocen por entero las presencias espirituales", y que "no mantienen ningún tipo de intercambio con concepciones idealistas hacia las que se inclina la filosofía general".[16] Nadie ha reconocido ni proclamado el carácter "ideal" de los valores humanos más explícitamente que Durkheim.[17] Pero tampoco nadie ha afirmado más resueltamente que el ideal, en un

---

13  [*N. del t.:* La referencia es a Fernand Braudel: "Georges Gurvitch ou la discontinuité du social", *Annales. Histoires, Sciences Sociales* 8:3, 1953, p. 349.]

14  *Las reglas del método sociológico*, Buenos Aires, Schapire, 1969, p. 8.

15  *Las formas elementales de la vida religiosa*, Buenos Aires, Schapire, 1968, n. 22, p. 25.

16  *Ibid*, p. 408 de la traducción de Abauzit [*Las variedades de la experiencia religiosa*, Madrid, Península, 1986, p. 230].

17  Cf. "Jugements de valeur et jugements de réalité", *Revue de Métaphysique et de Morale*, julio 1911, p. 449: "la sociedad no puede constituirse sin crear ideales" ["Juicios de valor

sentido, "se encuentra en la naturaleza y es de la naturaleza", y que por consiguiente "su ciencia puede ser construida".[18] Existe sin dudas, como dice Durkheim, una suerte de "filosofía popular" que precede a la ciencia, una filosofía de la verdad así como una filosofía de los valores morales. Pero la sociología viene a sistematizar a esta "filosofía" espontánea (p. 204-205), sin nunca poder llegar a reemplazarla por completo. La "ciencia de las costumbres" sólo es la racionalización de la experiencia colectiva espontánea de la conciencia humana. Del mismo modo, una teoría del conocimiento sería la racionalización de las representaciones y las creencias colectivas de la humanidad, esas verdades vividas de las que hablábamos más arriba, y cuyo análisis permitirá extraer lo que la verdad es *realmente*, y no en abstracto.

◆ ◆ ◆

Un cuarto punto, sobre el que seremos más breves, refiere al papel conferido por Durkheim al individuo. Aquí, una vez más, se han acumulado muchos malos entendidos. ¿Acaso no se denunció que la antítesis –por lo demás, totalmente relativa– entre *individuo* y *sociedad* era ilusoria y constituía un *"falso problema"*?[19] ¿No ha sido acusado Durkheim –y aquí un poco desde todas las posiciones– de que al haber "divinizado a la sociedad" desconocía el papel del individuo, desacreditaba al sujeto y a la conciencia individual y se aproximaba así a las doctrina totalitarias? ¿No hablaba hace muy poco un sociólogo alemán del "estrangulamiento" (*Erdrosselung*) de la personalidad operado por Durkheim en provecho de lo social?[20] Por empezar, en cuanto a la antítesis *individuo-sociedad*, el eminente sociólogo inglés Morris Ginsberg ha consagrado recientemente todo un artículo a demostrar su verdadero alcance, al mismo tiempo teórico y práctico.[21] En cuanto al segundo reproche, ya las *Lecciones de sociología* nos muestran cuán poco se justifica, en el plano de lo moral y de lo social. En efecto, Durkheim caracteriza allí la emergencia gradual de la personalidad individual como el hecho más constante de la historia: "no hay ley mejor establecida".[22] Tampoco se le han prestado la suficiente atención a los pasajes de *Las formas elementales*

---

y juicios de realidad", en *Sociología y filosofía*, Buenos Aires, Miño y Dávila editores, 2000, p. 115].

18  *Ibid.*, pp. 115-116.

19  [*N. del t.:* La referencia, nuevamente, corresponde a Gurvitch: *La vocation actuelle de la sociologie*, París, PUF, 1950].

20  L. von Wiese, *Kölner Zeitschrift für Soziologie*, t. VI (1954), cuaderno 2, p 289.

21  "L'individu et la société", *Bulletin international des Sciences sociales* (Unesco), vol. VI, n° 1, 1954, pp. 156-165.

22  *Lecciones de sociología. Física de las costumbres y del derecho*, Buenos Aires, Miño y Dávila editores, 2003, p. 120.

*de la vida religiosa* en los que Durkheim parece admitir que las categorías de la razón son, en cierto sentido y bajo cierta forma, "inmanentes a la vida del individuo", y que el papel de la vida en sociedad ha sido principalmente permitirle a aquél tomar conciencia de ello.[23] Aquí, en este curso sobre el pragmatismo, es notable cómo, en primer lugar, siguiendo la teoría de Ribot, reconoce ya en la conciencia del cuerpo la base de la conciencia de sí y el germen de un pensamiento y un conocimiento (p. 195), y luego, de qué modo Durkheim no sólo retiene del pragmatismo la afirmación de la diversidad de los espíritus (p. 117) sino que además se esfuerza por justificarla sociológicamente, mostrando cómo el "individualismo intelectual" se desarrolla con el advenimiento del pensamiento racional y científico, a su vez correlativo de la creciente complejidad de las sociedades (p. 206 y ss). Y termina concluyendo: "la verdad sólo se realiza por los individuos" (p. 215).

◆ ◆ ◆

Pero como hemos dicho, estas lecciones sobre el pragmatismo no nos ayudan únicamente a comprender mejor a Durkheim; tienen un notable interés actual, en el sentido de que constituyen una crítica anticipada a ciertas posiciones filosóficas contemporáneas que, sin confundirse con el pragmatismo, tienen sin embargo innegables afinidades con él en cuanto a su inspiración.

En nuestros días se ha creído poder encontrar la solución a ciertos problemas epistemológicos –relativos en particular a la sociología–: por un lado en lo que se ha llamado un "hiper-empirismo" más o menos dialectizado,[24] que invoca el truismo de que "la experiencia siempre es humana", e identifica esta experiencia con la "praxis" del hombre,[25] tanto individual como social; por otro lado, en un "pluralismo" que niega particularmente la unidad de lo social y multiplica las distinciones entre formas, niveles, capas, etc. de lo real. Vemos así que, bajo el pretexto de combatir al dogmatismo y a la

---

23  *Las formas…*, *op. cit.*, n. 18, p. 24: "Si la experiencia fuera completamente extraña a todo lo que es racional, la razón no podría aplicarse a ella; del mismo modo, si la naturaleza psíquica del individuo fuera absolutamente refractaria a la vida social, la sociedad sería imposible. Un análisis completo de las categorías debería, pues, investigar esos gérmenes de racionalidad hasta en la conciencia individual". Cf. la p. 452 de la misma obra: "Las relaciones que [las categorías] expresan sólo podían hacerse conscientes en y por la sociedad. Si, en un sentido, son inmanentes a la vida del individuo, éste no tenía ninguna razón ni ningún medio de aprehenderlas, de reflejarlas, de explicitarlas y de erigirlas en nociones distintas".

24  *Cahiers internationaux de sociologie*, vol. XV, 1953, pp. 3-33 [nuevamente sin nombrarlo Cuvillier se refiere a Gurvitch: "Hyper-empirisme dialectique: ses applications en sociologie"].

25  *Ibid.*, p. 13.

"contemplación pasiva de las ideas eternas",[26] renace la hostilidad, ya señalada en el pragmatismo –que se negaba a presentarse como "doctrina"–, a toda búsqueda de ideas claras y a toda toma de posición que excluya el doble juego intelectual.

Retomemos rápidamente cada uno de estos tres puntos. *¿Hiper-empirismo*, se nos dice? Ya James caracterizó a su doctrina, al mismo tiempo que como pragmatismo, como "empirismo radical" (p. 129), y no puede verse cuál sería la diferencia, más allá de la voluntad de sobrepujar que manifiesta el prefijo "hiper". ¿Se alegará el carácter "siempre humano" de la experiencia del que se nos habla hoy en día? Pero el pragmatismo ya lo había percibido tan bien que James vuelve a cada instante al carácter "humano" de la verdad (p. 110, 152, etc.), y otro de los representantes eminentes de la doctrina, F.C.S. Schiller, de Oxford, le había dado a su interpretación el nombre de *humanismo*. En cuanto a la relación indisoluble de la experiencia y la "praxis", su afirmación está en la base misma de una doctrina que identifica experiencia y *acción*, y más de un pragmatista ha puesto el acento sobre el carácter tanto *social* como individual de esta *acción*, en particular John Dewey. Pero precisamente el racionalismo de Durkheim le impedía aceptar esta actitud filosófica, de la que de buen grado podría haber dicho, como Hamelin, que es "una negación de todo saber",[27] así como tampoco asociarse a una empresa de "demolición de los conceptos"[28] que sólo podía considerar como nefasta; ya que, por el contrario, se esfuerza por justificar el uso y valor de esos mismos conceptos (p. 126, 144, 195, 212 y ss., 220). Durkheim también se percató de la superchería de esta actitud supuestamente "despreocupada"[29] –James dice incluso "anarquista"–[30] que pretende abandonarse a la experiencia pura, y que en realidad se entrega a las más arbitrarias construcciones conceptuales. No vacila en señalar la contradicción: "se debe señalar sobre todo el *carácter abstracto* de su argumentación, que va en contra de la orientación general de la doctrina, pretendidamente empírica. Sus pruebas tienen muchas veces un carácter *dialéctico*, y todo se reduce a una pura *construcción lógica*" (p. 171). La crítica se le podría aplicar hoy a otros.

---

26  *Ibid.*, p. 6.

27  *Les eléments principaux de la représentation*, 1ª y 2ª edición, p. 6. La fórmula "negación del saber" se repite en la p. 11 (2ª ed., p. 12), siempre en relación con el empirismo. Cf. Durkheim, *Las reglas...*, *op. cit.*, p. 41: "un empirismo disfrazado, negador de toda ciencia".

28  Artículo citado, p. 11.

29  [*N. del t.:* Cuvillier emplea aquí el término *"bon enfant"*; cf. la nota 17 del capítulo XX acerca de la traducción que hemos adoptado].

30  *Le pragmatisme*, p. 235 [*Pragmatismo. Un nuevo nombre para viejas formas de pensar,* Madrid, Alianza, 2000, p. 207].

Tampoco se engañó Durkheim con el *pluralismo* pragmatista. El pragmatismo, al proclamarse pluralista, en particular con James –es sabido que su libro, traducido en francés con el título *Philosophie de l'expérience*, lleva en realidad como título *A pluralistic universe*–, ya manifestaba esta impotencia que lleva a que el pensamiento se reconozca incapaz de superar las diversidades y las oposiciones inmanentes a esa realidad, lo que sin embargo es su función, a menos que sólo se vea en ellas una simple duplicación de la realidad (y es precisamente el punto de vista empirista). Durkheim percibió perfectamente que allí había una derrota del pensamiento filosófico, reprochándole al pragmatismo "carecer de los aspectos fundamentales que tenemos derecho a exigirle a una doctrina filosófica" (p. 172). En efecto, el gusto por las distinciones sutiles y arbitrarias, por la multiplicación de las divisiones y los puntos de vista, no es algo reciente. Ya Platón las condenaba entre los sofistas de su época: "intentar separar todo de todo es algo desproporcionado, completamente disonante y ajeno a la filosofía".[31] Tampoco es de hoy que se creyó descubrir esta "implicación mutua" y esta "inmanencia recíproca", que nos hacen pensar en esas creencias *mitológicas* de las que habla Durkheim (p. 199 y 219), donde el todo está "por completo en cada una de sus partes", y esta "reciprocidad de las perspectivas",[32] de la que un sociólogo estadounidense recientemente decía hallar "de difícil comprensión" y sin haber sido nunca "claramente elucidada".[33] En otro lenguaje –más "despreocupado"–[34] ya James nos había bosquejado la imagen de este "universo desperdigado"[35] (p. 119) en el que todas las partes se compenetran, se sostienen unas a otras, y tienen todo tipo de interrelaciones entre sí, siendo ellas mismas incesantemente cambiantes. Pero aquí, nuevamente, a Durkheim no se le escapa que este pretendido "pluralismo" es tan equívoco como el empirismo al que se lo ha querido ligar: en realidad, sólo es una forma camuflada de monismo (p. 132), el monismo de la confusión general. En efecto, sólo admite un único plano del ser y de la experiencia, y de este modo lo "nivela todo": rebaja los valores al plano de lo útil y la experiencia subjetiva, desconoce el dualismo fundamental que existe entre lo individual y lo social, así como entre lo empírico y lo racional (p. 141 y 174-175), el cual, según Durkheim, es el único que da fundamento a nuestra acción sobre el mundo: porque, en efecto, si se admite que todo debe colocarse en el

---

31   Sophiste, 259E ["Sofista", en *Diálogos V*, Barcelona, Gredos, 1988, p. 458].

32   Artículo citado, pp. 21 y 29.

33   Floyd N. House, *American Journal of Sociology* 60:2 (sept. 1954), p. 198 [se trata de la reseña a la obra citada de Gurvich, *La vocation actuelle…*].

34   [*N. del t.:* cf. *supra*, n. 29].

35   [*N. del t.:* el término empleado por Cuvillier es "debraillé"; al respecto, cf. Lección Cuarta, n. 13].

mismo plano, si no existe diferencia entre los valores y la existencia bruta ¿en nombre de qué se puede pretender transformar algo? (p. 169).

Finalmente, sobre el último punto señalado, no es difícil constatar que existe nuevamente coincidencia entre el pragmatismo y las doctrinas que tenemos a la vista. Doctrinas que por empezar no se reconocen como doctrinas, y que pretenden humildemente ser únicamente "actitudes" y "orientaciones" del pensamiento (p. 101). La actitud que precisamente se niega a "domesticarse", como se nos repite con insistencia,[36] se parece mucho en verdad a la que Durkheim critica en James cuando éste pretende mantenerse "libre" en presencia de lo verdadero (p. 90). Actitud cómoda que permite no dar una exposición sintética y coherente de su pensamiento (p. 100 y las notas), que no se preocupa por tener escrúpulos frente a otras doctrinas filosóficas (p. 103 y 171) ni por evitar las contradicciones (p. 171-172). En resumen, un pensamiento tan "desperdigado" como el universo sobre el cual pretende otorgarnos alguna comprensión.

Es dable pensar que Durkheim, al tiempo que rendía homenaje a todo lo que hay de valioso en el pragmatismo, supo discernir en él esta empresa de disolución intelectual que hoy desarrolla entre nosotros su prolongaciones, y que se había dado como tarea mantener, con la ayuda de la sociología, las tradiciones de fidelidad al pensamiento claro y nítido, que son las tradiciones de la filosofía francesa.

*A. Cuvillier*

N.B.– Nuestro colega y amigo René Maublanc, profesor de la filosofía en el liceo Henri IV, al no poder poner a nuestra disposición sus notas personales por haberlas enviado a Marcel Mauss [N. del t.: muy probablemente de estas notas formaba parte el cuaderno recientemente recuperado, y del que se habla en la p. XLVIII], se dirigió a sus camaradas de la École [Normale Supérieure] que habían cursado con él las clases de Durkheim. Marcel Tardy, redactor en *Le Monde*, nos proporcionó las notas de las dos lecciones de Durkheim que se encontrarán en los Apéndices, una sobre la Certeza y otra sobre los Conceptos (las cuales, aun sin tocar directamente el tema del pragmatismo, interesan a la teoría del conocimiento), y tuvo la amabilidad de autorizarnos a reproducirlas aquí. Sean uno y otro muy cordialmente agradecidos.

---

36  Artículo citado, pp. 5, 6, 9, etc.

# ÉMILE DURKHEIM

# PRAGMATISMO Y SOCIOLOGÍA

# Lección inaugural

## (versión Le Senne)[1]

### Necesidad de existencia independiente de la sociología

[Comencemos por plantear]

Un problema propiamente filosófico en sociología: ¿cuál es la afinidad entre filosofía y sociología? Como la sociología nació entre los filósofos, ha permanecido filosófica por demasiado tiempo (Comte-Spencer). [Esto es] dañino tanto para una como para otra [disciplina]. Ya que una tiene por finalidad alcanzar los hechos sociales en su naturaleza íntima, y no puede tener coincidencias con las miradas alejadas, vagas y confusas.

Por ejemplo: ¿qué nos enseña de nuevo sobre los hechos sociales la ley del pasaje de lo homogéneo a la heterogéneo? Vistas desde tanta altura, las cosas son brumosas. [Nos oponemos] a la doctrina de Tarde, a "las llaves que abren todas las cerraduras".[2] Un método tal es al mismo tiempo dañino para la sociología y para la filosofía, ya que la filosofía se nutre por el aporte de las ciencias particulares.

La sociología debe clasificar los hechos y alcanzarlos de tan cerca como sea posible; es necesario que se especialice cada vez más, que se aleje de todas las teorías filosóficas; no debe tender ni siquiera al determinismo. Es

---

1   [*N. del t.:* tomado de Émile Durkheim, Stéphane Baciocchi, Jean-Louis Fabiani y William Watts Miller: "Leçon inaugurale: Pragmatisme et Sociologie / Inaugural Lecture: Pragmatism and Sociology", *Durkheimian Studies/Études Durkheimiennes* 18, 2012, pp. 41-58; recordamos al lector que esta sección está ausente de la versión Cuvillier del texto, que empieza con lo que aquí seguiremos llamando "Primera Lección"].

2   [*N. del t.:* La referencia a Gabriel Tarde se enmarca en la antigua polémica que enfrentara a ambos autores hasta la muerte de Tarde en 1904; la idea de "llave que abre todas las cerraduras" –en el sentido de una clave de interpretación universal de los problemas filosóficos (y sociológicos), en su caso, el principio de reproducción de los fenómenos por repetición– aparece en el prólogo a la primera edición de su obra principal, *Las leyes de la imitación* (1890), y ya había sido rechazada por Durkheim en un texto anterior ("Sociologie et sciences sociales", *Revue philosophique* 55, 1903, pp. 465-497)].

necesario que el sociólogo olvide los prejuicios filosóficos. Incluso los temas filosóficos se le presentan bajo aspectos novedosos, y aportan elementos de solución novedosos para los problemas propiamente filosóficos. Es así que para servir a la filosofía la sociología sólo debe seguir siendo ella misma. Al desarrollarse, se volverá filosofía.

[El] carácter especial de la especulación filosófica [consiste en plantear una] mirada hipotética sobre porciones más o menos grandes de la realidad. Existe una filosofía matemática, [otra] física, biológica, etc. Sin embargo, todas esas especulaciones no son filosóficas en el mismo grado: la filosofía física es más filosófica que la filosofía matemática, y la biológica más que la física. Es que este carácter hipotético no excluye cierto rigor científico. Por lo tanto, esta mirada *sintética* debe aplicarse sobre objetos *determinados*.

¿Cómo conciliar estas dos necesidades contrarias? [Existe] un único medio: este objeto debe ser lo suficientemente *central* como para ofrecer una mirada de conjunto sin perder nada de su determinación. Para ciertas filosofías ([como la de] Spinoza), existe un único objeto central. Pero al parecer no existe tal unidad de lo real [sino una] pluralidad de las posibles perspectivas centrales. Pero entre los puntos de vista existe una jerarquía: mientras más central sea el objeto, más filosófica será esta perspectiva. Comte había visto tal jerarquía (la matemática contenida en la filosofía, la física dentro de la biología). Por ello es que las ciencias superiores –es decir, las que tratan sobre los objetos más complejos– nos ofrecen los puntos de vista más filosóficos.

Existe uno que parece ofrecernos una mirada mucho más central que las demás, es [el de] la *conciencia humana*, que no es más que representación. Todo el universo parece encontrarse allí condensado. La conciencia abarca en cierta medida a la *totalidad de los demás fenómenos*.

## La psicología

¿Se dirá que la psicología es la ciencia más filosófica? Es inevitable que la psicología llegue por sí misma a tocar cuestiones filosóficas, pero está lejos del primer puesto. En efecto, la conciencia individual no expresa la totalidad del mundo, sólo expresa nuestro *mundo individual*, [una] parcela ínfima. Ninguno de nosotros posee la integridad de la moral, la ciencia el derecho, el lenguaje o la técnica. El universo individual esta no sólo *truncado* sino [también] *modificado*. Cada uno de nosotros tiene su punto de vista sobre su universo especial.

Por consiguiente, la conciencia individual no puede ofrecernos un punto de vista absolutamente central. Además, la psicología está obligada a hacer *abstracción* de nuestra personalidad, de nuestras individualidades; no estudia el detalle sino las formas más generales de la facultad de pensar, de sentir, de emocionarse, etc. Pero ante estos poderes puramente formales sólo queda algo muy árido; ya que el contenido es la realidad en medio de la cual vivimos. Y por consiguiente, la filosofía, conjunto de formas vacías, es ella misma formal. *Se ha retirado toda la vida.*

Esto es lo que produjo el éxito de la filosofía de Fechner, de Nietzsche, finalmente, del pragmatismo: la *lucha contra las formas escolásticas*. Pero el peligro es que, por oposición a estas formas, las rompamos, y entonces sólo nos queden puntos de vista prácticos; ya que, por más secas que sean, estas formas han existido durante siglos. Es por ello que aquí se las examinará y se las discutirá.

## [La] sociología

Existe otro punto de vista central, [el] conjunto de las representaciones de los hombres; al mismo tiempo punto de vista central y no formal; los encontramos en ellas mismas, [son el] corazón de la realidad; una civilización [es algo que] existe. [Si buscamos] algo que dure por encima de las sucesivas generaciones, [tenemos] únicamente [a] la sociedad: es únicamente ella quien, al permitir la continuidad del esfuerzo, crea la civilización.

Asimismo, el punto de vista de estudio de la civilización es un punto de vista central, y por otro lado es una cosa eminentemente social, [y] por consiguiente el objeto de la sociología.

| El reino social representa | { | el conjunto de las conciencias individuales<br><br>[el] reino biológico | { | punto de vista verdaderamente central |
|---|---|---|---|---|

Las formas mismas de las que hablábamos más arriba, ¿estamos seguros de que sean *puramente psicológicas*? Hasta aquí, las formas superiores emotivas / intelectuales no han podido ser explicadas psicológicamente. Sin dudas [podemos] encontrar una explicación local empirista. Pero es una explicación filosófica, que supone una teoría filosófica, no psicológica. Es la explicación dialéctica, que en realidad hace desvanecer a la cosa que se busca explicar. Las otras doctrinas "postulan" el problema pero no lo explican. Se hace de la razón [y] del entendimiento algo postulado.[3] Así se le abre la puerta a todas las explicaciones que escapan a la ciencia y al pensamiento claro.

Se vislumbra cómo la sociología puede *estudiar estas formas* preservándoles su *especificidad*. Por aquí se puede ver de qué modo la sociología puede ser llevada a presentar problemas filosóficos y problemas novedosos. Pero es sobre todo en el estudio de las religiones donde la sociología puede servir a la filosofía.

La sociología, en sus comienzos, se aplicó a las formas más visibles, a las cosas más naturales, a los *movimientos* que se traducen en el espacio. Es por ello que empezó dirigiéndose a las *prácticas*. Pero esto no ofrece un punto de vista central como los problemas morales. El estudio de las prácticas no nos lleva a la cuestión del conocimiento.

Ocurre de otro modo con la *religión*, ya que allí encontramos pensamientos, creencias, mitos (aspecto sensible /aspecto estético), artes. Allí encontramos una frondosa masa de representaciones organizadas. Hasta hace poco, la religión contenía todo lo que era la vida de un pueblo, artístico, intelectual, moral. Por lo tanto, la religión nos presenta un punto de vista *eminentemente central*, se trata de una cuestión de *método*.

A menudo se ha dicho que las ciencias están en la base de la filosofía y que la filosofía era una reflexión sobre las ciencias. Esto es indiscutible, pero no debe olvidarse que las ciencias sólo se desarrollan particularizándose. Se debería hallar un *punto de vista ideal, que aún no ha sido encontrado*, desde el cual se puedan tomar a las *ciencias*, [*ilegible*]… de ahí que [sean] las *religiones*.

Por otro lado el científico es una persona singular, truncada, y sobre todo separada de las exigencias prácticas, de la acción; esta es una regla de método. Es así que cuando se estudia desde este punto de vista al pensamiento, éste se convierte en una especie de entidad. Mientras que en la religión el *pensamiento* está unido íntimamente a la *acción*. La acción intelectual y la acción están allí íntimamente ligadas una a la otra. Allí podemos estudiar al pensamiento, viviente.

Estas investigaciones nos permiten abordar también una teoría mucho más central, la *teoría de la verdad*. ¿Por qué nos ocuparemos del pragmatismo?[4] El pragmatismo es la más reciente teoría de la verdad, y casi la única existente. Dado que la mayor parte de las veces nos limitamos a postular la verdad. Por su parte, el pragmatismo se ha propuesto realizar

---

3    [*N. del t.:* hemos traducido "*poser*" por "postular"].

4    A partir de este punto la versión Le Senne coincide aproximadamente con la de 1955, con la excepción de algunos pasajes y del esquema que incluye a Kant y Hamelin.

una teoría de la verdad. Su encuentro con la sociología, por más contrarios y divergentes que sean, expresa un común estado de espíritu. Vida y acción.

Gravedad de la causa en juego en el debate que ha suscitado el pragmatismo. El pragmatismo libra un asalto furioso contra la razón. Nos hace sentir más que ningún otro la necesidad de renovar y modificar al racionalismo.

- peligro para nuestra cultura, de base racionalista
- peligro para nuestra tradición filosófica

Exposición del pragmatismo.
Examen del pragmatismo.

Peligro para la tradición filosófica.

La tradición filosófica es esencialmente racionalista. Desde luego, se puede distinguir entre racionalistas y empiristas, pero mirando las cosas desde más lejos y sobre todo si comparamos conjuntamente a racionalismo y empirismo oponiéndolos al pragmatismo, se percibe que son dos especies del mismo género. En ambas orillas, racionalismo y empirismo, existe un culto por la verdad, *se afirma la necesidad de ciertos juicios que ligan el espíritu.*

| | |
|---|---|
| algunos en la naturaleza de las cosas<br>otros en la naturaleza del pensamiento | ya sea Kant, en el espíritu<br>o bien Hamelin, en el espíritu<br>y en las cosas |

...[*ilegible*] combinado en el idealismo radical, estamos cerca del empirismo (ya que no existe un idealista que sea solipsista).

El pragmatista, por su parte, *niega* la fuerza obligatoria de los juicios lógicos. Reclama la libertad de espíritu en relación con la verdad.

Existe una única excepción importante al racionalismo en la historia, que es la sofística. Una cercanía reconocida y admitida por los propios pragmatistas (Schiller se llama a sí mismo protagórico, retomando el problema de Protágoras y Platón). Sin dudas, no hay en esto nada que condene al pragmatismo. Fue la sofística la que hizo avanzar al socratismo. Hoy, el pragmatismo puede servir para despertar al dogmatismo impostado después del estremecimiento del kantismo.

# Primera lección[1]

## Introducción

¿Cuáles son las razones que me han llevado a elegir el tema de este curso? ¿Por qué lo he titulado "Pragmatismo y sociología"? En primer lugar, por la actualidad del pragmatismo, que es prácticamente la única teoría de la verdad actualmente existente. En segundo lugar, porque existe en el pragmatismo un sentido de la *vida* y de la *acción*, algo que tiene en común con la sociología. Ambas tendencias son hijas de una misma época.

Y sin embargo, no tengo coincidencias con las conclusiones del pragmatismo. Por eso es interesante marcar las posiciones respectivas de ambas doctrinas. En efecto, el problema planteado por el pragmatismo es muy serio. Asistimos en nuestros días a un *asalto contra la razón*, a una verdadera lucha a mano armada.[2] Por lo que el interés del problema es triple:

1° Por empezar, se trata de un interés *general*. El pragmatismo, más que cualquier otra doctrina, es capaz de hacernos sentir la necesidad de renovar al racionalismo tradicional, ya que nos muestra lo que hay de insuficiente en él;

2° Además, existe un interés *nacional*. Toda nuestra cultura francesa es de base esencialmente racionalista. Aquí, el siglo XVIII es la prolongación del cartesianismo. Por lo tanto, una negación total del racionalismo constituiría un peligro. Sería una conmoción para toda nuestra cultura nacional. Si se admitiera esta forma de irracionalismo que representa el pragmatismo, debería transformarse todo el espíritu francés.

---

1 Clase del 9 de diciembre de 1913 [*N. del t.:* recordamos al lector que, salvo indicación en contrario, todas las notas al pie fueron agregadas por Armand Cuvillier].

2 Probable alusión al pasaje del libro de William James, *El pragmatismo* (trad. fr., p. 63 [James, *Le pragmatisme*, París, Flammarion, 1991]), donde se afirma que el pragmatismo "se levanta en armas, en una actitud de combate, contra las pretensiones y contra el método del racionalismo" [hemos traducido la cita del francés; en la versión en castellano dice: "El pragmatismo está perfectamente armado y en ristre contra el racionalismo como pretensión y como método", James, *Pragmatismo. Un nuevo nombre para viejas formas de pensar*, Madrid, Alianza, 2000].

3° Finalmente, es un interés propiamente *filosófico*. No es solo nuestra cultura, todo el conjunto de la tradición filosófica es de tendencia racionalista, desde los primeros tiempos de la especulación de los filósofos (con una sola excepción, a la que nos referiremos en seguida). Por lo tanto, si el pragmatismo fuera válido se debería derribar también toda esta tradición.

Ciertamente, en la tradición filosófica se distinguen en general dos corrientes: la corriente racionalista y la corriente empirista. Pero es fácil de ver que el empirismo y el racionalismo no son en el fondo más que dos modos distintos de afirmar la razón. En efecto, de una y otra parte se mantiene un culto que el pragmatismo tiende a destruir: el culto de la verdad. Se admite que existen juicios necesarios. La diferencia está en la explicación que se le da a esta necesidad. El empirismo la funda en la naturaleza de las cosas, el racionalismo en la razón por sí misma, en la naturaleza del pensamiento. Pero de ambos lados se reconoce el carácter necesario y obligatorio de ciertas verdades.[3] Las diferencias son secundarias frente a este punto fundamental.

Es precisamente esta fuerza obligatoria de los juicios lógicos, esta necesidad de los juicios de verdad, lo que niega el pragmatismo. Éste afirma que el espíritu se mantiene libre de cara a lo verdadero. En este sentido el pragmatismo se acerca a la excepción única a la que se hizo alusión, a saber, los sofistas, quienes también negaban toda verdad. Este acercamiento no es arbitrario, lo admiten los mismos pragmatistas. Es así que F.C.S. Schiller se proclama "protagórico", y recuerda el axioma "el hombre es la medida de todas las cosas".[4]

Sin embargo, no olvidemos que la sofística desempeñó un papel útil en la historia de las doctrinas filosóficas. Es ella, en definitiva, la que suscitó a Sócrates. Del mismo modo, el pragmatismo puede servir hoy en día para sacar al pensamiento filosófico de este nuevo "sueño dogmático" en el que tiende a adormecerse, luego de la sacudida a la que la había sometido la crítica de Kant. Su ventaja, como se ha dicho, es la de iluminar las debilidades del racionalismo antiguo. Este debe renovarse para satisfacer las exigencias del pensamiento moderno y dar cuenta de ciertos nuevos puntos de vista que introdujo la ciencia contemporánea. El problema es encontrar una fórmula que conserve lo esencial del racionalismo, al tiempo que se satisfacen las críticas fundadas que le hace el pragmatismo.

---

3  [*N. del t.:* en este punto se debe insertar el fragmento transcripto al final de los apuntes de la edición Le Senne, incluyendo la referencia a Kant y Hamelin, que aparece en esta edición como "Lección Inaugural" (p. 83)].

4  Cf. Schiller, *Humanism* (1903), pp. 17-19; *Studies in Humanism* (1907): II. *From Plato to Protagoras* (trad. fr., pp. 28-90) y XIV. *Protagoras the Humanist* (trad. fr., pp. 388-416); *Plato or Protagoras?*, Oxford, 1908, y en *Mind*, oct. 1908, "The Humanism of Protagoras", *Mind*, abril 1911, etc.

## LOS ORÍGENES DEL PRAGMATISMO[5]

### *I. Nietzsche*

René Berthelot, en un libro reciente, encuentra en Nietzsche la primera forma del pragmatismo.[6] Mejor aún, Nietzsche representaría al pragmatismo radical e integral. En este sentido, el autor cree poder vincular al pragmatismo al romanticismo alemán, situándolo bajo la inspiración germánica. En nuestro caso, lo vincularíamos más bien con la tradición del pensamiento anglosajón.

Por empezar, ¿cuáles son los puntos en común entre el pensamiento de Nietzsche y el pragmatismo? Nietzsche le niega un carácter absoluto, un carácter de verdad universal, a toda especie de ideal moral. Según él, el ideal está más allá de lo verdadero y lo falso. "'Tal es ahora *mi* camino; ¿*dónde* está el vuestro?' Esto es lo que yo respondía a los que me preguntaban por 'el camino'. Porque *el* camino... ¡el camino no existe!".[7] A sus ojos todo lo que es de norma lógica o moral es de orden inferior; Nietzsche aspira a una emancipación total, tanto de la conducta como del pensamiento. La verdad especulativa no podría ser ni impersonal ni universal. Sólo podemos conocer las cosas con la ayuda de procedimientos que las mutilan, que las transforman más o menos en nuestro propio pensamiento; las construimos a nuestra imagen, las situamos en el espacio, las clasificamos en géneros y especies, etc. Pero nada de esto existe, ni siquiera el lazo entre causa y efecto. Sustituimos la realidad por un sistema de símbolos, de ficciones, en pocas palabras, de ilusiones. "¡Cómo podríamos… explicar! Operamos con puras cosas que no existen, con líneas, superficies, cuerpos, átomos, tiempos divisibles, espacios divisibles –¡cómo habría de ser posible la explicación, si nosotros todo lo transformamos primero en una *imagen*, en una imagen nuestra!".[8]

Pero ¿por qué establecemos tales ficciones? Porque nos son útiles para vivir, responde Nietzsche. Son falsas, pero deben ser tomadas como verdaderas para que los seres de nuestra especie se puedan conservar. Lo que nos ha ayudado a vivir ha sobrevivido, el resto desapareció. "Ningún ser

---

5    Recordamos al lector que los títulos han sido agregados por nosotros [Armand Cuvillier].

6    Berthelot, *Un romantisme utilitaire Étude sur le mouvement pragmatiste. T. I: Le pragmatisme chez Nietzsche et chez Poincaré*, París, Alcan, 1911.

7    *Zarathoustra*, 3ra parte, "Del espíritu de la pesadez", edición del *Mercure de France* (pp. 226-227) [Nietzsche, *Así hablaba Zaratustra*, Madrid, Edaf, 1998, p. 201], citado por R. Berthelot, cit., pp. 36-37.

8    Nietzsche, *La gaya ciencia*, aforismo 112, citado por R. Berthelot, p. 43 [*La ciencia jovial*, México, Monte Ávila, 1990, p. 108].

viviente se habría conservado si no se hubiese cultivado con extraordinaria fuerza la tendencia contrapuesta: es preferible afirmar antes que suspender el juicio, es preferible errar e inventar antes que esperar, es preferible consentir antes que negar, juzgar antes que ser justos. El curso de los pensamientos y conclusiones lógicas en nuestro cerebro actual corresponde a un proceso y lucha de instintos, cada uno de los cuales es en sí mismo bastante ilógico e injusto; corrientemente nosotros sólo experimentamos el resultado de la lucha: así de rápido y oculto se desarrolla ahora en nosotros este antiquísimo mecanismo".[9] Para Nietzsche, entonces, es la *utilidad* la que determina los juicios considerados verdaderos y descarta los falsos. *Lo útil es lo verdadero*; este es el principio mismo del pragmatismo.

Sin embargo, existen diferencias profundas entre el pensamiento de Nietzsche y el pragmatismo. En efecto, señalemos que Nietzsche no dice que lo que es útil sea verdadero, sino que lo que *parece* verdadero ha sido establecido por la utilidad. A sus ojos, lo útil es falso. Existe según él una forma de verdad distinta que la que es calificada como verdadera por los hombres del "rebaño", una moral distinta a la "moral de esclavos", una lógica distinta a la lógica vulgar. Existe una verdad que sólo pueden alcanzar los espíritus emancipados. El artista es precisamente el espíritu emancipado de todas las reglas y capaz de plegarse a todas las formas de la realidad, de captar por *intuición* lo que se esconde bajo las apariencias y bajo la ficción.

No existe nada parecido en el pragmatismo. Para él, no se trata de una *superficie de las cosas* distinta del fondo sobre el que reposan. La superficie son las cosas, tales como se nos presentan; de ella vivimos, ella es lo que constituye la realidad. No hay razón para buscar tras las apariencias; es necesario atenerse al mundo tal como se nos presenta, sin preocuparse por saber si existe otra cosa. El propio William James presenta su doctrina como un *empirismo radical*, y su argumento consiste a menudo en dejar en ridículo al razonamiento y la lógica. Para James sólo importa lo que aparece en la experiencia inmediata. El pensamiento sólo se mueve en un plano único, no sobre dos planos diferentes.

La prueba está en que, aun cuando el pragmatismo parece admitir algo que sobrepasa la experiencia, algo por encima del mundo de los fenómenos, en realidad no sale de ellos. Es lo que se manifiesta en sus *tendencias religiosas*, que son muy reales. Para el pragmatismo los seres sobrenaturales y los dioses están en la naturaleza, son fuerzas reales, cercanas a nosotros, que no constatamos directamente pero cuyos *efectos* se nos revelan en ciertos momentos, en ciertas experiencias. Podemos así descubrirlos poco a poco, como hemos descubierto tantas fuerzas físicas (la electricidad, etc.) que durante mucho tiempo fueron ignoradas y que sin embargo existían. Todo

---

9    *Ibid*, aforismo 111, cit., p. 42 [*La ciencia jovial*, p. 106].

pasa, por lo tanto, sobre el plano fenomenal. Y esto está muy alejado del pensamiento nietzscheano.

Es verdad que en ciertos momentos de su vida Nietzsche negó la existencia de un sustrato que estuviera escondido tras las apariencias, y él también admitió que sólo éstas existían. El papel del artista sería entonces el de emanciparse y crear en su lugar un mundo de imágenes en movimiento, variadas, que se desarrollarían de forma autónoma. También el pensamiento, una vez rotos sus marcos lógicos, podría entonces desarrollarse libremente.

Pero el pragmatismo es tan refractario a esta manera de ver como a la anterior. No pretende profundizar ni sobrepasar la realidad inmediata para sustituirla por un mundo de creaciones del espíritu. Lo que domina en él es un sentido realista y un sentido práctico: el pragmatista es un *hombre de acción*, que por tal motivo le da importancia a las cosas. No lleva adelante su labor en sueños, nunca adopta, como en Nietzsche, el tono de un profeta o de un inspirado, no conoce ni la inquietud ni la angustia. La verdad, para él, es algo a *realizar*.

## II. El romanticismo

También debemos dar cuenta de ciertos rasgos comunes entre el *pragmatismo* y el *romanticismo*, en particular el sentido de la complejidad, la riqueza y la diversidad de la vida tal como nos es dada. El romanticismo fue en parte una reacción contra lo que había de simplista en el racionalismo y la filosofía social de fines del siglo XVIII.

Pero este sentido de la complejidad de las cosas humanas, este sentimiento de la insuficiencia de la filosofía del XVIII, lo volvemos a encontrar a la base de la naciente sociología, en Saint-Simon y en Auguste Comte, quienes comprendieron que la vida social no estaba hecha de relaciones abstractas sino de una materia extremadamente rica. Tal sentimiento no desemboca necesariamente en el misticismo ni en el pragmatismo. Comte, en particular, es un racionalista del mayor grado, y sin embargo pretende fundar una sociología más compleja, más rica y menos formalista que la filosofía social del siglo XVIII.

## III. El medio anglosajón: Peirce

Para comprender al pragmatismo no es necesario remontarse a doctrinas tan lejanas, ni a la filosofía alemana. Sólo hay que volver a ubicarlo en su medio de origen: el medio anglosajón.

El primer pensador que pronunció la palabra "pragmatismo" es el sabio americano Peirce.[10] Fue él quien, en un artículo aparecido en enero de 1878 en una revista estadounidense,[11] traducido en la *Revue Philosophique* de enero de 1879 con el título "Comment rendre nos idées claires",[12] expuso por primera vez las ideas que los pragmatistas reivindicarían como propias.

Lo esencial es lo siguiente. Peirce se pregunta por qué pensamos, y se responde: porque *dudamos*. Si estuviéramos en un estado perpetuo de certeza, no tendríamos la necesidad de pensar y de esforzarnos para salir de nuestras dudas. "La acción del pensamiento es excitada por la irritación de la duda, y cesa cuando se alcanza la *creencia*". Por otro lado, la creencia se traduce en *acción*. La creencia que no actúa no existe. Y la acción debe tomar el carácter de la creencia que engendra. Pero el estado de creencia es un estado de equilibrio, y por lo tanto de reposo, y es por esto que lo buscamos. Por lo tanto, la marca esencial de la creencia sería "el establecimiento de un hábito... nuestro hábito tiene la misma relación que nuestra acción, nuestra creencia la misma que nuestro hábito, nuestra concepción la misma que nuestra creencia". De este modo, la *duda* engendra la *idea*; ésta engendra la *acción* y, convertida en *creencia*, se traduce en movimientos organizados, en *hábito*. Todo el sentido de la idea reside en el sentido de hábito que esta idea ha determinado.

De ahí proviene esta regla: "considérese qué efectos, que pudieran concebiblemente tener repercusiones prácticas, concebimos que tiene el objeto de nuestra concepción… nuestra concepción de esos efectos constituye la totalidad de nuestra concepción del objeto". Si en dos casos que se pueden representar como distintos los efectos son los mismos, es que se estamos en presencia de una distinción falsa: el objeto es el mismo. Sea por ejemplo el caso de las controversias entre católicos y protestantes sobre la transubstanciación. Éstos ven en la eucaristía un símbolo, los primeros una presencia real. Pero el efecto final es el mismo para unos y otros: la hostia es el alimento del alma. Poco importa entonces que ella sea o no realmente el cuerpo y la sangre de Cristo; la discusión es puramente semántica.[13]

---

10  Charles Sander Peirce (1839-1914), matemático y químico. Sus *Obras completas* fueron publicadas en Harvard en 1931-1935.

11  "How to make our ideas clear", *Popular Science Monthly* 12, pp. 286-302 ["Cómo esclarecer nuestras ideas", en *Obra filosófica reunida*, t. I (1867-1893), México, FCE, 2012, pp. 172-188; las citas que figuran en el texto fueron tomadas de esta traducción].

12  Páginas 39-57. El título general es *La logique de la science*. Un primer artículo había aparecido en diciembre de 1878, pp. 553-569.

13  Parecería que aquí Durkheim modificó voluntariamente el texto de Peirce, por una razón fácil de entender. En la traducción francesa se lee (*loc. cit.*, p. 47): "Por vino no entendemos otra cosa que aquello que produce sobre los sentidos efectos diversos, directos e indirectos; hablar de un objeto dotado de todas las propiedades materiales del vino como

Todo esto sólo anuncia al pragmatismo muy lejanamente. Por otro lado, en el artículo en cuestión Peirce no publica el término; no lo hará hasta 1902, en su artículo del *Dictionary of Philosophy* de J.M. Baldwin.[14] Pero más tarde dirá que ya lo venía empleando en sus conversaciones desde tiempo atrás.[15]

Existe ciertamente un parentesco entre el pragmatismo y la tesis sostenida en este artículo de Peirce. Ambas doctrinas están de acuerdo en establecer una relación de estrecha conexión entre la idea y la acción, en descartar tanto las cuestiones de metafísica pura como las discusiones verbales, y finalmente en postular sólo problemas de interés práctico, cuyos términos hayan sido tomados del mundo sensible.

Pero he aquí una diferencia esencial: no hay, en el artículo de Peirce, una teoría de la *verdad*. El problema de la verdad no está planteado. El autor se pregunta cómo podemos llegar a *aclararnos* nuestras ideas, no cuáles son las condiciones necesarias para que la idea de una cosa represente verdaderamente los efectos sensibles de esta cosa. Antes bien, Peirce admite –junto con la teoría clásica– que la verdad se impone con una suerte de "fatalidad", que el espíritu no puede dejar de inclinarse ante ella. De este modo, la verdad es una opinión que posee en sí misma sus derechos, y todos los que la buscan están *obligados* a admitirla. Es todo lo contrario al principio pragmatista.

Además, cuando aparecieron los trabajos de William James, Peirce se negó a solidarizarse con él, tendiendo a marcar sus diferencias. Peirce no repudia al racionalismo. Si en su opinión la acción tiene valor es porque es un instrumento de progreso para la razón. En 1902, en su artículo del *Diccionario* de Baldwin, reconocía no haber insistido lo suficiente sobre este punto, y se separa explícitamente de las interpretaciones de William James. En el artículo del *Monist* de 1905, "What Pragmatism Is", llega incluso a inventar un nuevo término, "pragmaticismo", del que agrega que es "un nombre demasiado desagradable como para que alguien pueda soñar adoptarlo", con el fin de evitar toda confusión entre su tesis y la de James. En otro artículo, "Resultados del pragmaticismo",[16] califica a su propia doctrina como "doctrina del sentido común". Es bastante curiosos, en estas condiciones, que James se haya seguido identificando con Peirce saludando en él al padre del pragmatismo, sin haber señalado nunca estas divergencias.

---

siendo en realidad sangre no es más que jerga desprovista de sentido". En *El pragmatismo* (trad. fr., p. 91 [*Pragmatismo*, Madrid, Alianza, 2000 p. 104]) William James se vale del mismo ejemplo pero en un sentido totalmente opuesto, para probar que la misma noción de sustancia es susceptible de una "aplicación pragmática".

14  Tomo II, pp. 321-322.

15  En el artículo "What Pragmatism Is" del *Monist* 15:2, abril 1905, pp. 161-181.

16  "The Issues of Pragmaticism", Monist 15:4, octubre 1905, pp. 481-499 ["Resultados del pragmaticismo", en *Obra filosófica reunida, t. II (1893-1913)*, México, FCE, 2012, pp. 427-441].

## WILLIAM JAMES

William James es el verdadero padre del pragmatismo.[17] En 1896 publica su *La voluntad de creer*,[18] que será reeditada en 1911. Allí distingue, por un lado, las cuestiones puramente teóricas que sólo dependen de la ciencia, y en las que, si no se puede ver con perfecta claridad, se puede esperar que se haga la luz –la ciencia puede algún día proporcionarnos los elementos necesarios para nuestra creencia–, y por otro lado los problemas prácticos, aquellos en los que se ve implicada nuestra vida. En presencia de éstos, no podemos esperar, hace falta elegir, tomar partido, incluso si no estamos seguros. Y por lo tanto lo hacemos obedeciendo a factores personales, a móviles extralógicos como temperamento, ambiente, etc. Cedemos a lo que nos arrastra: tal hipótesis nos parece más viva que las otras, la ponemos en práctica, la traducimos en acciones.

Aquí William James está pensando sobre todo en la creencia religiosa, de la cual la creencia moral a sus ojos es sólo un aspecto. Es la "apuesta" de Pascal: por más que aquí la verdad no se pueda demostrar, por más que no se nos aparezca claramente, hace falta tomar partido y actuar en consecuencia. Este es el punto de partida del pragmatismo. En todos los pragmatistas se encuentran estas preocupaciones religiosas, y es bajo esta forma que el pragmatismo aparece por primera vez en James. Resulta de aquí que a ojos de James la verdad tiene un carácter personal y que la verdad y la vida son para él inseparables. También otro gran pragmatista, F.C.S. Schiller, de Oxford, sin llegar a decir como James que es necesario tener una actitud en las cuestiones religiosas, declara que no se debe "despersonalizar" ni "deshumanizar" a la verdad, dándole a su pragmatismo el nombre de Humanismo.

Sin embargo el término "pragmatismo" todavía no había sido pronunciado por James. Sólo lo hará en su estudio "Concepciones filosóficas y resultados prácticos",[19] aparecido en la *Crónica de la Universidad* de Berkeley (California), del 9 de septiembre de 1898. Es allí donde se desarrollarán los temas esenciales del pragmatismo.

---

17  William James (1842-1910).

18  *The Will to Believe and other Essays in Popular Philosophy*, Londres, 1896; trad. fr.: 1916 [*La voluntad de creer y otros ensayos de filosofía popular*, Barcelona, Marbot, 2009].

19  "Philosophical conceptions and practical results", reeditada en *The Journal of Philosophy*, t. 1, 1904, pp. 673-687, con el título "The Pragmatic Method".

# Segunda lección[1]

## El movimiento pragmatista

Es entonces en Estados Unidos, entre 1895 y 1900, donde apareció el pragmatismo. A pesar de ser, por lo tanto, de fecha reciente, la historia de sus orígenes es bastante difícil de reconstruir. Porque se constituyó de forma imperceptible, como un movimiento lento, subterráneo, que sólo poco a poco se fue extendiendo más allá del círculo de conversaciones privadas. James lo definió como uno de esos cambios "que la opinión experimenta casi sin saberlo".

Como se ha dicho, Peirce sólo había utilizado la palabra en conversaciones particulares. Fue James el primero en aplicarlo a un conjunto de ideas constituidas, utilizando un término que ya existía. Durante muchos años se limitó a defender su pensamiento en diferentes artículos de revistas, de los cuales los primeros son de 1895. Los más importantes de estos artículos, aparecidos hasta 1898, fueron reunidos en un volumen publicado en 1909 y titulado *The Meaning of Truth*, traducido al francés (*L'idée de verité*) en 1913. En 1906 James dictó una serie de cursos en los que desarrolló de forma más completa su pensamiento; fueron publicados en con el título de *Pragmatism* (trad. francesa: 1911). En 1909 no temió dirigirse a Oxford, ciudadela del hegelianismo, para exponer allí su doctrina, presentándola bajo los aspectos en los que más se oponía a la filosofía hegeliana. A este conjunto de lecciones les dio el título de *A Pluralistic Universe*. La obra fue traducida al francés en 1910, con el título muy poco apropiado de *Philosophie de l'expérience*. En 1910, finalmente, aparecieron sus *Essays in Radical Empiricism*, compilación de artículos de los cuales el primero había aparecido en 1904 con el título "¿Existe la conciencia?".[2] Este importante

---

1 Clase del 16 de diciembre de 1913.

2 "Does Consciousness Exist?", *Journal of Philosophy* 1:18, pp. 477-491 [*¿Existe la "conciencia"?*, Santiago de Chile, Tácitas, 2017; antes: "¿Existe la conciencia?", en *Hiperión* 89, Montevideo, marzo-junio 1943, pp. 3-16].

artículo (ya que plantea la pregunta: ¿existe una dualidad específica en el universo?) proporcionó el material –bajo la forma de una versión abreviada en francés–[3] para una importante comunicación al Congreso de Filosofía de Roma de 1905.

En paralelo con James, John Dewey había comenzado una campaña en una serie de artículos en los que poco a poco se encaminaba hacia el pragmatismo.[4] La lista de estos artículos fue indicada en la *Revue de Métaphysique* de 1913, p. 575.[5] No contamos con una obra de conjunto de Dewey sino sólo estudios parciales, como sus *Estudios de teoría lógica* (1903) –un trabajo colectivo del cual únicamente le pertenecen los primeros cuatro capítulos–,[6] o su pequeño libro *Cómo pensamos* (1910).[7] Alrededor de Dewey se formó la Escuela de Chicago o Escuela Instrumentalista. Su principal discípulo es A.W. Moore.[8]

Estas ideas cruzaron el Atlántico muy tempranamente. Ya en 1902, en Oxford, un grupo de jóvenes filósofos se reunió para emprender una campaña tanto contra el materialismo evolucionista como contra las teorías de Hegel. Publicaron, con el título *Personal Idealism*, una compilación de artículos de los cuales el más importante era el de F.C.S. Schiller,[9] "Axioms as Postulats".[10] Al año siguiente Schiller reunió sus principales artículos en su libro *Humanismo*.[11]

---

3   "La notion de conscience", reproducido en *Essays in Radical Empiricism*, Londres, Longmans, Green and Co., 1912, pp. 206-233.

4   John Dewey (1859-1952).

5   En el artículo de Henri Robet, "L'école de Chicago et l'instrumentalisme", t. XXI, p. 537 y ss. Posteriormente se publicaron bibliografías más completas, en particular en Emmanuel Leroux, *Le pragmatisme anglais et américain*, París, Alcan, 1923, pp. 346 y ss.

6   *Studies in Logical Theory, by John Dewey, with the co-operation of members and fellows of the Department of Philosophy*, University of Chicago Press. Los cuatro primeros capítulos se titulan "Thought and its Subject-Matter".

7   *How We Think*, Boston, 1910, trad. fr.: 1925 [*Cómo pensamos. La relación entre pensamiento reflexive y proceso educativo*, Barcelona, Paidós, 2007]. Desde luego, Dewey publicó desde entonces muchas otras obras sobre los mismos temas, particularmente *Experience and Nature* (1925) [*La experiencia y la naturaleza*, México, FCE, 1948], *The Quest for Certainty* (1929) [*La busca de la certeza*, México, FCE, 1952] etc.

8   Addison Webster Moore. Obras principales: "Some Logical Aspects of Purpose", en los *Studies in Logical Theories*, cap. XI; "Pragmatism and Solipsism", en el *Journal of Philosophy*, t. 6, 1909; "Pragmatism and its Critics", Chicago, 1910; "Bergson and Pragmatism", en *Philosophical Review* 21, 1912; etc.

9   Ferdinand Canning Scott Schiller (1864-1937).

10  *Personal Idealism. Philosophical Essays by Eighty Members of the University of Oxford*, Londres, 1902.

11  *Humanism. Philosophical Essays*, Londres, 1903. Otros artículos, con algunos estudios originales, fueron reunidos en sus *Studies in Humanism*, Londres, 1907.

En Italia, la revista *Leonardo* llevó al pragmatismo a extremos casi paradójicos.[12]

En Francia el pragmatismo apareció sobre todo en el movimiento neorreligioso llamado "modernista". Edouard Le Roy pretende apoyar su apología religiosa sobre principios tomados del pragmatismo.[13]

Por otro lado, debe subrayarse que los pragmatistas se anexan un poco demasiado fácilmente pensadores que están lejos de suscribir a todas sus tesis. Es así que James hace propios a Henri Poincaré y a Bergson,[14] de quien además toma sus argumentos, y esto sencillamente porque Bergson presentó al pragmatismo en Francia en un prefacio en el que habla en términos bastante generales, dejando apreciar sus reservas sobre la doctrina.[15]

## LAS TESIS ESENCIALES DEL PRAGMATISMO
## PARTE CRÍTICA

Por lo tanto, el pragmatismo tiene tres protagonistas principales: Dewey, Schiller y James.

Dewey es un lógico que se esfuerza siempre por ser muy riguroso. Pero es a menudo pesado, sus desarrollos son laboriosos y su pensamiento en ocasiones no es muy claro. El mismo James reconoce haberlo comprendido imperfectamente. Dewey, nos dice, "hizo en su momento, con el término *pragmatismo* como título, una serie de conferencias: fueron relámpagos deslumbrantes entre tinieblas cimerias".[16]

Por el contrario, Schiller y James son muy claros. Pero su estilo difiere. Schiller camina en línea recta, no teme a la paradoja y apunta, más que a buscar atenuar la expresión de su pensamiento, a exagerarlo, asombrando al auditorio. Deduce sus consecuencias con una lógica imprevista, sorpren-

---

12  Publicada en Florencia de 1902 a 1906, bajo la dirección de Giovanni Papini y Giuseppe Prezzolini, con la colaboración de G. Vailati, M. Calderoni, etc. Cf. G. Vailati, "Sur le Pragmatisme en Italie", en la *Revue du Mois*, 10 de febrero de 1907.

13  Para entonces E. Le Roy ya había publicado: "Science et Philosophie", en la *Revue de Métaphysique et de Morale* 7 y 8 (1899 y 1900); *Dogme et critique*, Bloud, 1907. Sobre él, véase R. Berthelot, op. cit., t. III, pp. 303-308.

14  Se podría agregar también a Maurice Blondel, citado en el Prefacio del *Pragmatisme*, trad. fr., p. 18. Pero Blondel, quien le diera al término "acción" un sentido mucho más amplio que James, se ha diferenciado enérgicamente del pragmatismo (véase en particular Lalande, *Vocabulaire*, 5ª edición, p. 784, nota).

15  Se trata de la "Introducción" de Bergson a la traducción francesa de *Pragmatisme*, pp. 1-16.

16  Op. cit., p. 23.

dente, llena de aspereza e intransigencia. James también manifiesta un cierto gusto por la paradoja, incluso en sus teorías psicológicas. Enuncia ideas que serían más fáciles de admitir si no fuera por el giro que les imprime. Comienza presentando sus tesis con los bordes afilados, pero en el transcurso de la discusión tiene la capacidad de redondear los ángulos, sin abandonar por ello sus principios fundamentales, y uno termina preguntándose si no se estará de acuerdo con él. El título de su libro sobre el pragmatismo indica bien esta tendencia de su espíritu. A pesar de que muestra en el pragmatismo una verdadera revolución operada en el seno del pensamiento filosófico, lo titula *Pragmatismo: un nombre nuevo para ideas viejas*.[17] De acuerdo a las circunstancias presenta a la doctrina tanto bajo uno de estos dos aspectos como bajo el otro. Esta diversidad no deja de afectar la unidad del pragmatismo (¿acaso un escritor estadounidense no llegó a contar hasta trece variedades distintas de la doctrina?)[18] y torna difícil una exposición general.[19]

Por lo demás, ninguno de los filósofos pragmatistas nos ha dejado esta exposición de conjunto.[20] De ellos sólo tenemos artículos diseminados en revistas, a veces reunidos en volúmenes, o bien lecciones, conferencias "populares", pero no cursos dictados frente a estudiantes a los que el orador ofrecería el fondo de su pensamiento. Son conferencias que se dirigen al gran público, y en las que las cosas sólo se presentan por sus puntos salientes. Cada una forma por sí misma un todo. Lo que en una es secundario, se convierte en la otra en el punto principal, y viceversa. En ellas toda la fisonomía de la doctrina se encuentra modificada, y no es sencillo discernir las ideas principales. Este aspecto un poco huidizo del pragmatismo ha dado lugar a las objeciones de sus adversarios, que han podido reprocharle haber caído en contradicciones.

Sin embargo, no es imposible extraer sus tesis esenciales y encontrar un fondo común. Es lo que me esforzaré por hacer aquí, sin pretender dar su exposición histórica, aún si esto supone señalar algunos matices propios

---

17  El título completo es: *Pragmatism, A New Name for Some Old Ways of Thinking*, Popular Lectures on Philosophy.

18  [*N. de. t.*: se trata de Arthur Lovejoy; cf. el estudio introductorio a esta edición, n. 53].

19  Al comienzo de su libro (op. cit., t. 1, p. 3), René Berthelot dice que el pragmatismo es como la nube que Hamlet le muestra a Polonio por las ventanas del castillo de Elsinor, que parecía a veces un camello, a veces una comadreja, a veces una ballena.

20  Lo mismo señala Emmanuel Leroux sobre Dewey y la Escuela de Chicago; *Le pragmatisme américain et anglais*, Alcan 1923, p. 206. En cuanto a Schiller, él mismo se excusa al comienzo de sus *Études sur l'humanisme* por la "discontinuidad de la forma" (en efecto, es una compilación de artículos) bajo la que presenta su pensamiento (*Studies...*, p. vii; trad. fr.: p. 1).

de cada autor. En *El significado de la verdad*,[21] James declara compartir las ideas de Peirce. Schiller reconoce a James como su maestro.[22] En cuando a Dewey,[23] no deja de formular sus reservas, pero parece apartarse de James principalmente en algunos puntos particulares. Existe por lo tanto en los tres una orientación idéntica. Mi propósito es sacarla a la luz, mostrando en particular cuáles son las críticas que los pragmatistas dirigen contra el racionalismo.

El pragmatismo no se presenta como un sistema cerrado. James es muy preciso en este punto. El pragmatismo, nos dice, no es un sistema sino una discusión, un movimiento, que podrá determinarse mejor en el futuro. Es menos una organización definitiva de ideas que un impulso general en cierta dirección. Se lo puede caracterizar a la vez: 1° como un método, una actitud general del espíritu; 2° como una teoría de la verdad; 3° como una teoría del universo.[24]

1° Como *método*, el pragmatismo es sólo la actitud, el cariz general que debe adoptar la inteligencia en presencia de los problemas, y esta actitud consiste en dirigir nuestras miradas "hacia los resultados, las consecuencias, los hechos". "El método pragmático consiste en intentar interpretar cada concepción de acuerdo a sus consecuencias prácticas". Este sigue siendo el pragmatismo de Peirce, que apunta sobre todo a desembarazarse de las discusiones semánticas y los problemas inútiles, y que se caracteriza por la elección de los temas y la manera de tratarlos.

2° Pero todavía no hay nada allí que sea totalmente exclusivo del pragmatismo. Es como *teoría de la verdad* que el pragmatismo presenta interés, y es desde este ángulo que vamos a estudiarlo. Sólo hablaremos del pragmatismo como *teoría del universo* en la medida en que esto será necesario para comprenderlo en tanto teoría de la verdad. El método aquí nos lo indica el propio James: lo que constituye la fuerza del pragmatismo, nos dice en *L'idée de verité* (pp. 50-52) [*El significado de la* verdad, pp. 62-64], es el fracaso de las teorías anteriores. En particular la insuficiencia del racionalismo, que llevó a buscar otra concepción de lo verdadero. Lamentablemente, en James esta discusión del racionalismo se encuentra muy a menudo mezclada con la exposi-

---

21 *L'idée de verité*, p. 45 [*El significado de la verdad*, p. 59]. Cf. también *Le pragmatisme*, trad. fr. pp. 57-58 [*El pragmatismo*, pp. 80-81].

22 Y también a Peirce; véase *Studies in Humanism*, p. 5, nota (trad. fr., p. 7).

23 En *Le pragmatisme*, trad. fr., p. 23, James designa a Dewey como el fundador del pragmatismo.

24 Véase *Le pragmatisme*, segunda lección, trad. fr. p. 54 y ss.

ción de su propia concepción de la verdad. Sin embargo, es importante desprenderla de ella, ya que antes que nada necesitamos comprender cuáles son las razones que han hecho creer a los pragmatistas que el antiguo racionalismo debía ser reemplazado. En efecto, ocurre que ciertos espíritus, sintiendo la fuerza de las objeciones que presentaron los pragmatistas, pasan en seguida de allí a las respuestas que han propuesto. Pero por el contrario, es muy importante separar los dos problemas, y para ello, empezar examinando la forma en la que los pragmatistas se han representado esta concepción racionalista –digamos más generalmente: *dogmática*–[25] de la verdad.

## La concepción dogmática de la verdad

Esta concepción, según James, se apoya en un principio muy simple, a saber que *la idea verdadera es la idea conforme a las cosas*; es una imagen, una *copia* de los objetos; es la representación mental de la cosa. La idea es verdadera cuando esta representación mental se corresponde correctamente con el objeto representado. Esta concepción no es por lo demás exclusiva del racionalismo. Es también la del empirismo. Para James Stuart Mill, por ejemplo, el espíritu no hace más que copiar la realidad exterior. Las ideas están bajo la dependencia de los hechos; como no hacen más que expresar las sensaciones, se reducen a las imágenes sensibles, y por lo tanto, el pensamiento no puede más que traducir las sensaciones que nos vienen del medio exterior.

A pesar de las apariencias, lo mismo ocurre con el racionalismo; también para éste existe una realidad exterior, a la que el espíritu debe traducir para estar en lo cierto. Sólo que esta realidad no son las cosas sensibles, es un sistema organizado de ideas que existen por sí mismas, a las que el espíritu debe reproducir. Se reconoce aquí la doctrina de Platón, y es en efecto Platón quienes es atacado preferentemente, por Schiller por ejemplo.[26] Para otros las ideas son el pensamiento de un Dios. "Antes se decía: 'Dios es un geómetra', y se creía que los *Elementos* de Euclides reproducían literalmente su geometría. Existía una 'razón' eterna e inmutable cuya voz reverberaba supuestamente en Barbara y Celarent" (*Idée de vérité*, p. 50 [*Significado*

---

25 En *Le pragmatisme* (trad. fr., p. 29 [*El pragmatismo*, p. 60]) James presenta un cuadro de las características del racionalista y del empirista. Allí el racionalista es considerado dogmático, y el empirista como escéptico.

26 En particular en "Plato and his predecessors", *Quarterly Review*, enero 1906 (reproducido en *Studies in humanism* con el título "From Plato to Protagoras", trad. fr.: pp. 28-90).

*de la verdad*, p. 63]). Para Hegel –a quien James ataca duramente–,[27] la Idea absoluta se identifica con la razón que todo lo abarca, que es "el todo absoluto de los todos", en el cual se concilian todas las contradicciones. Pero en todos estos casos la verdad es concebida como existente por fuera de nosotros. Existe una razón que domina a todas las razones individuales, a la cual éstas sólo tienen que copiar.

Por lo tanto, las dos formas del dogmatismo consisten en admitir que la verdad está dada, ya sea en el mundo sensible –en el empirismo– ya sea en un mundo inteligible, en un pensamiento o una razón absolutas –en el racionalismo–. Una tercera solución sería por ejemplo aquella del idealismo de Hamelin, para quien las cosas no son más que conceptos. Pero esto nos conduce nuevamente a lo mismo: los estados ideales existirían entonces en las cosas mismas, y el sistema de la verdad y la realidad (que aquí son lo mismo) se nos vuelve a dar ya acabado, por fuera de nosotros.

De este modo, en todas las concepciones dogmáticas la verdad no puede ser más que la transcripción de una realidad *exterior*. Como está fuera de las inteligencias, esta verdad es *impersonal*. No expresa al hombre, no lo tiene en cuenta. Por lo tanto también está ya *hecha*. James dice que *reina*, que se *impone* a nosotros de forma absoluta.[28] El espíritu no debe construirla; copiar, no es engendrar. No hay un papel activo. Por el contrario, debe borrarse a sí mismo lo más que pueda y buscar simplemente un *duplicatum* de la realidad, por así decir. Puesto que si tuviera una actividad propia, si le imprimiera su propio sello, estaría desnaturalizando la verdad; se expresaría a sí mismo, en lugar de expresar lo verdadero. Todo aporte del espíritu sería una fuente de error. Finalmente, de acuerdo al dogmatismo, la verdad es, al mismo tiempo que exterior e impersonal, un sistema *acabado*, un todo completo que escapa al tiempo y al devenir. "Nunca tuve dudas de que la verdad es universal, única y eterna, ni de que es una, integral y completa, por su único elemento esencial, por su significación única", afirma un hegeliano de Oxford citado por James.[29]

Algunas palabras para discutir. Sorprende a primera vista pensar que se englobe a Leibniz y Kant en esta definición de racionalismo y dogmatismo. Es cierto que los pragmatistas no se preocupan demasiado por estas precisiones; manifiestan cierta negligencia frente a las doctrinas, que no tienen a sus ojos una importancia mayor.

---

27 Toda la tercera lección de *A Pluralistic Universe* (*Philosophie de l'expérience*) está consagrada a Hegel.

28 *Le pragmatisme*, p. 207.

29 En *Philosophie de l'expérience*, p. 95. [se trata de Harold H. Joachim, en *The Nature of Truth*, de 1906].

Se les objetará de inmediato que para Leibniz el espíritu obtiene todo su pensamiento de sí mismo. La *mónada* no tiene relación con el universo; es de ella misma y no del afuera que le vienen todas las ideas. Y sin embargo, mirada más de cerca la crítica pragmatista se aplica a Leibniz como a los demás racionalistas. En efecto, la mónada trabaja sobre un modelo que no ha creado pero le es dado, aportado por Dios. El mundo es lo que Dios ha hecho, y no lo que quiere la mónada. Ella no es la autora del plan que realiza a medida que se eleva al pensamiento claro, sino que le es impuesto.

En Kant el que crea la verdad es el espíritu, pero sólo en tanto no se trata más que de la verdad *fenoménica*. Pero la verdad fenoménica no es más que la apariencia; en cierto sentido, es incluso el error, en relación con el Noúmeno; a lo sumo no es más que una repercusión del Noúmeno, del mundo inteligible, sobre el plano fenoménico. El Noúmeno, por su parte, es un dato; no lo creamos nosotros. La *ley moral* es quien nos abre la única vía de acceso que tenemos hacia él; es ella la que nos advierte que hay algo más que el mundo fenoménico. Pero ¿cuáles son los rasgos de la ley moral? La *fijeza* y la *impersonalidad*. En cierto sentido la descubrimos en nosotros, pero no la inventamos, no hacemos más que reencontrarla. No somos nosotros quienes la hemos hecho, no es nuestro espíritu quién la ha dado a luz. Por lo tanto, es nuevamente una realidad fuera de nosotros, que se nos impone.

Así, podemos admitir que la concepción dogmática y racionalista de la verdad –digamos: la concepción usual– es efectivamente la que nos describe el pragmatismo.


## Crítica del dogmatismo

¿Cuáles son las objeciones que le hace el pragmatismo a esta concepción?

En primer lugar, alega, si la verdad es una simple transcripción de la realidad, ¿para qué sirve? Es una redundancia inútil.[30] ¿Por qué las cosas tendrían que tener una traducción? ¿Por qué no bastarían por sí mismas? Tales representaciones no agregarían nada a lo que es. Pero para James la verdad debe ser "no una duplicación sino una adición". Imagínese un individuo que por un instante constituiría por sí mismo toda la realidad del universo, nos dice, y que luego supiera que va a ser creado otro ser que lo conocería perfectamente.[31] ¿Qué podría esperar de este conocimiento? ¿De

---

30　J. Dewey, *Studies in Logical Theory*, pp. 36-37: "…work of superrogation"; p. 47: "…futilely reiterative".

31　*L'idée de vérité*, p. 68 [*El significado de la verdad. Una secuela de Pragmatismo*, Barcelona, Marbot, 2010, p. 77]. Cf. *Le pragmatisme*, p. 214 [*El pragmatismo*, p. 192].

qué utilidad le sería esta réplica de él mismo en el espíritu del recién venido? ¿De qué modo se encontraría enriquecido su universo? Sólo es útil aquello que nuestro espíritu le *agrega* a las cosas. Lo que importa para el hombre es menos la sustancia de las cosas que sus cualidades segundas: la luz, el color, el calor, etc. Lo que cuenta es el empleo que hacemos de la realidad, mientras que si el espíritu se limitase a "ver" la realidad, ¿para qué serviría?

En efecto, supongamos un sistema perfecto de verdades objetivas, como el mundo de las ideas de Platón.[32] ¿Qué interés tiene que la "luz de la inteligencia" se refleje en una multitud de espíritus individuales que sólo pueden reproducirla de un modo muy imperfecto? Hay allí una *caída*, que también se encuentra en la hipótesis teológica. ¿Por qué Dios, la verdad soberana, no permaneció solo en su perfección? ¿Qué se agregó a sí mismo? Porque si el mundo viene de él, el mundo lo expresa, ¡pero lo expresa de una manera muy incompleta y deficiente!

Pero se nos dice: tenemos interés en conocer la verdad tal cuál es en vista de la acción misma, y entonces esta verdad debe ser una copia lo más fiel de la realidad que fuera posible. Sin embargo, todavía sería necesario establecer que para permitirnos actuar es necesario que nuestro pensamiento copie a la realidad. Se llega así a hacer de la verdad un bien en sí, que se impondría por sí mismo y al cual el espíritu buscaría por la sola felicidad de contemplarlo. La verdad se haría únicamente para ser pensada. Se convierte en un dios al que se levantan altares.

En efecto, cuando se considera un idealismo tal como el de Leibniz, no hay dudas de que es posible preguntarse cuál es la función de la verdad. Cada mónada copia al conjunto de las otras, es decir, al universo, y todas copian al mismo universo. ¿Por qué tal derroche de fuerzas intelectuales, si no se postula como principio que el conocimiento es un bien por sí mismo?

---

32 Aquí comienza un pasaje en el cual la sucesión de ideas no nos parece totalmente clara en ninguna de nuestras dos versiones. Hemos intentado reconstruirlo lo mejor posible.

# Tercera lección[1]
## Crítica del dogmatismo
## (continuación)

### Verdad y conocimiento humano

Repito que no tengo la intención de realizar una historia ni tampoco una exposición completa del pragmatismo; lo que intento obtener es sobre todo la tendencia general, común a sus diversos representantes, así como los móviles que los han llevado a esta forma de pensar. Para ello debemos comenzar por volvernos pragmatistas de algún modo, rechazando las objeciones que nos vienen al espíritu; cuando hayamos podido captar de esta manera su fortaleza, podremos volver a nosotros mismos y pasar a la discusión.

En este sentido, lo que tiene de fundamental el pragmatismo es su crítica del racionalismo tradicional, o más bien, del dogmatismo tradicional. Para comprender esta crítica hemos intentado ver cómo los pragmatistas se representan al dogmatismo. Según ellos, el dogmatismo considera a la idea verdadera como una *copia* de la realidad exterior, ya sea que tal idea exterior fueran objetos materiales o bien ideas, conceptos o pensamientos del espíritu absoluto. A partir de allí, la verdad es objetiva, trascendente, impersonal. Ya hemos encontrado una primer objeción del pragmatismo a esta concepción: si la verdad sólo duplica lo real, ¿para qué sirve? Parece *inútil*.

Pero véase otra dificultad: si la realidad, de la cual la idea es una copia, es exterior y trascendente, *¿cómo podemos conocerla?* Si está fuera de nosotros, inmanente o trascendente al mundo, totalidad o parte del mundo, ¿cómo podríamos alcanzarla? Recordemos una vez más la tesis platónica. Las ideas, por definición, están por encima del mundo de la experiencia. Por un lado, ¿cómo podríamos elevarnos hasta ese mundo ideal, que es la única realidad? Entre él y nosotros existe un abismo, ¿cómo será posible franquearlo? Por otro lado, ¿cómo podrían estas realidades ideales descender, de algún modo, a nuestro mundo? Dice Schiller: "es imposible explicar ni cómo el hombre puede elevarse a la contemplación de la verdad

---

1  Clase del 23 de diciembre de 1913.

eterna ni por qué la Idea desciende y se desnaturaliza en los pensamientos humanos".[2] Por más que Platón le otorgue al espíritu poderes particulares, esto no suprime la dificultad.

Del mismo modo, según Aristóteles, lo divino no puede conocer lo humano sin decaer. Pero a la inversa, no se ve cómo podría el hombre pensar lo divino. ¿Cómo el espíritu humano, que es espíritu finito, podría llegar a pensar al espíritu absoluto? Habría que admitir que no existe separación y que ambos mundos no son más que uno.

Más en general: si el pensamiento es una copia de las cosas, no se ve cómo podría alcanzarlas, dado que existe un abismo entre el espíritu y el objeto. James dice que por debajo de esta "brecha epistemológica" el pensamiento deberá llevar a cabo un verdadero "salto mortal"[3] (*Idée de vérité*, p. 99 [*Significado de la verdad*, p. 103)]. No podemos alcanzar al objeto más que pensándolo. Si es pensado, nos es interior. Es por lo tanto imposible controlar la verdad de la idea, es decir, de acuerdo a la hipótesis, su conformidad con el objeto. El pensamiento no puede salir de sí mismo. "Sea cual fuera la forma que se le dé a la teoría de la verdad-copia, la pregunta inevitable que surge es la de saber cómo podríamos comparar nuestras ideas con la realidad, para así conocer su verdad. En esta teoría, lo que poseemos es siempre una copia; la realidad está más allá. En otros términos, una teoría de este tipo conduce lógicamente al quiebre del conocimiento" (Dewey).[4]

Tal es la concepción que se hacen Schiller, James y Dewey del racionalismo. El racionalismo tradicional separa al pensamiento de la existencia. El pensamiento está en el espíritu, pero la existencia, para él, está fuera del espíritu. De allí que las dos formas de la realidad ya no puedan reunirse. Si por hipótesis se coloca al pensamiento fuera de la existencia, el abismo que las separa ya no puede ser franqueado. La única manera de resolver la dificultad sería entonces no admitir este vacío entre existencia y pensamiento. Si el pensamiento es un elemento de lo real, si el pensamiento forma parte de la existencia y de la vida, no hay más "abismo epistemológico", no hay más "salto mortal". Sólo hace falta ver cómo estas dos realidades pueden participar la una de la otra. *Ligar el pensamiento a la existencia, ligar el pensamiento a la vida, tal es la idea fundamental del pragmatismo.*

---

2   *Studies in Humanism*, ensayo II, §15, p. 58 (trad. fr., p. 74).

3   [*N. del t.:* hemos optado por utilizar la expresión del propio James, "*salto mortale*" (en italiano en el original) antes que la traducción al francés que emplea Durkheim: "*saut périlleux*" (salto peligroso); al respecto, cf. Ronald B. Levinson: "A Note on One of James' Favorite Metaphors", *Journal of the History of Ideas* 8:2, 1974, pp. 237-239]

4   *Studies in Logical Theory*, ensayo VI, p. 141. Este capítulo no es del mismo Dewey, sino de uno de sus colaboradores (véase arriba, Segunda Lección, n. 6), Simon Fraser McLennan. Cf. del propio Dewey el capítulo IV, particularmente las págs. 71-72.

## Verdad extra-humana e intelecto puro

Otra dificultad de la concepción dogmática: si la verdad es impersonal, es extranjera al hombre, es extra-humana. ¿Cómo entonces puede actuar sobre el espíritu humano, atraerlo, seducirlo? No responde a nada de nuestra naturaleza. Se dice a menudo que la verdad nos obliga, que existe un deber de obedecer a las ideas verdaderas, que es un "imperativo categórico" buscar la verdad y huir del error. Pero ¿cómo comprenderlo si la verdad no es algo humano? ¿Qué fuerza podría llegar a obligarnos a ir espontáneamente hacia lo que nos es ajeno, o a obedecerlo? Este es el reproche que se le ha hecho a menudo a la "ley moral", tal como Kant nos la presenta. Pero en realidad, dicen los pragmatistas, la cuestión nunca se presenta de este modo. Las exigencias de la verdad, como todas las demás, son siempre "exigencias subordinadas a ciertas condiciones". En la vida, cuando se presenta una cuestión relativa a lo verdadero, nos preguntamos: "¿Cuándo debo darle mi adhesión a tal verdad, y cuándo dársela a tal otra? ¿Debe mi adhesión ser expresa o tácita? Y suponiendo que deba ser tanto expresa como tácita, ¿en cuál de estos dos casos estoy *en este mismo momento*?". Desde luego, tenemos la obligación de acoger a la verdad; pero esta obligación es relativa a las circunstancias. Porque nunca se trata de "la Verdad con V mayúscula y en singular, la Verdad abstracta"; se trata siempre de "verdades concretas", que pueden ser más o menos oportunas según los casos (*Idée de verité*, pp. 210-212 [*El significado de la verdad*, pp. 191-192]). Por el contrario, supongamos que la verdad fuera puramente objetiva; ésta dejaría al hombre por completo indiferente. Atribuirle a la verdad una "independencia" en relación con los fines humanos, un "carácter absoluto" que la separe de la vida, es "deshumanizar" al conocimiento (Schiller, Études *sur l'humanisme*, trad. fr., p. 89).

Si se ha podido concebir esta noción de una verdad puramente objetiva e impersonal es porque se ha admitido en el hombre la presencia de una facultad completamente especial: el *intelecto puro*, que tendría como función precisamente dirigirse hacia lo verdadero por un movimiento espontáneo y casi mecánico, pensar a lo verdadero únicamente por pensarlo y contemplarlo. Para explicar de qué modo la verdad, en sí misma extra-humana, puede relacionarse con el hombre, se supone en éste una facultad extra-humana de concebirla, ajena a todos los otros factores de la vida. Pero, dicen los pragmatistas,[5] "nosotros negamos que, hablando con propiedad, se pueda encontrar una intelección por completo pura. Lo que se denomina de este modo, de forma bastante inapropiada, es en realidad un pensamiento intencional que busca lo que le parece un fin deseable". No existe en nosotros una

---

5   Schiller, *Studies in Humanism*, ensayo IV, p. 128 (trad. fr., p. 165).

razón impersonal, existe un intelecto que es una función viva, en relación estrecha con las demás funciones vivas que constituyen nuestro pensamiento Lejos de ser impersonal, participa de todo el particularismo de nuestra conciencia. Cuando buscamos la verdad, es siempre *en vistas a un objetivo*. La verdad no puede determinarse más que por vía de selección y de elecciones; y lo que determina estas elecciones es un interés humano. Schiller dice que "El desarrollo de una mente es un asunto completamente *personal*. El conocimiento potencial se convierte en real gracias a la actividad intencional de aquél que conoce, quien lo hace para servir a sus intereses, y se sirve para realizar sus fines" (Études *sur l'humanisme*, trad. fr., p. 239).[6]

Pero se dirá que el intelecto puro es en sí mismo una fuente de placer. Del mismo modo que Kant admite una suerte de sensibilidad racional, la dicha que sentimos al someternos a la ley, del mismo modo habría un placer particular en buscar, en descubrir, en contemplar la verdad. Esta concepción *contemplativa* de la verdad es característica de todo el dogmatismo. Que el intelecto no sirva más que para procurar este placer, es una concepción absurda, responden los pragmatistas...[7] a menos que se vea en ella un simple juego destinado a servir de diversión a quien lo posee. Por cierto, nuestra actividad intelectual no puede estar siempre en estado de tensión; es necesario que se distienda, que haya instantes donde el intelecto juegue, para que se relaje de la fatiga causada por la búsqueda asidua de la verdad, y ese es el placer del sueño, de la imaginación, de la meditación desinteresada. Pero este juego no debe tener más que un lugar limitado en nuestra vida; es además tan susceptible de excesos como cualquier otro juego. No podría ser el objetivo principal y constante del intelecto "el cual está destinado a un trabajo serio". Es en sus funciones prácticas (en el sentido más amplio del término), en sus relaciones con lo real, cuando mejor se afirma su papel. Todos los pragmatistas están de acuerdo en este punto: la verdad es humana, el intelecto no puede aislarse de la vida, ni la *lógica* de la *psicología*. Del mismo modo, tanto James como Schiller e incluso Dewey (aunque este admite la necesidad de un cierto control del elemento personal) se niegan a separar estas dos ciencias.[8] ¿Acaso las nociones lógicas fundamentales, las de necesidad, evidencia, etc., no parten de procesos psicológicos? De este modo, la verdad debe volver a vincularse a nuestros "intereses" humanos; está hecha para la vida del hombre.

---

6    [*N del t.*: hemos traducido del original inglés (*Studies…* cit., p. 186), que utiliza "*mind*" donde la versión francesa emplea "*esprit*"].

7    Schiller, *op. cit.*, p. 7 (trad. fr., p. 9).

8    Ver en particular James, *L'idée de vérité*, trad. fr., p. 133 [*El significado de la verdad*, p. 130]; Schiller, *Studies in Humanism*, ensayo III: "Des rapports de la Logique et de la Psychologie" y "Psychology and Knowledge" en *Mind* 16, abril 1907; Dewey, *Studies in Logical Theory*, pp. 14-15, 185 y ss., etc.

## VERDAD IDEAL Y VERDADES CONCRETAS

Nueva dificultad: si la verdad es impersonal, si consiste en un sistema de ideales tales como las Ideas de Platón, debe ser *la misma* para todos los hombres, debe ser inmutable y única. Podemos no llegar a percibirla, pero si se la alcanza no se la puede ver más que tal y cómo es: *una, idéntica e invariable*. Los pragmatistas observan entonces que tal verdad contrasta singularmente con las verdades a las que de hecho llegan los hombres. Las verdades humanas son fugitivas temporales, en perpetua vía de transformación; la verdad de hoy es el error de mañana. ¿Se dirá que en el curso de los tiempos tienden a la fijeza? Pero lo cierto es prácticamente lo contrario. Antes de que las ciencias se hubiesen constituido, las verdades admitidas permanecían casi inmutables durante siglos. Las verdades religiosas no cambiaban, al menos a ojos de los fieles. Con la ciencia se ve aparecer la diversidad y el cambio. Desde luego, todavía no hace tanto tiempo se creía, al menos en la ciencia, que no existe más que una verdad, e incluso que la ciencia nos proporciona la verdad total y definitiva. Pero hoy en día sabemos que no es así. "La rápida multiplicación de teorías de estos últimos años ha socavado casi totalmente la idea de que alguna de ellas pueda poseer un mayor grado de objetividad que las demás. Hay tantas geometrías, tantas lógicas, tantas hipótesis físicas y químicas, tantas clasificaciones, todas ellas útiles para ciertas cosas pero ninguna para todas, que hemos terminado de comprender que incluso la fórmula más cierta podría ser un instrumento humano y no una transcripción literal".[9] Por lo tanto la verdad es una cosa viva, que se transforma sin cesar, y mientras más avanzamos más se acusa esta vida de la verdad. Una verdad que dejara de ser flexible, maleable, no sería más que "el corazón muerto del árbol vivo".[10]

¡Cuánta distancia entre la verdad ideal, inmutable, del dogmatismo, y las verdades concretas y reales que vivimos! Sus características son opuestas; aquella no puede sino desacreditar a esta. Puesto que la verdad ideal se basta a sí misma, pero nos es inaccesible. Nos vemos así llevados a desinteresarnos de las verdades reales, que se nos aparecen como bien poca cosa en relación con la verdad ideal. El racionalismo intransigente amenaza con desembocar en un *escepticismo*,[11] porque ubica a su ideal en un lugar demasiado alto, donde no podemos alcanzarlo.

Pero veamos si la naturaleza misma de la realidad le permite atribuir a la verdad esta unidad y esta fijeza. La realidad comprende a la vez el *espíritu* y las *cosas*. Pero ¿qué caracteriza a los espíritus si no es su extrema

---

9   James, *L'idée de vérité*, trad. fr., p. 51 [*El significado de la verdad*, pp. 63-64].

10   *Le pragmatisme*, p. 73 [*Pragmatismo*, p. 92]

11   Cf. en particular James, *op. cit.*, p. 159; Schiller, *Studies in Humanism*, pp. 73 y 204 y ss. (ensayo VIII), etc (trad. fr.: 93, 262 y ss., etc.).

diversidad?[12] El entendimiento único, común a todos, no existe; lo que existe son entendimientos que difieren mucho unos de otros. De ahí que, si la verdad es una, la diversidad de los espíritus no puede más que impedirles a los hombres descubrir esta verdad siempre una, siempre idéntica a sí misma. Por otro lado, y siguiendo la misma hipótesis, ¿por qué los espíritus son tan diversos? Como acabamos de ver, esta diversidad es un obstáculo para la comunión perfecta de todos los hombres en una verdad única. Entonces, ¿por qué existe, si el ideal es una verdad esencialmente impersonal? Es la fuente tanto del "pecado lógico" como del pecado moral, y permanece totalmente inexplicable (en la doctrina de Leibniz, en particular, la pluralidad de las mónadas plantea un problema insoluble).

¿No es más simple y más lógico decir que la diversidad de los espíritus corresponde a una diversidad en la verdad y en la misma realidad? Como afirma Schiller (*op. cit.*, p. 459): "¿Qué derecho tenemos de afirmar que la verdad última deba ser una y la misma para todo el mundo?... ¿Por qué ella no se adaptaría a las diferencias de las experiencias individuales?". ¿Por qué no admitir que lo que es verdadero para uno no lo sea necesariamente para otro, y que la verdad sea entonces algo mucho más complejo que lo que admite el Racionalismo corriente? Aquí los pragmatistas nos proporcionan ejemplos que, a decir verdad, no son siempre muy demostrativos. Tal el ejemplo que nos propone Schiller: el juicio "este es un sillón" puede ser verdadero para mí y no serlo para otro; si busco algo para sentarme, el sillón es verdadero para mí en tanto asiento, pero puede no serlo o serlo de otro modo para alguien, por ejemplo, para un coleccionista o un comerciante de muebles antiguos, que vería en él un "antiguo objeto de amoblado ornamental".[13]

Finalmente, un último inconveniente de la concepción dogmática de acuerdo al pragmatismo: cuando se admite que existe una verdad única, cuando no se comprende que la diversidad de los juicios y de las opiniones tiene su razón de ser, existe el riesgo de caer en la *intolerancia*. La verdadera tolerancia es la del hombre que no sólo admite que entre los pensamientos existen diferencias que se deben respetar y que no se tiene el derecho de violentar las conciencias, sino que comprende que la diversidad de las opiniones y las creencias corresponde a una necesidad, a las exigencias de la vida sentimental e intelectual. Que si existen tales divergencias, es porque es *bueno* que existan.

De este modo el pragmatismo tiene un sentimiento muy vivo de la diversidad de los espíritus y del carácter viviente de la verdad. Pero fracasa en explicarlos. Se ha tropezado con un problema de filosofía general que lo supera: ¿por qué existen individuos? ¿Cuál es la razón de ser de la diversidad de los espíritus?

---

12   En lo que refiere a "las cosas", véase la Cuarta Lección.

13   *Studies in Humanism*, ensayo VII, § 8, pp. 191-192 (trad. fr.: pp. 246-248).

# Cuarta lección[1]

## Crítica del dogmatismo
### (continuación)

### La concepción estática de lo real

Resumamos lo anterior: 1° Si la verdad es impersonal, se vuelve ajena al hombre, se deshumaniza y se ubica por fuera de nuestra vida. 2° Si la verdad es la misma para todos los hombres, no se comprende la razón de ser de la diversidad de los espíritus, la cual sin embargo debe tener una función en la vida general. 3° Si la verdad es idéntica para todos, el conformismo se vuelve regla, la disidencia es un mal, y es tan imposible explicar el "mal lógico" como el mal moral.

Agreguemos que si nos representamos la verdad tal y como lo hacen los racionalistas, como algo estático, inmutable en el tiempo y el espacio, y siendo la verdad la expresión de lo real, también éste debe ser concebido como permaneciendo eternamente en un estado estacionario. Si por el contrario la realidad es algo vivo, si se transforma y engendra sin cesar algo nuevo, es necesario que la verdad la siga en sus cambios, que ella también cambie y viva.

Pero, se nos dirá, ¿por qué cambia lo real? ¿De dónde le viene este cambio? Si el universo tiende hacia algo, es porque hay algo que le falta; no es todavía la realidad completa. ¿Puede ser que este cambio no sea más que ilusorio, y que las novedades no sean más que aparentes? Es fácil responder: lo que de este modo se califica como ilusorio es justamente todo lo que hace al interés de la vida. Negar o disminuir la realidad del cambio es suprimir todo lo que nos liga a las cosas, es despreciar tanto el valor de las cosas como la forma en la que nos afectan. Y sin embargo, esta concepción estática de lo real es tan corriente que se la encuentra incluso entre quienes nos parecería que debían seguir otra orientación, como por ejemplo en un evolucionista como Spencer. Aun partiendo de un principio que debería llevarlo a reconocer el cambio universal, Spencer se apoya sobre nociones tales como las de la indestructibilidad de la materia y la conservación de la

---

1    Clase del 6 de enero de 1914.

energía, que son radicalmente incapaces de justificar la concepción de un progreso real o de un cambio real en el significado del mundo.[2] De allí que en su sistema el cambio no sea más que aparente, que el fondo de las cosas permanezca siempre el mismo, y que en la base de todo esté la homogeneidad del universo. Spencer admite una suerte de *diástole* cósmica, consistente en un proceso de diferenciación, pero que tiene como contrapartida una *sístole* que reconduce todas las cosas a la homogeneidad, de modo tal que en definitiva el universo se vuelve a encontrar en el mismo punto que anteriormente, "ni más rico ni más pobre, ni mejor ni peor".

Resulta muy difícil atenerse a una concepción como esta, que llevada a sus consecuencias lógicas nos conduce a la noción de una realidad siempre semejante a sí misma, y por consiguiente no puede llevar más que a una actitud de desapego frente a la existencia. Se ha dicho que la conclusión que podría sacarse es que nosotros mismos no somos más que ilusiones y apariencias transitorias, y que es por esta razón que le otorgamos tanto valor a lo que no es más que algo ilusorio y pasajero. Pero ¿esto no es reconocer en cierto modo la realidad de lo que se califica como ilusorio? ¿No es darle un sentido a estas supuestas "apariencias"?[3]

La inclinación a representarnos todo bajo el aspecto de lo inmutable no es en realidad más que un expediente; es un medio para otorgarle al espíritu una especie de seguridad intelectual. Existen inteligencias que sienten la necesidad de apoyarse sobre algo fijo, de tener una línea de conducta ya trazada que no implique vacilaciones ni dudas, de decirse que no existen dos modos de actuar, y que por consiguiente no es necesario buscar cuál es la mejor. Tienen necesidad de una disciplina ya hecha, de un código de leyes y de una verdad preestablecidas. De otro modo se sienten desorientadas; todo lo que es cambio, riesgo, esfuerzo de investigación, les produce inquietud y malestar. De allí se deriva con toda naturalidad la tendencia a creer en una verdad y en realidades inmutables. Esta actitud es según los pragmatistas la característica del espíritu racionalista. Es una necesidad de estabilidad, de seguridad, para decirlo claramente: de reposo.

Pero, observan los pragmatistas, ¡a qué precio se adquiere esta seguridad! Nos tranquiliza, pero desprende la realidad de la vida, la empobrece simplificándola, y el medio por el cual se la obtiene es puramente ilusorio. Por otra parte, ¿qué importa que exista un código de leyes escrito de antemano, o una verdad predeterminada? Todavía haría falta que los descubriéramos, y en ese sentido todavía serían obra nuestra. Es con nuestras facultades

---

2    Schiller, *Studies in Humanism*, ensayo IX, pp. 225-227 (trad. fr.: pp. 288-290).

3    Durkheim hace aquí alusión a las críticas de Schiller contra la antítesis "apariencia-realidad", tal como se la encuentra en Bradley y en su discípulo A.-E. Taylor; cf. en particular *Studies in Humanism*, p. 239 y ss. (trad. fr.: p. 307 y ss.).

humanas que debemos descubrirlos, es de nuestras fuerzas humanas que debemos servirlos. Para ello, sólo podemos contar con nosotros; estamos abandonados a nosotros mismos sobre "la balsa de nuestra experiencia" y, aun cuando existieran "órdenes de ruta absolutos", la única garantía que tenemos de poder seguirlos se encuentra "en nuestro equipamiento humano". El capricho del hombre, y con él el error, son siempre posibles, y "la única garantía *real* que tenemos contra la licencia de pensamiento es la presión de la propia experiencia circundante" (*Idée de vérité*, p. 62 [*Significado de la verdad*, p. 73]).

Así, el sentimiento que domina al pragmatismo es completamente opuesto al que inspira al dogmatismo: es el sentimiento de todo lo que hay de variable y plástico en las cosas. Para él, el universo tiene algo de inacabado, de nunca enteramente realizado; existe una distancia entre lo que es y lo que será, como entre lo que es y lo que ya ha sido. El mundo es rico, con posibilidades ilimitadas, que pueden revelarse cuando las circunstancias lo permiten. Como dice James: "para el racionalismo la realidad ya está prefabricada y completa desde la eternidad, mientras que para el pragmatismo aún está en marcha y parte de su conformación está pendiente del futuro. Desde el lado racionalista, el universo está completamente seguro; desde el pragmatista, todavía prosigue en sus avatares" (*Le pragmatisme*, p. 233 [*El pragmatismo*, p. 205]). Y las novedades que así pueden producirse no se refieren únicamente a detalles superficiales, sino que pueden corresponder a lo esencial.

El principal factor de novedad en el mundo es la conciencia. Desde el momento en que aparece, introduce un elemento nuevo. Sea por ejemplo la constelación de la Osa Mayor.[4] ¿Quién ha discernido en ella las siete estrellas, contándolas? ¿Quién ha notado su muy vaga semejanza con la forma de un animal? Indiscutiblemente, es el hombre. Desde luego que se puede decir que antes de que lo hubiera hecho estas estrellas ya eran siete, que ya estaban así dispuestas; pero no lo estaban más que implícita o virtualmente. Hacía falta una condición y esta condición era "el acto del espíritu que cuenta y compara". El hombre parece limitarse a traducir y a descubrir; pero en cierto sentido también agrega y crea: crea el número siete, crea la semejanza. Su pensamiento no es una copia de lo real, es una verdadera creación.

Esta novedad que aporta el espíritu es todavía más evidente cuando se trata del futuro. Nuestros juicios se convierten entonces en generadores de actos que cambian el carácter de la realidad futura. Esto es particularmente cierto con las representaciones que preceden a los actos importantes, a saber:

---

4   *L'idée de vérité*, p. 79 [*El significado de la verdad*, p. 86]; cf. *Le pragmatisme*, p. 228 [*Pragmatismo*, p. 202].

las creencias.[5] La creencia crea entonces a la realidad misma. La creencia en el éxito es la mejor condición para tener éxito; la creencia en que se tiene buena salud es una condición para sentirse bien. Aquí el pensamiento no es la expresión de lo que es, es un factor de la realidad por venir. Por consiguiente la realidad misma no es algo fijado, detenido, encerrado en límites infranqueables. Avanza sin cesar con la experiencia humana; a medida que se extiende, avanza sobre la nada, enriqueciéndose al mismo tiempo. Así va surgiendo una idea esencial sobre la que descansa todo el Pragmatismo: el pensamiento, ligado a la acción, crea en cierto sentido a la realidad misma.

Esta idea es importante. Sin duda, el mundo físico parece haber alcanzado hoy una especie de equilibrio. Entre los seres vivos ya no asistimos a la génesis de especies nuevas. Pero tales creaciones se siguen produciendo en el dominio moral.[6] Todas las sociedades humanas son fuerzas que se desarrollan, lejos de permanecer siempre idénticas a sí mismas. Surgen sociedades más complejas, en las que aparecen fuerzas nuevas. Estas fuerzas, a las que cuando se trata del pasado sólo nos las podemos representar estáticamente, las vemos en obra en el presente. Sea como fuere, existe todo un dominio de lo real que manifiestamente ha sido creado por el pensamiento: es la *realidad social*, y este ejemplo es ciertamente el más significativo que se pueda citar.

De ahí se explica que, siendo que lo real no es algo terminado, la verdad tampoco pueda ser algo inmutable. La verdad no es un sistema ya hecho; se forma, se deforma y se reforma de mil modos, varía, evoluciona, como todas las cosas humanas. Para hacer comprender esta idea, James compara la verdad con la ley o la justicia, con la lengua o la gramática (*Le pragmatisme*, trad. fr., pp. 218-219 [*El pragmatismo*, p. 196]). Los magistrados y los profesores parecen creer a veces que no existe más que una justicia, un código de leyes o una gramática, y del mismo modo se suele imaginar que no existe más que una verdad: *la* Verdad. En realidad, dice James: "la verdad, la ley y el lenguaje se les evaporaría fácilmente al menor contacto con el hecho novedoso… Nuestros aciertos, desaciertos, prohibiciones, castigos, palabras, giros, idiomas, creencias, son otras tantas creaciones que se van sumando tan rápido como el paso de la historia". Son estas "cosas que *se hacen*", no cosas completamente hechas, y con la verdad ocurre como con el resto. La verdad es un proceso ininterrumpido de cambios.

Aquí son necesarias algunas observaciones. Los pragmatistas nos muestran bien cómo se enriquece la verdad, cómo se vuelve más compleja. Pero ¿se sigue de un modo riguroso que la verdad, hablando propiamente, cambia? Por ejemplo, si se forman especies nuevas, ¿resulta de ello que las leyes de

---

5    Ver el libro de James, *La voluntad de creer.*

6    Visiblemente el comentario expresa aquí al pensamiento de Durkheim, y no sólo el de los pragmatistas. Véase la Décimocuarta Lección.

la vida hubieran cambiado? Del mismo modo, es claro que han aparecido especies sociales nuevas, pero ¿tenemos el derecho de concluir de ello que las leyes de la vida en sociedad no son ya las mismas? No confundamos el enriquecimiento de la verdad (o de lo real) con la fugacidad de la verdad. El Pragmatismo tiene el vivo sentimiento de que lo que es verdadero por un tiempo no puede serlo para otro. Pero ¡cuán poco demostrativas son estas pruebas! Lo hemos dicho: sus representantes nunca se vieron obligados a una exposición metódica. Se expusieron argumentos muy similares, que parecen arribar a las mismas conclusiones. Se postula un mismo ejemplo tanto de una forma como de otra. No obstante, lo que nos interesa sobre todo del Pragmatismo, más que sus formas de argumentación, es el sentimiento que lo anima. Repitámoslo: ha tenido el sentimiento más vivo de la diversidad de los espíritus y de la variabilidad en el tiempo del pensamiento. De aquí también la diversidad de denominaciones bajo las que se ha designado a sí mismo: pragmatismo, pero también humanismo, pluralismo, etc.

## La concepción pluralista de lo real

Sin embargo, de este último punto se perciben claramente sus implicancias. Lo que precede nos muestra de qué modo el debate entre pragmatismo y racionalismo, como dice James,[7] ya no concierne sólo a la teoría del conocimiento, sino a "la estructura del propio universo". La misma antítesis que existe entre el punto de vista estático de los racionalistas y el punto de vista de la fugacidad de la verdad caro a los pragmatistas se encuentra entre la concepción *monista* y la *pluralista* del universo. En efecto, si el universo es *uno*, en el sentido de que forma un sistema estrechamente ligado en el que todos sus elementos se implican unos a otros, donde el todo ordena la existencia de las partes, donde los individuos no son más que apariencias, que en definitiva no constituye más que un ser único, entonces el cambio es imposible, ya que el lugar de cada elemento está determinado por el todo, y éste a su vez está determinado por los elementos. Tal es el punto de vista monista.

Por otra parte, dice James, ¿por qué esta superstición, esta religión del número "uno"? ¿En qué "uno" es superior, por ejemplo, a "cuarenta y tres"? (*Le pragmatisme*, p. 128 [*El pragmatismo*, p. 130]). Y por lo demás, hay muchas formas de concebir esta unidad. No hay dudas de que en cierto sentido el mundo es uno; pero ¿por qué no lo sería, como en el punto de vista pluralista, en el sentido de que está hecho de partes ligadas entre ellas por

---

7   *Le pragmatisme*, trad. fr., p. 231 [*El pragmatismo*, p. 206].

ciertas relaciones, pero que permanecen diferenciadas, que conservan una cierta independencia y una cierta autonomía, lo que deja lugar al cambio, la diversidad y la contingencia?

Ubiquémonos en el punto de vista pragmatista, consultemos a los hechos, a la experiencia.[8] Por empezar, vemos que el mundo es uno en el sentido de que es objeto de una representación. Es uno para el pensamiento y para el discurso. Pero esto no nos lleva en absoluto hacia el monismo; porque en este sentido el "caos", una vez nombrado, tiene tanta unidad como el "cosmos". El mundo es también *uno* en el sentido de que todas sus partes son continuas en el espacio y en el tiempo.[9] Pero esta unidad es completamente exterior. Para el pragmatismo el espacio y el tiempo no son más que "instrumentos de continuidad". Una unidad más profunda resulta de las acciones y las reacciones internas, de las influencias que cada parte del mundo ejerce sobre las demás partes. La propagación del calor, de la electricidad y la luz, estos son ejemplos de estas influencias que unen a todas las cosas en el mundo físico. Hay así una infinidad de redes constituidas por diversas "líneas de influencias", pequeños mundos que sirven de base a nuestra acción. Pero cada una de estas líneas de influencia deja fuera de ella muchas cosas. Del mismo modo, tenemos que elegir convenientemente a los intermediarios. Intercalemos un cuerpo con mala conducción en un circuito eléctrico, por ejemplo; la corriente no pasa o debe desviarse, dejando al cuerpo fuera de su ruta. James señala que tales redes existen también en el mundo moral: los hombres están encerrados en vastas redes de relaciones sociales. Supongamos así que A conoce a B, que B conoce a C, que C conoce a D; podemos entonces hacerle llegar un mensaje de A a D. Pero aquí también nos detenemos abruptamente cuando elegimos mal a uno de nuestros intermediarios: si por casualidad B no conoce a C, el mensaje no llega a destino. Existen igualmente líneas de simpatía que se extienden, se desarrollan y se organizan en agrupamientos diversos. Mientras más evoluciona una sociedad, más se organizan y multiplican estas líneas de simpatía. Así, en toda sociedad existen sistemas que ligan a los individuos unos con otros: sistemas religiosos, grupos profesionales, etc., y estos lazos hacen que las fuerzas morales se comuniquen a todos los miembros del grupo.[10] En ocasiones, como en las relaciones económicas, esta comunicación es más caprichosa. Pero cada grupo es ajeno a los otros, de suerte tal que una sociedad que aparentemente es una se compone en realidad de una multitud de pequeños agrupamientos,

---

8    Durkheim está resumiendo aquí la Cuarta Lección de *El pragmatismo*.

9    Nuestras dos versiones dicen: "*contiguas*" en lugar de "continuas". Restauramos la lección siguiendo el texto de James.

10   Durkheim interpreta aquí libremente a James, *Le pragmatisme*, p. 132 [*El pragmatismo*, p. 133].

de pequeños mundos sociales, que a veces interfieren pero que viven cada uno una vida propia y permanecen en principio exteriores a los demás.

Se ve entonces en qué consisten la unidad y la pluralidad para los pragmatistas. Para ellos existe una unidad, pero no es la de los monistas. El mundo está hecho de un número incalculable de redes que unen a las cosas y a los seres unos a otros; estas redes están formadas ellas mismas por mallas complicadas y relativamente independientes. Los elementos que éstas unen no son fijos, y la forma misma de la red está sometida al cambio. Constituida por una pluralidad de pequeños sistemas dotados cada uno de una vida autónoma, aquella se forma, se deforma y se transforma sin cesar.

De este modo el pluralismo de los pragmatistas se opone al monismo de los racionalistas. Para los primeros, la multiplicidad es tan real como la unidad; existe a la vez unión y separación. James concede que existe la forma-*todo*, pero "la forma-*cada* –la forma particular de *cada* elemento– es tan aceptable lógicamente y tan probable empíricamente como la forma-*todo*".[11] No hay dudas de que existe un todo, pero en ese todo hay una cierta libertad de juego. El mundo es una república federativa que deja una gran medida de autonomía a cada una de sus partes; no se trata de una sociedad monárquica. Por ejemplo, podemos representarnos al universo físico como un mundo en el que todas las cosas serían inertes, luego, por encima, un mundo en el que no habría más que realizaciones mecánicas, un mundo de fuerzas, etc. Del mismo modo, es posible concebir a seres conscientes completamente al margen unos de otros, o bien hombres que se amasen o se odiasen recíprocamente; finalmente, es posible imaginarse a todas las conciencias entrando en comunión, confundiéndose unas en las otras. La unidad se hace más completa, y sin embargo permanece siempre parcial, relativa, progresiva. El mundo, dice James,[12] no es algo rígido, formal o burocrático, no posee la bella disposición ordenada que perciben en él los racionalistas: es "un universo desperdigado".[13]

Más allá del interés de este argumento, tenemos derecho a preguntarnos si toca lo que hay de esencial en el racionalismo. Éste admite que la verdad tiene por función traducir la realidad. El pragmatismo se esfuerza por mostrar que la realidad no es ni inmutable ni la misma para todos. De esto concluye que la verdad no podría ser una copia de la realidad. Pero ¿por qué la copia

---

11  *Philosophie de l'expérience* (*A pluralistic universe*), trad. fr. p. 32 [*Un universo pluralista. Filosofía de la experiencia*, Buenos Aires, Cactus, 2009, p. 31]; cf. ibid., pp. 184, 312, etc.

12  *Le pragmatisme*, trad. fr., p. 235 [*El pragmatismo*, p. 207].

13  [Durkheim utiliza aquí el término "*débraillé*", tomado de la traducción francesa de la expresión "*loose universe*" empleada por James. Optamos en esta edición por seguir la citada versión de Alianza de *Pragmatismo*, que traduce "*loose universe*" en una ocasión por "universo holgado" y en otra por "desperdigado"].

no podría evolucionar como el modelo? Para establecerlo, habría que haber demostrado que el pensamiento no podría ser una copia, no sólo de una realidad inmutable sino de ninguna realidad, cualquiera fuese; en otras palabras, que existe una heterogeneidad radical entre la realidad y el pensamiento. Pero los pragmatistas no han hecho esta demostración.[14]

Sin embargo, en los últimos años de su vida James extrajo esta demostración de las obras de Bergson. Es allí, en Bergson, al que considera como el destructor del intelectualismo, donde James ha creído encontrar sus mejores argumentos.

---

14   Ver sobre este punto la Vigésima Lección.

# Quinta lección[1]

## El pragmatismo y la crítica del pensamiento conceptual

Hemos dicho que el principio mismo del Racionalismo no parece haber sido alcanzado por la crítica pragmatista. Esta crítica apunta sobre todo contra la noción de *verdad-copia*. Pero ¿por qué el pensamiento verdadero no sería la copia variable de un modelo variable? ¿Es acaso evidente que alcanza con decir que una copia es inútil, en la medida en que es un redoblamiento de lo real? No se trata de saber si es útil, sino si es verdadera. Para establecer la tesis pragmatista, concluíamos, habría que probar que existe una heterogeneidad esencial entre el pensamiento y lo real. Esta demostración la ha ensayado James en el capítulo VI de su *Universo pluralista* (*Filosofía de la experiencia*), inspirándose en los argumentos de Bergson. De hecho este capítulo se titula "Bergson y su crítica del intelectualismo".

Veamos cuáles son estos argumentos, tal y como los presenta. James dice que la verdad supone juicios, pero los juicios suponen conceptos. Por lo tanto el pensamiento conceptual es el único que parece poder ser generador de la verdad. Pero para ello haría falta que hubiera una afinidad de naturaleza entre el concepto y las cosas. Por el contrario, para James, como para Bergson, lo real y el concepto tienen características opuestas:

1° El concepto es algo *definido* y distinto;[2] está en las antípodas de las representaciones móviles, vagas, confusas, tales como son las imáge-

---

1   Clase del 13 de enero de 1914.

2   [*N. del t.:* el término que emplea aquí Durkheim, "*distinct*", debe entenderse en el sentido de la referencia cartesiana a las "*idées claires et distinctes*" ("ideas claras y distintas" en las versiones de Gredos o Alfaguara del *Discurso del método y las Meditaciones metafísicas*), es decir, de contornos nítidos y claramente definidos, o siguiendo la 3ª acepción que reconoce la RAE: "inteligible, claro, sin confusión"; en otras secciones de la obra hemos traducido *distinct* por "diferenciado", sobre todo cuando el término aparece en plural (como en la referencia a los "elementos estables y diferenciados" en el punto 3° de esta misma enumeración)].

nes.[3] Recortado en la corriente de nuestra experiencia, se circunscribe a límites estrechos. Mientras que en el flujo sensible de las imágenes las impresiones se compenetran mutuamente, los conceptos están aislados unos de otros. No hay contacto ni confusión entre ellos, mientras que lo contrario ocurre entre las imágenes.

2° Cada concepto expresa un aspecto de las cosas, y sólo ese aspecto. Sin dudas existen conceptos que expresan cosas o grupos de cosas, pero se trata de conceptos compuestos. El concepto verdadero, puro, es *simple*. Es análogo a lo que es el objeto de la intuición en Descartes: nunca se lo alcanza, pero se tiende a él. Ciertamente, en la vida cotidiana utilizamos conceptos complejos, de contornos flotantes, porque no han sido definidos metódicamente. Pero el concepto propiamente dicho exige ser determinado, delimitado, de modo que cuando lo utilicemos no pensemos más que en eso y en nada más. La característica del concepto es la de ser una representación *aislada*, y ello es porque debe expresar únicamente *una* cosa o *un* aspecto de la cosa, *un* estado, *un* elemento.

3° Resulta de esto que el principio de identidad o de no-contradicción domina toda la vida conceptual. "Para la lógica conceptual lo igual no es más que lo igual, y todos los iguales a una tercera cosa son iguales entre ellos".[4] El concepto es aquello que no puede ser otra cosa. Por consiguiente, para que el pensamiento conceptual pueda ser una copia de lo real, sería necesario que la realidad estuviera constituida de acuerdo al mismo modelo, es decir, hecha con elementos estables, bien diferenciados unos de otros y sin comunicación entre ellos; que las cosas mismas tuviesen el mismo carácter discontinuo, finito y separado. Ahora bien, la naturaleza presenta características diametralmente opuestas, dice James: lo real es continuo e incesantemente en formación. "Lo que realmente *existe* no son cosas hechas, sino cosas haciéndose. Una vez hechas, están muertas, y para definirlas puede usarse un infinito número de descomposiciones conceptuales alternativas".[5] Admitamos aunque sea por un instante que lo real esté constituido por elementos estables y diferenciados; ¿cómo calcular la cantidad de estos elementos? Para ser consecuentes con ellos mismos, los racionalistas deberían reconocer que este número es infinito y que, por lo tanto, el número de conceptos necesarios para traducirlos es también infinito. Pero como un número infinito no puede ser algo ya realizado, tampoco

---

3 Ver los 3 estudios *Percept and Concept*, en *Some Problems of Philosophy*, obra póstuma, Nueva York y Londres, 1911, caps. IV, V y VI, pp. 47-112.

4 *Philosophie de l'expérience*, p. 247 [*Un universo pluralista*, p. 163].

5 *Op. cit.*, p. 254 [*Un universo pluralista*, p. 166].

ningún movimiento podría nunca realizarse ni completarse. Si un móvil debe recorrer un número infinito de puntos, no llegará jamás a su término, quedando este término siempre por fuera de la serie. Es el viejo argumento de Aquiles y la tortuga desarrollado por Zenón de Elea. El universo está así condenado a la inmovilidad.

Y sin embargo el movimiento y el cambio se realizan. Es que en efecto, dice James: "[la paradoja] daría problemas solamente si la sucesión de pasos del cambio fuese infinitamente divisible". Pero el cambio no se opera de este modo, por una infinidad de modificaciones infinitesimales; se realiza por unidades de cierto tamaño, de cierta extensión, por cantidades finitas. Si cuando vaciamos una botella fuera necesario hacerlo "por un infinito número de decrecimientos sucesivos", la operación no llegaría nunca a su fin. La botella se vacía por un número finito de disminuciones, cada una de ellas de una cantidad finita: "o del pico sale toda una gota o no sale nada". Es así que el cambio se opera en el mundo, "por una serie creciente de pulsaciones distintas",[6] y cada vez que se produce una de esos "pulsaciones", decimos: "aquí hay algo más" o "aquí hay algo menos". La discontinuidad es todavía más evidente cuando algo nuevo aparece o cuando algo viejo desaparece: "el término de Fechner, *umbral*, que ha jugado un rol tan importante en la psicología de la percepción, es sólo una manera de nombrar la discontinuidad cuantitativa en el cambio de todas nuestras experiencias sensibles".[7]

Este argumento de James, ¿alcanza verdaderamente al intelectualismo? Podemos dudarlo. El mayor racionalista contemporáneo, Charles Renouvier, quien ha demostrado la imposibilidad de la real infinitud de las partes, retoma sin embargo los argumentos de Zenón.[8] Por lo tanto, insistir sobre esta imposibilidad no implica necesariamente arruinar el intelectualismo. Por lo demás, la cuestión es secundaria. Lo que importa no es tanto saber si el mundo está hecho de un número finito o infinito de partes, sino saber si está o no formado por partes diferenciadas.

¿Cuáles son en este punto los argumentos de James? Los conceptos son algo *estable*. Para poder expresar el movimiento y el cambio sería necesario que cada concepto expresara uno de los estados por los que pasa el movimiento. Pero resolver al movimiento en *estados* es hacer de él algo fijo. Por

---

6    [*N. del t.:* Aquí hemos optado por traducir literalmente la referencia tomada por Durkheim del francés "*une série croissante de pulsations distinctes*"; en el original la expresión de James es otra: "*units of duration of determinate amount*" (en la versión de Cactus: "unidades de duración de cantidad determinada")].

7    *Philosophie de l'expérience*, pp. 219-220 [*Un universo pluralista*, pp. 144-145].

8    Véase *Essais de critique générale*, primer ensayo, Armand Colin, 1912, 1ra. parte, XI, pp. 42-49. El propio James hace un gran elogio a Renouvier en su *Some Problems of Philosophy*, p. 165.

lo tanto, el concepto no puede expresar al movimiento más que deteniéndolo en un instante dado e inmovilizándolo.[9] La única manera de hacer coincidir los conceptos con el cambio sería suponer arbitrariamente puntos en los que el cambio se detiene, ya que estos puntos de detención son los que pueden ser expresados por nuestros conceptos. Pero así no se obtendría más que una serie discontinua de posiciones y fechas, con las cuales resulta imposible reconstituir al movimiento, al cambio mismo. En efecto, por un lado, una serie de conceptos que expresaran las detenciones y reposos no podría traducir aquello que se mueve. Es el viejo argumento de la escuela eleática: la flecha que vuela es inmóvil, ya que si se considera una posición de la flecha en un momento dado de su curso, esta posición está necesariamente en estado de reposo. Por otro lado, para que nuestros conceptos fuesen capaces de expresar al cambio sería necesario que éste se pudiera descomponer y fragmentar en elementos discontinuos. Pero ¿cómo rehacer lo continuo con lo discontinuo? Una vez rota la unidad del cambio, ¿cómo reconstituir esta unidad? Entre cada concepto que expresa una posición o un estado de lo que cambia, y los otros conceptos, existe un vacío, por más pequeño que sea, y este vacío es imposible de colmar. No obtenemos así más que "un mosaico retrospectivo, una disección hecha sobre un cadáver".[10]

Esto es tanto más grave porque lo que cambia es el alma de las cosas, es lo esencial. Es precisamente lo que el concepto es incapaz de expresar. Los conceptos pueden darnos un "cuadro sinóptico" de los fenómenos. Pero el metafísico que intente captar la realidad en profundidad, cuya curiosidad se dirija a la naturaleza íntima de las cosas y a lo que las mueve, deberá "darles la espalda a los conceptos". De este modo, el pensamiento conceptual "lidia sólo con superficies", es incapaz de "penetrar" en lo real.[11]

He aquí otra forma de traducir la misma idea: lo que hace la realidad de las cosas es el tejido de *influencias* que ejercen unas sobre otras. Mi pensamiento *actúa* sobre mi cuerpo, lo anima; un gesto de mi cuerpo lo exterioriza y, por su intermedio, mi pensamiento se comunica con el de los demás. Es necesario por lo tanto que las cosas puedan combinarse, penetrarse, "encajarse" de este modo, escribe James.[12] Pero "el intelectualismo niega que las

---

9 *Some Problems of Philosophy*, cap. V, pp. 81-83, 87-88, etc.

10 *Philosophie de l'expérience*, p. 252 [*Un universo pluralista*, p. 166; nuevamente, optamos por traducir la versión que utiliza Durkheim; en el original de James se lee: "*a retrospective patchwork, a post-mortem dissection*"].

11 *Op. cit.*, pp. 240-241 [*Un universo pluralista*, pp. 159-160]. El argumento aquí es muy cercano al de Bergson. Cf. *ibid*, pp. 227-232 [*Un universo...*, pp 148-151], donde James declara que antes de Bergson el racionalismo nunca había sido puesto en cuestión seriamente: "Sólo Bergson fue radical", sólo él "desafía en su fundamento la autoridad teórica" de la lógica conceptual o intelectualista.

12 *Op. cit.*, p. 247 [*Un universo...*, p. 163].

cosas finitas puedan actuar unas sobre otras, pues todas las cosas, una vez traducidas a conceptos, permanecen cerradas sobre sí mismas".[13] Desde el punto de vista de la lógica conceptual todas las distinciones son "aislantes". El contagio de los conceptos sería su confusión, y la confusión es el pecado lógico por excelencia.

Con más razón *la vida* no podría traducirse en conceptos, ya que "la esencia de la vida es su carácter continuamente cambiante".[14] Un ser que vive es un ser que no sólo es en un momento dado diferente de lo que era anteriormente, sino que también es él mismo y, en el mismo instante, diferente de él mismo. Aquiles, que perseguía a la tortuga, no es sólo el ser que en un momento dado coincide con un cierto espacio determinado: es el ser que se impulsa, y este *impulso* [*élan*] es un hecho concreto en el que los momentos del tiempo y las divisiones del espacio están implicados de modo indivisible. "Final y comienzo se le presentan en ese momento único que es su propio impulso [*élan*]".[15]

Pero no ocurre de otro modo si nos colocamos en el punto de vista *estático*. No es sólo la vida la que está hecha de un tejido de relaciones y acciones. Consideremos un ser cualquiera. Está constituido por un conjunto de rasgos de los que cada uno es solidario de todos los demás y del conjunto mismo, y a los que por lo tanto sólo se los puede aislar artificialmente. Ocurre lo mismo con las cosas: no existe *un* concepto único de la cosa, cada cosa comprende a una pluralidad de elementos, y cada elemento a una pluralidad de elementos.

¿Qué resulta de todo esto? El pensamiento conceptual vive de distinciones, mientras que el mundo es continuo; pero lo continuo es lo vago y lo confuso. Esta antítesis explica el carácter *prestigioso* que le atribuimos al concepto. El pensamiento conceptual está prendado de la fijeza, es decir de la precisión y la claridad; no tiene nada en común con todo lo que es huidizo. "La tradición dominante [en filosofía] ha sido siempre la creencia platónica y aristotélica de que la fijeza es algo más noble y valioso que el cambio. La realidad debe ser una e inalterable. Siendo ellos mismos fijaciones, los conceptos corresponden mejor con esta naturaleza fija de la verdad".[16] Cuando el pensamiento filosófico logró constituir un sistema con estos conceptos filosóficos, experimentó una gran admiración por sí mismo y creyó que lo que había creado de este modo era la realidad en sí

---

13  *Op. cit.*, p. 249 [*Un universo...*, p. 164].

14  *Op. cit.*, p. 236 [*Un universo...*, p. 160].

15  *Op. cit.*, p. 243 [*Un universo...*, p. 161; en el original se lee: "*End and beginning come for him in the one onrush...*" (y en Cactus: "Final y comienzo llegan para él en el único torrente...")].

16  *Op. cit.*, p. 226 [*Un universo...*, p. 148]; cf. *L'idée de vérité*, p. 216 [*El significado de la verdad*, p. 202].

misma. Esta fue la ilusión de Platón, según la cual por encima de este mundo huidizo y cambiante existiría un mundo de esencias fijas e inmutables. Era tomar la ficción por la realidad. Pero "la realidad es superior a la lógica", dice James (*Philosophie de l'expérience*, p. 197 [*Un universo pluralista*, p. 130]). Es necesario inclinarse ante los hechos, lo real debe triunfar sobre la razón. Resulta también de esto que el principio de identidad y la ley de no-contradicción no se aplican a lo real.[17]

## Lagunas de esta crítica

La gravedad de esta consecuencia nos ayuda a percibir una laguna no menos grave en el pensamiento de James. Éste no nos explica de qué modo es posible que el pensamiento lógico, fundado en el principio de identidad, pudiera servir para guiarnos en medio de esas cosas en las que, según él, el principio de identidad no se aplica. En efecto, ninguno de los pragmatistas piensa que el pensamiento conceptual sea inútil, más allá de que no sea una copia de la realidad. Tal pensamiento "se inspira en los intereses de la práctica", dice James.[18] Pero ¿cómo podría el pensamiento conceptual cumplir este papel si carece de medida común con lo real? Por lo demás, el mismo James reconoce que estos conceptos, recortados de la corriente de nuestra experiencia, "nos dan conocimientos" y que tienen "algún valor teórico".[19] En efecto, es muy difícil escapar de los conceptos y los principios lógicos. Cuando James nos dice que con lo discontinuo no se puede hacer lo continuo, ¿no se está sirviendo de un principio lógico? ¿no está afirmando, con ayuda del pensamiento conceptual, algo que toca a la realidad misma?[20]

Todo este argumento de James se inspira muy estrechamente en los desarrollos de Bergson. Las conclusiones positivas a las que llegan ambos no son idénticas, pero su actitud frente al racionalismo clásico es la misma. De una y otra parte se trata de la misma hiperestesia hacia todo lo que es movilidad en las cosas, la misma tendencia a presentar a lo real bajo su aspecto huidizo y oscuro, la misma inclinación a subordinar el pensamien-

---

17  Véase más abajo, la Vigésima Lección.

18  *Op. cit.*, pp. 233 y 237 [*Un universo…*, pp. 152 y 154; la cita en esta versión es: "el método conceptual es una transformación que el flujo de la vida sufre en nuestras manos, esencialmente, en provecho de la práctica"].

19  *Op. cit.*, p. 235 [*Un universo…*, p. 153].

20  En la nota que completa la sexta lección de la *Philosophie de l'expérience* (p. 321 [*Un universo…*, p. 155]) James se esfuerza por defender a Bergson de haber utilizado él mismo "un sistema de conceptos" para darnos una visión más profunda de la realidad que la de los racionalistas.

to claro y nítido al aspecto turbio de las cosas. Pero lo que James tomó de Bergson es sobre todo la forma de argumentación, en la que se acusa al pensamiento conceptual. En cuanto a sus ideas fundamentales, ya estaban en su pensamiento desde hacía tiempo, como atestiguan sus *Principios de psicología*, en los que por ejemplo insistía sobre la perfecta continuidad de la "corriente" de la conciencia.[21]

---

21 *Principles*, tomo 1, cap. IX: "The Stream of Thought" [*Principios de psicología*, Madrid, Jorro, 1909, "El torrente del pensamiento"].

# Sexta lección[1]

## Los aspectos secundarios del pragmatismo

Resumamos lo anterior. Los pragmatistas critican antes que nada la concepción según la cual la idea verdadera sería una copia de lo real. El argumento que hemos expuesto no es exclusivo de James. Se lo encuentra en todos los demás pragmatistas, aun cuando éstos no se expresen siempre de un modo tan definido. Además, los pragmatistas han percibido que existe un verdadero contraste entre las complejidades confusas de lo real y las características del pensamiento lógico. Todos están de acuerdo en negarle al pensamiento lógico la primacía que el racionalismo le reconoció en todas las épocas, siendo éste su rasgo común con la filosofía de Bergson.

Pero el pragmatismo no se limita a estas tesis fundamentales; ofrece aspectos secundarios que a decir verdad no son menos importantes. En efecto, el pragmatismo es la imagen misma del mundo tal y como lo concibe: es polimorfo, presenta aspectos tan variados que resulta difícil captarlo con exactitud. Lo hemos considerado principalmente como *continuismo*, pero también se presenta como un *empirismo radical* y como un *pluralismo*.

## — I —

### El pragmatismo como empirismo radical

Tal como lo define James, el "empirismo radical" es la doctrina que no admite nada por fuera de la experiencia: "La experiencia, tomada en conjunto, es autosuficiente y no depende de nada" (*Idée de vérité*, p. 108 [*El significado de la verdad*, p. 111]). Para ello es necesario que la experiencia se explique por sí misma, que el mundo contenga en sí mismo todos los principios necesarios para su propia explicación. En efecto, ¿qué es explicar? Para los pragmatistas, como para nosotros, es establecer relaciones entre las cosas. Pero sólo existen dos posibilidades. O bien se admite que lo real está compuesto por partes diferentes, y en ese caso las relaciones que las unen

---

1 Clase del 20 de enero de 1914.

sólo pueden ser exteriores a estas partes. Decir que las cosas son discontinuas es decir que sus elementos son distintos y separados, y por lo tanto que no tienen en sí mismos su principio de unión. Este principio debe estar entonces por fuera de las cosas, en un pensamiento que cree estas relaciones y se las imponga desde afuera, ya sea que este pensamiento sea el del hombre o el de un espíritu absoluto, como en el sistema de Th. Hill Green.[2] Pero si postulamos de este modo un absoluto por fuera de lo real, salimos de la experiencia y renunciamos al empirismo.

O bien –segunda hipótesis, que es la de James– el mundo es continuo y todo está conectado en el universo. No se puede decir de ninguna parte que ésta "va exactamente hasta tal punto y no más allá": todas se compenetran y son "cohesivas". En este sentido, "las relaciones de todo tipo, de tiempo, espacio, diferencia, semejanza, rango y causa y lo que fuera, son miembros integrantes del flujo sensacional tanto como lo son los términos", y existen tanto relaciones conjuntivas como disjuntivas.[3] Estas relaciones son objeto de la experiencia, y por lo tanto tan reales como los términos que ellas unen; el cambio, que en sí mismo es un hecho de experiencia, es una de estas relaciones conjuntivas.[4] Experimentar las cosas es pasar de forma continua de un término al otro; es probar y experimentar los lazos que los unen.

He aquí en lo que consiste según James el *empirismo radical*. ¿Por qué este calificativo de *radical*? El mismo James nos lo dice: es para distinguirla "de la doctrina de átomos mentales que el nombre *empirismo* sugiere tan frecuentemente", es decir, del empirismo de Hume.[5] El empirismo de Hume cree que no sale de lo real al negarse a admitir un lazo cualquiera entre las cosas. Según él, la experiencia se hace a base de elementos heterogéneos, es decir, extraños entre sí; es pura discontinuidad, puro caos, no implica "ningún tipo de conexión". Cada percepción representa una existencia distinta y "el espíritu no percibe nunca ninguna conexión real entre existencias distintas".[6] Pero un empirismo como este, según el cual esta experiencia discontinua debería satisfacerse a sí misma, no es más que una doctrina trunca. Deja una puerta abierta por la cual el espíritu se ve tentado a escapar de la experiencia, que es lo que hará Kant, quien partiendo de esta concepción de

---

2　　Cf. *Philosophie de l'expérience*, p. 267 [*Un universo…*, p. 174].

3　　*Op. cit.*, pp. 263 y 268-269 [*Un universo…*, pp. 171 y 175; la traducción que utiliza Durkheim dice en cambio: "…font partie intégrante du flux des sensations tout autant que les relations elles-mêmes"].

4　　*Essays in Radical Empiricism*, pp. 42, 48-49, 107, 240, etc.

5　　*Philosophie de l'expérience*, p. 269 [*Un universo…*, p. 175; en la versión de Durkheim se habla de "*atomes psychologiques*", en lugar de "*mental atoms*" como en el original].

6　　*Essays…*, pp. 43 y 103.

Hume (la "rapsodia de percepciones") restablecerá una realidad exterior y anterior a la experiencia en el mundo de las "cosas en sí".[7]

Existe sin embargo una doctrina discontinuista de la que no habla James: es el *idealismo radical*, tal como lo expone Hamelin en su *Essai sur les éléments principaux de la représentation*. Allí se considera a lo real como formado por elementos discontinuos: los conceptos. Estos conceptos son definidos y delimitados, bien distintos entre sí. Y sin embargo, lo real que así se compone no recibe su unidad de una fuente exterior. Estos innumerables conceptos que constituyen la realidad se llaman entre sí, tienden unos hacia los otros, no son ajenos entre sí. En su libro Hamelin intenta reconstruir y construir las categorías. Entre ellas existen lazos, y también aquí se puede afirmar que los elementos de lo real no existen por fuera de las relaciones que los unen. Existe una unidad inmanente a lo real. Ni James ni Dewey tuvieron en cuenta esta solución. No vieron que el Idealismo radical ofrecía un medio de postular a la realidad como constituida por un sistema de elementos sin tener que salir del sistema del mismo pensamiento. Sin embargo, esta doctrina merecía ser discutida. En un sentido, casi no se diferencia de la hipótesis continuista del Empirismo radical, salvo por la expresión. Desde ya que su autor no hubiese admitido nunca una interpretación como esta; pero es claro que entre los dos conceptos hay una gran afinidad.

Lo que caracteriza al empirismo radical es la unicidad absoluta del plano de la existencia. Se niega a admitir que existan dos mundos, el mundo de la experiencia y el mundo de la realidad. Una de las objeciones que más a menudo le dirige James a Spinoza se refiere a la distinción entre la naturaleza en cuanto engendra y la naturaleza en tanto engendrada;[8] esta distinción le parece inadmisible. Para él no existen dos aspectos de las cosas; las cosas están siempre en el mismo plano, en el mismo nivel; el pensamiento se mueve también en el mismo plano, al mismo nivel. Por esta vía el empirismo radical se distingue del empirismo simple, que por el contrario conserva la dualidad entre el espíritu y las cosas. James le reprocha a este último ver a la parte antes que al todo, y no comprender que la totalidad de la realidad, como la totalidad del pensamiento, se sitúan en el mismo plano y son parte del mismo proceso.

---

7   *Philosophie de l'expérience*, pp. 229-231 [*Un universo...*, pp. 150-151]; *Essays...*, p. 163.

8   En particular en *Philosophie de l'expérience*, p. 44 [*Un universo...*, p. 39]; *Essays in Radical Empiricism*, p. 208.

## — II —
## EL PRAGMATISMO COMO PLURALISMO

Podemos ahora darnos cuenta de lo que constituye este otro aspecto del pragmatismo: el "pluralismo". No se trata de la noción de ausencia de unidad, sino de la de un cierto tipo de unidad, una unidad "holgada",[9] es decir, una unidad muy flexible, que no tiene nada de rígido. En la masa continua de las cosas, cada cosa se conecta con las demás. Pero esta unidad no implica inmutabilidad. Cada cosa puede desprenderse de su ambiente y entrar en otras combinaciones, y de este modo cada objeto, cambiando de contexto, cambia él mismo de naturaleza. Lo que facilita esta diversidad de formas que puede tomar una misma cosa es que, como todo es múltiple, del mismo modo cada elemento de lo real supone una cierta complejidad, una multitud de caracteres diferentes. Es fácil concebir que una cosa que está en relación con otra por tal o cual de sus rasgos puede desprenderse de ella cuando las circunstancias la lleven a combinarse con otras, y que existe así una multitud de combinaciones posibles. Nada de lo real es simple y cada relación no es más que uno de los aspectos variables de los rasgos o de las acciones de las cosas.

Se ve cuál es la verdadera significación del pluralismo. No implica que el mundo esté formado por una pluralidad de elementos extraños entre sí. El término no debe ser tomado al pie de la letra. Se podría llegar a decir que en un sentido el pragmatismo es *monista*, que lo es mucho más que el mismo monismo metafísico. El pragmatismo afirma la unidad del mundo, pero una unidad adaptable, flexible, multiforme, hecha por una masa de fenómenos que no se percibe pero que cambia sin cesar, y que se podría comparar con un lago en el que las aguas agitadas por el viento variasen continuamente de aspecto, se separasen y volviesen sobre sí mismas, jugando de mil modos distintos. La fisonomía del lago cambia pero son siempre las mismas aguas. Esta concepción de una unidad variable al mismo tiempo que duradera es una consecuencia de la hipótesis continuista.

Todos estos aspectos distintos del pragmatismo están ligados entre sí. El mismo pragmatismo es una doctrina a la vez una y diversa.

### *LAS TESIS POSITIVAS DEL PRAGMATISMO*

Hemos terminado con la exposición de la parte *negativa* del pragmatismo, que es esencialmente una crítica al racionalismo. Nos queda

---

9   [Nuevamente: *"débraillé"*, traducción del *"loose"* de James; cf. *supra*, Cuarta Lección, n. 13].

estudiar por cuál *doctrina positiva* el pragmatismo pretende reemplazar la del racionalismo. Más que nunca la dificultad para nosotros será la ausencia de coordinación de las tesis pragmatistas. Cada autor expone la doctrina a su manera. Como en la parte negativa, carecemos de una exposición de conjunto completa. Sin embargo, si bien hay algunas divergencias, existe también una dirección general del pensamiento que siguen los defensores de la doctrina. La coordinación está toda por hacerse, pero esto sólo hace más interesante al trabajo.

Sin duda los diversos argumentos que el pragmatismo dirige contra el racionalismo no son igualmente válidos. Pero es claro que el racionalismo debe tener en cuenta sus críticas y renovarse en cierta medida. La verdadera forma de apreciar el valor de las objeciones que se le dirigen es ver a qué consecuencias teóricas se ve conducido el pragmatismo por esas mismas objeciones. Es sobre ellas que se ha edificado, habiendo pretendido hacer tabla rasa del racionalismo. Comprobemos la solidez de este edificio y recordemos que para nosotros no se trata de reconstituir una doctrina por mera curiosidad sino de sacar las conclusiones que puedan instruirnos.

El *problema de la verdad* es el problema central del pragmatismo. La doctrina se resume en tres tesis esenciales: 1° la verdad es humana; 2° es diversa y variable; 3° no podría ser una copia de una realidad dada.

## EL PENSAMIENTO Y LO REAL

Comencemos por esta última tesis, sobre la que ya hemos proporcionado ciertas indicaciones. Negar que la verdad sea una copia es admitir que el valor de la idea no se aprecia por su relación con una realidad actualmente dada. Dicho de otro modo, no es *detrás* de la idea donde se debe buscar el criterio de su verdad, sino *delante* de ella; lo que se debe tener en cuenta no es su relación con algo que estaría ya hecho, sino su relación con algo que está por hacerse. Así, la idea está en relación estrecha con la *acción*, y es por su relación con la acción que ella engendra que se debe apreciar su carácter de verdad (Dewey, *Ensayos de lógica*, cap. 1, y Moore, *El pragmatismo y sus críticos*).[10]

Imaginemos un organismo que hallara todo lo que necesitase en el medio en el que vive. Este organismo funcionaría mecánicamente; su conciencia,

---

10 Aquí Durkheim no se refiere a los *Essays in experimental logic*, que aparecieron recién en 1916, sino a los *Studies in Logical Theory* ya citados. En cuanto a la obra de A.-W. Moore, *Pragmatism and its Critics*, ya había sido publicada en Chicago en 1910 (el cap. VIII de esta obra había aparecido con ese mismo título en la *Philosophical Review* de mayo 1905).

inútil, no se manifestaría nunca. Precisamente ocurre de este modo entre los seres en los que la acción no se ejerce más que en una esfera restringida. Lo que es cierto en la conciencia lo es mucho más en la *reflexión*, en el *pensamiento* propiamente dicho, al que Dewey distingue cuidadosamente del pensamiento llamado "constitutivo".[11] Mientras alcance con la sensación, no se presenta ningún problema; el animal siente que el objeto le conviene o no le conviene, y se aleja o se acerca de acuerdo a lo que esta sensación le indique. Es lo que constituye la conciencia simple. Pero desde el momento en el que hay un problema o un conflicto, las cosas cambian. Si el animal no encuentra lo que necesita, la sensación ya no basta; debe buscar algo nuevo que contenga lo que le falta, debe "reflexionar", interrogarse, para saber dónde lo encontrará. Por lo tanto, la reflexión sólo interviene cuando se debe elegir. Es entonces cuando nace el pensamiento propiamente dicho; éste no se encuentra en el instinto, en la rutina ni en el hábito.[12] El pensamiento reflexivo, el "conocimiento", aparece en condiciones muy especiales, en una situación de encrucijada en la que el ser se encuentra en presencia de una pluralidad de soluciones posibles. En un caso así, ¿qué experimentamos? Una incertidumbre, un malestar, una inquietud.[13] Buscamos entonces hacer cesar este estado, restablecer el equilibrio destruido. El pensamiento, por lo tanto, no está para contemplar lo que es. Por el contrario, todo lo que está terminado, plenamente realizado, adormece a la conciencia. Lejos de tener como función traducir lo que está definido y estabilizado, el pensamiento está destinado a provocar lo que no está, a conseguir lo que falta, a colmar un vacío. No está orientado hacia el pasado o ni siquiera hacia el presente. Se dirige por entero hacia el futuro; mira hacia adelante. Su función no es *especulativa* sino que es antes que nada *práctica*. Es una primera información del acto y un primer impulso a llevarlo a cabo, es el acto que comienza, que va tomando forma en el espíritu y en el entero ser. Aparece no para copiar a lo real, sino para cambiarlo.

Los racionalistas objetarán aquí que el pensamiento no hace más que agregarse a lo real, pero que no lo transforma. Alegarán que es exagerado pretender que la sola aparición de una idea ya implique un cambio en la misma realidad. Los pragmatistas responden que precisamente desde el momento en que aparece la idea lo real ha cambiado. Moore propone este

---

11 *Studies in Logical Theory*, pp. 3 y 44 y ss.

12 Cf. Dewey, *Studies in Logical Theory*, p. 1: "No hay dudas de que el pensamiento, al menos el reflexivo, en cuanto distinto al que a veces se denomina pensamiento constitutivo, es derivativo y secundario. Viene después de algo y surge por algo, y en vistas de algo... *We think about, we reflect over*" [en inglés en el original de Cuvillier].

13 Cf. Dewey, *Comment nous pensons*, trad. fr., pp. 25, 28, etc. [Dewey, *Cómo pensamos*, pp. 28 y 31].

ejemplo:[14] me duelen los dientes, la sola idea de que es un dolor de dientes, que el dolor debe venir de tal diente, etc., modifica la situación, dado que ya sabemos que es de ahí de donde viene el mal. La idea no está ahí para expresar al dolor; es un instrumento, una causa de que este cese, un comienzo de la situación contraria, quizás ínfimo, pero comienzo al fin.

De ahí que el lugar y el papel del pensamiento en el mundo aparezcan bajo una luz completamente diferente. Para el racionalismo, el espíritu está separado de lo real por una especie de abismo. El espíritu está sobre un borde y lo real sobre el otro; son dos mundos diferentes. El pragmatismo ve las cosas de modo totalmente diferente. Según él, la realidad y el pensamiento forman parte de un mismo proceso. Existe una continuidad perfecta en la serie: sensación-idea-acción. El dato engendra la sensación de malestar, ésta engendra la idea, la idea engendra la acción. Este proceso perfectamente continuo es el proceso mismo de la vida, y el pensamiento no podría separarse de él; es un órgano vital, como los demás. En lugar de estar por fuera o frente a las cosas, tiene su lugar entre ellas. Existe por lo tanto un parentesco estrecho entre el pensamiento y lo real: ambos son instrumentos que cooperan con la vida, lo que explica el término *instrumentalismo* por el cual la Escuela de Chicago diseña su propia interpretación del pragmatismo. Mientras que el empirismo de Hume todavía admitía dos planos distintos para lo real y para el espíritu, todo lo real se encuentra aquí ubicado en un mismo plano. El espíritu está en las cosas, y las cosas están en el espíritu. No existe solución de continuidad.

Por lo demás, esta idea no es exclusiva de Dewey. La encontramos también en James, bajo una forma quizás más nítida, en particular en su célebre artículo de 1904: "¿Existe la conciencia?".[15] Se sabe que allí critica al dualismo admitido generalmente entre la conciencia y las cosas, y que llega a fundir a la propia conciencia en la realidad, gracias a la noción de *experiencia pura*.[16]

---

14  *Pragmatism and its Critics*, cap. V, p. 92.

15  Cf. *supra*, Segunda Lección.

16  *Essays in Radical Empiricism*, pp. 4, 93-94 y 226; y todo el artículo "A World of Pure Experience", *ibid.*, p. 39 y ss.

# Séptima lección[1]

## El pensamiento y lo real
### (continuación)

Mientras que la mayoría de los teóricos se representan al pensamiento como un espejo en el cual se reflejarían las cosas, para los pragmatistas, por el contrario, el pensamiento se incorpora a las cosas. Es un órgano vital que sirve para restablecer el equilibrio en un organismo vivo cuyo funcionamiento se ha visto perturbado. Aún más que con los demás pragmatistas, con James el pensamiento no sólo forma parte del proceso único y continuo que parte de lo real bajo la forma de la sensación de malestar creado por esa perturbación, para regresar sobre lo real bajo la forma de una acción sobre él: además, entre la cosa y el pensamiento no existe más que una diferencia de aspecto y de punto de vista. Lo real está integrado al proceso activo de la conciencia.

La concepción corriente, de acuerdo a la cual nos representamos al sujeto por un lado y al objeto por la otra, y que admite entre ambos una heterogeneidad radical, ya le parecía insostenible a James en sus *Principles of Psychology*.[2] De ser así, afirmaba, la conciencia sería algo imposible. En

---

1    Clase del 27 de enero de 1914.

2    A decir verdad, James comienza en sus *Principles* (t. 1, cap. VIII, pp. 219-220 [*Principios de psicología*, Madrid, Jorro, 1909, pp. 237-238]) admitiendo el dualismo como una hipótesis necesaria para el psicólogo, aunque con reserva de los derechos del metafísico. Pero en los capítulos siguientes declara que es "una suposición perfectamente gratuita" creer que "un pensamiento, para conocer una cosa, debe distinguir expresamente entra la cosa y su propio yo" (t. 1, p. 274 [t. 1, p. 295]); se rebela contra la teoría según la cual las cualidades sensibles serían percibidas primero "en el espíritu" y sólo luego proyectadas hacia el exterior: "La primera sensación que un infante recibe es para él el Universo. Y el universo que luego llega a conocer es sencillamente una amplificación y una interpretación de este primer simple germen" (t. 2, p. 8 [t. 2, p. 9]). Finalmente, más adelante subraya que la realidad no tiene un contenido de conciencia distinguible: "El modo bajo el cual se combinan las ideas es una parte de la constitución interna del objeto o contenido del pensamiento" (t. 2, p. 286 [t. 2, p. 291]). En el capítulo final del *Textbook* de 1892, (p. 618 de la traducción francesa) reconocerá que "es difícil sostener sin modificaciones por mucho tiempo a este dualismo" según el cual "primero existe el universo, y luego sus estados de conciencia, que adquieren un conocimiento progresivo". Finalmente en su artículo "The Knowing of Things Together" publicado en la *Psychological Review* de marzo de 1895 (reproducido en parte en *El significado de la verdad*, cap. 2) afirmará abiertamente que las cosas no son más que las experiencias efectivas o posibles de nuestro espíritu o del de los demás.

efecto: 1° supongamos que dedujéramos de la conciencia todo aquello que le viene del exterior, ¿qué quedaría entonces? Un simple poder, una pura virtualidad, vacía de todo contenido –no muy distinto de lo que ocurre con la mónada de Leibniz, que al estar hecha de "percepciones", es decir de representaciones del mundo, no sería nada si se la vaciase de esas representaciones–; 2° existe toda una serie de atributos que no son ni objetivos ni subjetivos de forma exclusiva y que aplicamos tanto al pensamiento, a los estados de la conciencia, como a las cosas. Éstas pueden compararse, agregarse, sustraerse o disponerse en series distintas; son naturales y fáciles, o bien trabajosas. Se las considera "felices, intensas, interesantes, sabias, estúpidas, focales, marginales, insípidas, confusas, vagas, precisas, racionales, fortuitas, generales o particulares".[3] Nosotros atribuimos las cualidades que apreciamos a las cosas mismas, pero "la belleza, por ejemplo, ¿está en la estatua o en la sonata, o está en nuestro espíritu? Hablamos de una tormenta espantosa, de un hombre odioso, de una acción indigna, y creemos hablar objetivamente, a pesar de que esos términos no están en relación más que con nuestra propia sensibilidad objetiva".[4] ¿Cómo podríamos aplicar indistintamente estos epítetos a nuestros estados subjetivos y a los objetos exteriores si no existiera entre unos y otros algún parentesco de naturaleza?

A partir de Descartes se ha vuelto clásico definir al pensamiento como algo absolutamente no-extenso, y oponer el alma al cuerpo como lo no-extenso a lo extenso. Pero, objeta James,[5] ¿es cierto que no existe nada extenso en la conciencia? "¿Qué sentido puede tener esta proposición según la cual cuando pensamos una longitud de un pie o una yarda cuadrada la extensión no es atribuible a nuestro pensamiento? La imagen mental *adecuada* de cualquier objeto extenso debe tener toda la extensión del mismo objeto". La única diferencia entre la extensión objetiva y la extensión subjetiva radica en la relación con un contexto. La extensión subjetiva es más sutil, más elástica. Cada una de sus partes no está ligada a cada una de las demás por un lazo inflexible, mientras que en el mundo físico están ligadas unas con otras de manera estable.

Hay aquí en James una idea muy antigua que ya encontrábamos en sus *Principios de psicología*: todas nuestras sensaciones, sean cuales fueren, presentan, de forma más o menos acusada, algo de extenso. La imagen mental de un triángulo tiene algo del triángulo, por lo tanto algo extenso. Incluso las sensaciones del oído, del gusto, las sensaciones internas, tienen un carácter extenso.[6] La razón dialéctica que condujo a James a esta conclusión es

---

3   *Essays in Radical Empiricism*, p. 29.

4   *Op. cit.*, p. 217 y ss.

5   *Op. cit.*, p. 30.

6   *Principles of psychology*, t. 2, pp. 134-138 [*Principios de psicología*, t. 2, pp. 130-135].

que si el espacio no hubiera estado ya dentro de nuestras representaciones subjetivas, nunca hubiéramos podido construir la noción. La observación puede generalizarse. En la sensación de calor existe algo que corresponde al calor; una imagen muy viva puede provocar una sensación. Por lo tanto, es porque en la imagen existe algo de la misma naturaleza que en la sensación. La homogeneidad es todavía más grande si consideramos, como hemos visto más arriba, las propiedades que son objeto de apreciación. La percepción de una cosa bella es una percepción "bella". Existen así propiedades que recuerdan a las de los objetos. Ahora bien, si el objeto y el pensamiento fueran diferentes, sus aportes respectivos deberían ser discernibles y estas similitudes no se podrían explicar. Sujeto y objeto son por lo tanto una única y misma realidad, que de acuerdo a las circunstancias se presenta con contextos distintos. "A fin de cuentas, las cosas y los pensamientos no son en ningún punto profundamente heterogéneas, pues están hechos de un mismo tejido, tejido que no se puede definir como tal, sino solamente experimentar, y que se puede llamar, si se quiere, el tejido de la experiencia en general".[7] Esta conclusión explica la paradoja del título: "¿Existe la conciencia?".

Pasemos revista con James a los distintos tipos de conocimiento. En la *percepción sensible*, el objeto percibido y la representación que tenemos de él no se distinguen: "la realidad es la percepción misma".[8] Las cosas son aquello que nos representamos. Cuando afirmo: "los muros de esta sala", estas palabras no designan otra cosa que "esta blancura fresca y sonora que nos rodea, cortada por estas ventanas, bordeada por esas líneas y esos ángulos". Así, "lo físico aquí no tiene otro contenido que lo psíquico. El sujeto y el objeto se confunden". Las cosas no tienen una "vida secreta" distinta de sus apariencias. Si nos atenemos a su "vida pública", la que nos hace conocer el sentido común, comprenderemos que existe homogeneidad entre ellas y el pensamiento.

Sin embargo, en un sentido sí existe un cierto dualismo. Pero ¿dónde reside exactamente la diferencia? El dualismo puede convertirse en algo verificable y concreto si se hace de él "una cuestión de relaciones".[9] Un punto puede ser común a dos líneas si está situado en su intersección. Del mismo modo, un objeto puede estar situado en un mismo momento en dos puntos distintos de lo real. Está en cierta forma en la intersección de dos procesos que lo conectan respectivamente a dos grupos diferentes de relaciones. Forma parte de dos contextos, de dos sistemas asociativos que se recortan en una parte común.[10] En efecto, por un lado, en tanto pensamiento, en

---

7   *Essays in Radical Empiricism*, p. 233.

8   *Op. cit.*, p. 211; cf. *ibid.*, p. 11.

9   *Op. cit.*, p. 10.

10  *Op. cit.*, pp. 12-14 y 227-229; cf. *L'idée de vérité*, p. 42, nota. [*El significado de la verdad*, p. 57, nota].

tanto representación, el objeto es un elemento de mi biografía personal. Es el punto de llegada de una serie de sensaciones, de emociones, recuerdos y voliciones, y el punto de partida de una serie del todo similar de operaciones "internas" que se extienden en el futuro. Por otro lado, en tanto "cosa", el objeto es un elemento de una historia distinta, la de las operaciones físicas de las que es el producto.

Por ejemplo, la sala en la que nos encontramos forma parte de la historia de la casa; le debe su existencia a operaciones de arquitectura, de albañilería, carpintería, pintura, amoblamiento, etc.; se vincula a las demás partes del edificio. Hay allí un grupo de hechos y relaciones totalmente diferentes a los que constituyen mi biografía. Esta diferencia tiene una importancia *práctica*: la sala, en tanto "cosa", puede ser destruida por el fuego, por ejemplo; en tanto representación, no debe temer nada del fuego, basta por lo demás con cerrar los ojos para suprimirla. Así, "los atributos sujeto y objeto, representado y representante, cosa y pensamiento, significan una distinción práctica que es de la menor importancia, pero que es sólo de orden FUNCIONAL, y en absoluto ontológica como la representa el dualismo clásico".[11] Sólo existe una realidad percibida desde el punto de vista de dos grupos de experiencias distintos.

Lo que se ha dicho de la percepción sensible puede asimismo decirse de las imágenes, aun cuando estemos acostumbrados a oponer nuestras imágenes interiores a los objetos. En la imaginación del sueño o de la fantasía, lo físico y lo psíquico se confunden. Si sueño con una montaña de oro, esta montaña en mi sueño es de naturaleza absolutamente física.[12]

La misma conclusión se puede extender a los conceptos. En efecto, los conceptos son fragmentos de experiencia, forman un dominio coordinado al de las percepciones. Al igual que éstas, por lo tanto, entran por un lado en el contexto de los objetos y por otro en el de nuestros estados mentales y nuestra "historia interior".[13]

En resumen, en todas nuestras modalidades de conocimiento "subjetividad y objetividad son sólo atributos funcionales, que no se realizan más que después de que tuvo lugar la experiencia", pero cuya unidad permanece radical en la medida en que no se haya operado el desdoblamiento de los dos aspectos de esta experiencia correspondientes a ambos contextos distintos.[14] Aquí se presenta un problema: el de saber en qué consiste el contexto de la experiencia inicial, cuál es el tejido primero de la sede de la subjetividad. De acuerdo a James estas sedes primeras están constituidas por las sensaciones

---

11  *Op. cit.*, p. 233.

12  *Op. cit.*, pp. 213-216.

13  *Op. cit.*, pp. 15-16 [James, *¿Existe la "conciencia"?*, Santiago de Chile, Tácitas, 2017].

14  *Op. cit.*, pp. 22-23 [*ibid*].

internas: sensaciones musculares, respiratorias, etc. En ellos la ambigüedad entre lo interno y lo externo se encuentra hoy en día más marcada que en todos los demás. Pero en nuestras primeras sensaciones de movimiento "es el mundo entero el que se mueve con nosotros", algo que seguimos encontrando en ciertas ilusiones de movimiento o en los estados de vértigo.[15]

## UNIDAD DEL CONOCIMIENTO Y DE LA EXISTENCIA

El interés de estos desarrollos es el de señalar hasta qué punto los pragmatistas se preocupan por afirmar la unidad del plano de la existencia y el del conocimiento. El "pluralismo" pragmatista vuelve a desembocar aquí en un verdadero monismo: el sujeto y el objeto están hechos de la misma sustancia. Lo dado primordialmente no es ni el espíritu ni las cosas, es la "experiencia pura". Así desaparece aquello que a los ojos de los pragmatistas es el gran escándalo lógico de la filosofía clásica: la fosa que se ha cavado entre el pensamiento y la realidad.

Pero ¿en qué se convierte entonces el conocimiento? Ya no consiste en ese *salto mortale* que debía proyectar el espíritu en el mundo de las cosas. Hay una continuidad perfecta del pensamiento y lo real; al primero le basta con recorrer los grados intermedios que llevan imperceptiblemente al segundo para poder alcanzarlo. De este modo: 1° toda la doctrina descansa sobre la noción fundamental de esta continuidad; 2° ya hemos señalado que esta concepción es anterior a las tesis pragmatistas, particularmente en James: ya se la encuentra formulada en los *Principles of Psychology*; 3° para que el conocimiento sea posible, parece que debe existir cierto parentesco entre lo real y el pensamiento. En los idealistas el pensamiento es esencialmente el concepto, y es el concepto el que está en la base de lo real; para James sería más bien a la inversa: es lo real lo que está en la base del concepto. Ahí hay dos formas de una misma concepción.

Esta posición del pragmatismo exige una observación. Es un poco extraño ver al pragmatismo llegar a este resultado cuando había comenzado por postular al concepto como heterogéneo a lo real.[16] No es por lo demás la única contradicción que se puede detectar en la doctrina, y es lo que nos muestra lo que pueda tener de revisable. La objeción toma aún más relieve si se considera al conocimiento como siendo antes que nada un instrumento de acción; esta es precisamente la tesis del pragmatismo.

---

15  *Op. cit.*, pp. 219-220.

16  Ver la Quinta Lección y *Some Problems of Philosophy*, p. 81. Sin embargo, el editor de los *Essays in Radical Empiricism*, Ralph Barton Perry, señala (p. 16, n. 1) que ha habido de parte de James un "reconocimiento" de los conceptos como formando una "esfera coordinada" de la realidad ["*co-ordinated realm*" en el original].

Éste sostiene que no se puede considerar al conocimiento desde otro punto de vista. Si de golpe el mundo se encontrara paralizado, reducido a la inacción, ¿cómo se distinguiría entre la idea verdadera, la que favorece a la acción, y la idea falsa, aquella que obstaculiza o perturba a la acción? Lo que caracteriza al error, es el fracaso; el fracaso es la sanción del error. "Todas las sanciones de una ley de verdad radican en la textura misma de la experiencia. Absoluta o no, la verdad concreta, para nosotros, será siempre aquella manera de pensar en la que se combinen de la forma más provechosa nuestras diversas experiencias".[17] En efecto, toda acción apunta a un interés humano. Por lo tanto es también un interés humano al que apunta la idea verdadera. La verdad viene de este modo a incorporarse a los demás intereses vitales del hombre. Como dice Schiller,[18] el término *verdad* no es más que una "etiqueta de aprobación" que se le agrega decorativamente a nuestra experiencia para marcar su valor.

## UNIDAD DE LO VERDADERO Y DE LOS VALORES

Evaluemos las consecuencias de esta tesis. El bien moral, como lo verdadero, sirve a nuestros "intereses", a nuestros valores. De ahí en más ya no existe distinción entre lo verdadero y lo moral. Desaparece la oposición instituida por el kantismo entre realidad y moralidad. Lo verdadero y lo bueno no son más que dos aspectos distintos de lo útil y lo ventajoso. "Lo 'verdadero'… no es más que lo conveniente en relación con nuestro pensamiento, así como 'lo bueno' no es más que lo conveniente en relación con nuestro comportamiento".[19] Así, "la verdad es una especie de lo bueno".[20] Sólo existe un diferencia de grado y ya no de naturaleza entre los dos órdenes de valores (subrayemos que siempre encontramos la misma tendencia del pragmatismo a no admitir en ningún lado una solución de continuidad). Lo útil y el bien son valores. Por lo tanto todos los juicios, tanto los juicios de verdad como los demás, son según él juicios de valor. El valor lógico no es un valor aparte. No existe más que un único valor: lo útil, que sólo toma formas distintas de acuerdo a los casos particulares.

---

17  *L'idée de vérité*, p. 63 [*El significado de la verdad*, p. 73].

18  *Studies in Humanism*, p. 211: "a laudatory label" (trad. fr., p. 275).

19  *Le pragmatisme*, p. 203 [*Pragmatismo*, p. 184]

20  *Ibid*, p. 83 [*Pragmatismo*, p. 98; hemos tomado la cita de esta edición, más ajustada al original inglés ("…*truth is one species of good*") que la traducción empleada por Durkheim: "la vérite rentre dans le bien, ou la vérité est un bien d'une certaine sorte"]. Cf. Schiller, *Studies…*, ensayo V, § IV, p. 155 (trad. fr., p. 199): "*Verdadero y falso* son las formas intelectuales de *bueno y malo*".

# OCTAVA LECCIÓN[1]
# EL CONOCIMIENTO,
## INSTRUMENTO DE ACCIÓN

Recordemos algunas de las ideas indicadas anteriormente. Una vez postulada la conciencia con su función propia, podemos preguntarnos cómo es posible que un mismo objeto esté en el mismo momento tanto en mí como fuera de mí. Los pragmatistas responden que está en mí por su prolongación; pero esta prolongación sigue siendo ella misma. Así, algo del objeto está en mí.

Lo hemos visto para la *sensación*. El objeto en cierta forma irradia en mí; los efectos que produce están allí en el mismo momento y en el mismo espacio. Por otro lado, los objetos no son más que lo que nos representamos de ellos. Por consiguiente, en la sensación el objeto y sus prolongaciones internas se confunden.

Cuando se trata de la *imagen*, la diferencia entre el objeto y el estado interno parece más grande. La imagen del objeto está en nosotros, mientras que el objeto exterior ya no está presente. ¡Sin dudas!, dice el pragmatismo, pero entre ambos existe una serie de imágenes intermedias que restablece la continuidad. El lazo entre el interior y el exterior no está roto, está hecho de gradaciones imperceptibles. Esto es lo que explica que James diga que los objetos exteriores se confunden con las representaciones que tenemos de ellos.

Esto nos ayudará a comprender otros aspectos de la doctrina pragmatista. De acuerdo a ella la idea no tiene otro papel que el de guiar nuestra acción. Tenemos derecho a preguntarnos: ¿cómo es que puede hacerlo, si no es de ningún modo una copia de lo real? Para la *sensación*, la cuestión casi no se plantea. Lo repetimos: para todos los representantes del pragmatismo la *sensación* se confunde con la cosa percibida. Aquí el sujeto se confunde con el objeto. En el fondo, para ellos el verdadero conocimiento residiría en esta *fusión* del objeto con el objeto: "La máxima verdad concebible en una idea sería, al parecer, que nos llevase a una verdadera fusión de nosotros mismos con el objeto, a una confluencia recíproca y a una identificación completa...

---

1 Clase del 3 de febrero de 1914.

el límite absoluto de la verdad sería una *confluencia total de la mente con la realidad*", escribe James.[2] Incluso podríamos preguntarnos si para los pragmatistas puede haber una verdad propiamente dicha; habría que hablar más bien de *identidad* entre el sujeto y el objeto, hasta el punto de que ya no parecería dejar lugar para el error.

Para la *imagen*, la fusión misma ya no es posible. Existe por lo tanto una distancia entre los dos términos. Pero como hemos visto, esta distancia no es un vacío. La imagen, cuando es verdadera, despierta imágenes conexas que están en relación con ella; y remontando esta serie de imágenes nos encontramos con el objeto. Es allí donde comienza, bajo su forma más simple, el dominio de la verdad.

Su verdadero dominio, sin embargo, es el *concepto*. El concepto, dice James, es heterogéneo al objeto y desnaturaliza las cosas. ¿Cómo puede entonces jugar un papel práctico y útil? De acuerdo a James, el concepto es la idea general; un postulado discutible, ya que si toda idea general es un concepto, de esto no se sigue necesariamente que allí se encuentre *todo* el concepto.[3] Admitámoslo, de todos modos. Cada concepto representa una categoría especial: las cosas presentan similitudes y "parecen haber sido creadas de una vez y para siempre en tipos".[4] Señalemos al pasar que no deja de llamar la atención lo que James supone aquí: si, como sostiene, los conceptos no son adecuados a lo real, ¿cómo se puede encontrar en lo real algo que corresponda a las categorías que ellos representan?

---

2　*L'idée de vérité*, p. 136 [*El significado de la verdad*, p. 133]. Cf. *ibid.*, p. 111 [*Significado de la verdad*, p. 113]: "En la medida en que permanecemos en el estadio [del sentido común del pensamiento], el objeto y el sujeto se funden en el hecho de su propia 'presentación' o en la percepción sensible [*sense-perception*]". Esta concepción es muy evidente en el capítulo de James sobre Bergson (*Philosophie de l'expérience*, 6ta. Lección, particularmente pp. 240, 250-254, etc.). Cf. también la muy antigua distinción de James entre *knowledge about* o conocimiento indirecto y *knowledge of acquaintance*, o conocimiento directo (*Principles of Psychology*, t. 1, p. 221 [*Principios de psicología*, Madrid, Jorro, 1909, t. 1, p. 238; allí se traducen ambos términos como "conocimiento sobre" y "conocimiento de trato", respectivamente]; *Volonté de croire*, p. 105 [*La voluntad de creer y otros ensayos de filosofía popular*, Barcelona, Marbot, 2009, pp. 126-127], *Idée de vérité*, pp. 9-10 y 90 [*El significado de la verdad*, pp. 30-31 y 96]; *Essays in Radical Empiricism*, p. 54, etc.) y las frecuentes alusiones de James a la "filosofía de la identidad" de los idealistas, a la que rechaza pero por la que parece experimentar cierta atracción (*Pragmatisme*, p. 297; *Idée de vérité*, pp. 134, 197, 202, etc.).

3　Se comprenderá esta reserva de Durkheim remitiéndonos a las *Formas elementales de la vida religiosa* (p. 20 y ss, y sobre todo p. 442 y ss.), donde Durkheim se esfuerza por mostrar que el concepto no es únicamente la idea general sino una representación sui generis que se opone a lo empírico como lo social se opone a lo individual. Cf. además, más adelante, el Segundo Apéndice.

4　*Philosophie de l'expérience*, p. 208 [*Un universo pluralista*, p. 136; en la versión francesa empleada por Durkheim, se traduce "*kind*" (aquí: "tipo") por "*catégorie*"]; cf. *Le pragmatisme*, p. 191 [*Pragmatismo*, p. 175].

## EL CONCEPTO Y LA ACCIÓN

Sea como sea, los géneros existen; pero estos géneros están conectados; existen entre ellos relaciones determinadas. Los conceptos que los expresan, por lo tanto, están también conectados; se integran en un sistema de relaciones. Así, el proceso que nos asegura la verdad del concepto es el mismo que nos asegura la verdad de las imágenes. Verificamos el concepto tal como verificamos la imagen, vinculándola con un conjunto. "La verdad es en este sentido una relación, no de nuestras ideas con realidades no humanas, sino de las partes conceptuales de nuestra experiencia con las partes sensibles de la misma".[5] Pero la diferencia es la siguiente. Por un lado, la sensación y la imagen son particulares; por lo tanto, no abarcan más que una parte muy pequeña de la realidad. Por otro lado, la sensación no nos permite ir rápido, ya que, por el contrario, traduce la multiplicidad de las cualidades de todo tipo que posee el objeto al cual se liga. Hace así más lenta la marcha de nuestro pensamiento y de nuestra acción; no nos permite distinguir entre lo que nos interesa en un caso dado y lo que le es indiferente. El concepto presenta rasgos totalmente opuestos; siendo universal, cada concepto encierra, reunidos en un pequeño volumen, por así decir, a una multitud de casos particulares. Es así como el geómetra que tiene enfrente a una figura definida sabe perfectamente que sus razonamientos se aplican a innumerables figuras de la misma especie.[6] Además, los conceptos son "atajos": nos "permiten transiciones inconcebiblemente rápidas", y "gracias al carácter 'universal' que a menudo poseen, así como a su capacidad de asociarse entre ellos para formar grandes sistemas, superan las lentas realizaciones de las cosas mismas y nos llevan hasta el término final de un modo mucho más rápido y económico que cualquier camino de experiencias sensibles".[7] James señala que para jugar ese papel el concepto no necesita ser la *copia* del objeto, es suficiente que sea un signo que corresponda a tal objeto. La palabra que lo designa basta para desencadenar todo el proceso necesario y orientar de este modo nuestra acción, porque posee relaciones y conexiones

---

5    *L'idée de vérité*, n. 70 [*El significado de la verdad*, p. 79].

6    *Principles of psychology*, t. I, p. 472 [*Principios de psicología*, t. 1, p. 508].

7    *L'idée de vérité*, p. 98 [*Significado de la verdad*, p. 102]. Cf. *ibid.*, p. 145 y *Some Problems of Philosophy*, cap. IV: "The Import of Concepts", p. 64: "Si no tuviéramos conceptos viviríamos simplemente 'prendiendo' ["*atrappant*" en el original] cada momento sucesivo de nuestra experiencia, como en el mar la anémona sesil recibe sobre la roca los alimentos que las olas quieran arrojarle. Con los conceptos, en cambio, podemos salir a la caza de lo ausente, alcanzar lo remoto, doblar este u otro camino, torcer nuestra experiencia y hacerle confesar a dónde nos lleva" [*Problemas de la filosofía*, Tucumán, Yerba Buena, 1944].

dinámicas, al menos virtuales. Una interpretación que recuerda al "esquema dinámico" de Bergson.[8]

En resumen, el papel del conocimiento es el de poner más rápidamente a nuestro alcance los objetos que nos son necesarios. La virtud del concepto es la de abreviar las acciones indispensables para nuestra existencia. Las ideas valen en tanto nos permitan, como dice James, "deambular" a través de las relaciones entre las cosas. "Afirmo que conocemos un objeto por medio de una idea toda vez que deambulamos en la dirección del objeto bajo el impulso que nos comunica la idea". Y James opone a menudo este carácter *ambulatorio* del pensamiento al carácter *saltatorio* que supone la concepción discontinuista del universo.[9]

Por otro lado, la facultad conceptual así entendida no se le aparecía a James como algo despreciable en absoluto, sino por el contrario como una verdadera maravilla que nos permite dominar el espacio y el tiempo. "Con nuestra facultad de abstraer y fijar conceptos estamos allí en un segundo, casi como controlásemos una cuarta dimensión, salteándonos los intermediarios como por un divino poder alado, y llegando al punto exacto que queremos sin enredos con ningún contexto".[10] De este modo, la sensación tiene su papel, y el concepto tiene otro. La sensación está limitada, y por otro lado, no nos permite enfrentar las exigencias de la vida, que nos obligan a ir de prisa; el concepto, que tiene antes que nada un papel práctico,[11] colma ambas lagunas. Pero la sensación nos ofrece en profundidad lo que nos hace perder en extensión.[12]

Sin embargo, sigue existiendo el problema de saber cómo puede el concepto permitirnos adaptarnos a lo real, siendo que está tan alejado de él, como lo sostiene James. ¿No habría allí un regreso parcial al racionalismo? Para los pragmatistas el concepto es la idea de una realidad, de algo que efectivamente existe, como James insiste a menudo.[13] El mundo de las ideas abstractas es también real, del mismo modo que el de los hechos sensibles. Cada concepto representa según su medida una parte de la experiencia pasada, y por lo tanto

---

8    Bergson desarrolló su teoría del "esquema dinámico" en su artículo sobre el "esfuerzo intelectual" de la *Revue philosophique* de enero de 1902 (reproducido en *La energía espiritual*, cap. VI).

9    En particular: *Idée de vérité*, p. XII, pp. 121-124, pp. 216-218 [*El significado de la verdad*, pp. 17, 120-123, 202-204]; *Essays in Radical Empiricism*, p. 67, etc.

10   *Philosophie de l'expérience*, p. 237 [*Un universo pluralista*, p. 154].

11   Ver más arriba, la Quinta Lección, sección "Lagunas de esta crítica".

12   Es la diferencia ya indicada más arriba (Octava Lección, n. 2) entre *knowledge of acquaintance* y *knowledge about*.

13   *Le pragmatisme*, p. 124, p. 241, etc. [*Pragmatismo*, p. 127, p. 211]; *Essays...*, p. 17 y ss.

de una experiencia bien fundada, y de este modo el proceso conceptual nos conduce nuevamente a un *dato*.

No obstante, esto sólo podría verse como un regreso al racionalismo si el pragmatismo admitiera que el pensamiento, una vez en presencia de una de estas series, nos hiciera verdaderamente captar algo en la realidad. Pero para él el estado inicial al que nos conduce el conocimiento es mucho menos la representación de una cosa o de una realidad que un plan de acción, la representación de un *acto* a cumplir. En el origen del proceso de conocimiento la idea que se trata de verificar es la idea de algo a *hacer*, y lo que se encuentra al término de este proceso no es ya la contemplación del objeto finalmente reencontrado (como en el racionalismo) sino siempre una *acción*. La verificación consiste en ver si el acto será *exitoso*, si producirá los efectos esperados. La idea verdadera tiene como función mucho menos el encaminarnos al objeto como tal que la de *ponernos en relación* con él, disponernos frente a él del modo conveniente. "Funcionalmente considerada, la idea es un instrumento que nos permite *relacionarnos* mejor con el objeto y emprender acciones a propósito de él".[14] "En suma… 'conocer' podría ser sólo una forma de establecer relaciones provechosas [*fruitful*] con la realidad, esté o no la copia entre dichas relaciones".[15]

## La satisfacción

Pero ¿cómo saber que el acto final al que nos conduce la idea es el que nos conviene? James responde: por *la satisfacción que experimentamos*. Esta satisfacción es el signo de la verdad. "La verdad, considerada de modo concreto, es un atributo de nuestras creencias, y… nuestras creencias son actitudes derivadas de satisfacciones".[16]

De este modo, el criterio de la idea verdadera es doble. "Es necesario, por empezar, que la idea nos oriente y nos guíe hacia *tal* realidad y no hacia otra.

---

14  *L'idée de vérité*, p. 123 ["The idea is thus, when functionally considered, an instrument for enabling us the better *have to do* with the object and to act about it", *Meaning of truth*, pp. 140-141].

15  *Op. cit.*, p. 69 [*El significado de la verdad*, p. 78]

16  *Op. cit.*, p. 173 [*El significado de la verdad*, p. 164]. Cf. también *Pragmatisme*, pp. 199, 280 y ss. [*Pragmatismo*, p. 181 (el "Apéndice" al que corresponde la segunda referencia no forma parte de esta edición)]; *Studies in Radical Empiricism*, p. 247, etc. También Schiller (*Studies in Humanism*, p. 83; trad. fr., p. 106): "Si no tiene lugar una sensación de satisfacción en los procesos cognitivos, la obtención de la verdad no sería sentida como provista de valor. En realidad, tales satisfacciones sobrevienen a cada paso del razonamiento". Cf. finalmente A.-W. Moore discutiendo a Royce en Dewey, *Studies in Logical Theory*, pp. 361-372.

Luego, es necesario que la orientación indicada y la dirección proporcionada nos den alguna satisfacción por sus resultados".[17]

Aquí se presenta por sí misma una objeción. Hacer de la "satisfacción" uno de los criterios de la verdad, ¿no sería caer en el subjetivismo? En sí, toda satisfacción no es más que una condición subjetiva. Por lo tanto, el pragmatismo está obligado a concluir que la verdad no es nada fuera del sujeto, y que en consecuencia éste puede moldearla a su gusto.[18] Por tal motivo un pragmatista como John Dewey[19] se ha separado en este punto de James, rechazando enérgicamente admitir que una satisfacción, cualquiera que fuese, engendrada por la idea, sea un criterio suficiente para la verdad. James respondió que la satisfacción de la que se trata –que por lo demás sólo sería uno de los criterios de la verdad– no es una satisfacción cualquiera.[20] Se necesita que el resultado no sólo sea el que corresponde a la representación anticipada que tenemos, sino sobre todo el que conviene a la situación.

A pesar de esto, señalemos que tal criterio es incierto. La idea inicial puede ser falsa, y la satisfacción sin embargo obtenerse. Por ejemplo, supongamos que se hubiera persuadido a una persona de espíritu tosco que una enfermedad física que le afecta se debe a espíritus malignos que se le introdujeron en el cuerpo (una situación, por lo demás, frecuente en las sociedades primitivas). Se le hace ingerir una sustancia muy desagradable pero de la que se le asegura que hará salir a los espíritus que lo atormentan. Lo cree, y se cura. El resultado es efectivamente el que se descontaba; es incluso el que "conviene". Pero la idea no deja de ser falsa.

---

17  *Le pragmatisme*, p. 28; *L'idée de vérité*, p. 166 [*Significado de la verdad*, p. 158].

18  El mismo James expone esta objeción, *op. cit.*, pp. 280 y 165.

19  En su artículo "What Pragmatisms Means by Practical", en el *Journal of Philosophy* del 13 de febrero de 1908, pp. 85-99 (reproducido en sus *Essays in Experimental Logic*, cap. XII).

20  Cf. *Le pragmatisme*, pp. 282 y ss.; *L'idée de vérité*, pp. 167 y ss. [*Significado de la verdad*, pp. 159 y ss.].

# Novena lección[1]
## Los criterios pragmatistas de la verdad

Comencemos por recordar los principios pragmatistas. El resultado por el cual se define la verdad no es un resultado cualquiera: debe ser un resultado útil. Sabemos qué es lo que debemos entender por ello. En el origen de todo proceso de conocimiento existe una *perturbación* que altera a un organismo; de lo que se trata es de hacer cesar tal perturbación, de restablecer un *equilibrio*, calmando así un sufrimiento, poniendo fin a un dolor, etc. Lo que importa no es tanto saber si el equilibrio obtenido es el que tenemos en el pensamiento, sino asegurarnos que es el que *nos conviene*. Pero ¿de qué medio disponemos para asegurarnos? Del sentimiento de satisfacción, el cual para los pragmatistas es un signo tan indispensable que el mismo Dewey –quien, como hemos visto, rechazó hacer de él un criterio de verdad propiamente dicho– se ha sentido sin embargo obligado a reconocerle un cierto valor. En efecto, dados los principios pragmatistas es imposible descartar este elemento de satisfacción. En el fondo, esta es precisamente la necesidad esencial entre todas las que la idea debe satisfacer. James dice que la idea verdadera es la que "nos ayuda a tratar, de manera práctica o intelectual, con la realidad o con lo que a ella se refiere… que no complique nuestro progreso con fracasos… que de hecho cuadre, que adapte nuestra vida al contexto global de la realidad".[2]

## La satisfacción de las necesidades intelectuales

James se esfuerza por hacerle un lugar a otras necesidades que las meramente "prácticas" en el sentido pedestre del término, en particular a satisfacciones de orden *especulativo*. Le desagrada visiblemente que el racionalismo parezca tener sobre el pragmatismo la ventaja de ser el único en explicar ciertas necesidades del espíritu humano, y se empeña en mostrar

---

1    Clase del 10 de febrero de 1914.

2    *Le pragmatisme*, p. 195 [*Pragmatismo*, p. 178].

que el pragmatismo también rinde cuenta de ellas. Es cierto, nos dice, que tenemos la necesidad de "estar de acuerdo" con las cosas. Pero nuestro espíritu también es real. Es comparable a un organismo vivo y tiene las mismas necesidades que cualquier otro organismo; cuando este organismo funciona mal, sufrimos. Es por ello que experimentamos también la necesidad de estar *de acuerdo con nosotros mismos*. "Vemos que es satisfactorio tener *un pensamiento coherente*; un pensamiento en el que la idea actual esté de acuerdo con el resto de nuestro bagaje intelectual, incluyendo el entero dominio de nuestras sensaciones, incluyendo también el de nuestras intuiciones de semejanzas y diferencias, incluyendo finalmente toda nuestra reserva de verdades adquiridas precedentemente".[3] Cuando una idea nueva nace en nuestro espíritu, cuando un hecho nuevo se produce y lo impresiona, rompen la armonía del organismo mental si no están en relación con lo que allí ya existía. Por lo tanto, no basta con que la idea nueva esté en "acuerdo" con las cosas; aún es necesario que armonice con las otras representaciones preexistentes que forman parte de nuestra vida mental. En efecto, las ideas que ya se encuentran en nuestro espíritu corresponden a los modos de reacción que nos son habituales. Pero si se han vuelto habituales es porque son los que convenían, y las ideas que los desencadenan se han fijado en el espíritu con la misma fuerza que estas mismas reacciones. La idea nueva debe por lo tanto conformarse a las ideas ya presentes en el espíritu. No es plenamente *verdadera* más que si se concilia con aquellas. Por lo tanto el acuerdo con las cosas exteriores no es la única condición de la verdad; se deben considerar asimismo las repercusiones internas.

## Verificación y verificabilidad

En los dos casos anteriores el "acuerdo" del que se trata es un acuerdo *práctico*. Las ideas se verifican por "los actos que provocan de nuestra parte". Es por esos actos, al igual que "por las demás ideas que provocan", que estas ideas "nos guían hasta o hacia otros sectores de la experiencia con los cuales sentimos que concuerdan las ideas originales –sentimiento que se halla al alcance de nuestras posibilidades–. Las conexiones y transiciones nos llegan punto por punto, de modo progresivo, armonioso, satisfactorio".[4]

Se va precisando así cada vez más la *concepción pragmatista de la verdad*. La verdad nunca es una fría copia de la realidad: es algo vivo, que tiene por función acrecentar y enriquecer nuestro ser. La idea verdadera nos

---

3   *Le pragmatisme*, p. 282; *L'idée de vérité*, p. 167 [*Significado de la verdad*, p. 159].

4   *Le pragmatisme*, pp. 185-186 [*Pragmatismo*, p. 171].

permite movernos con comodidad a través de las cosas; al mismo tiempo que se vuelve más cómoda, la acción se vuelve también más segura. La idea verdadera nos aporta así una paz tanto interior como exterior; es un estado comparable a la salud, al bienestar, a la riqueza, a la felicidad.

Pero todo esto: salud, riqueza, felicidad, lo hacemos nosotros; por lo tanto, ocurre lo mismo con la verdad. James dice que la verdad es algo que se *hace*, algo cuyo papel es el de ayudarnos a vivir, facilitarnos a la vez nuestra acción y nuestro pensamiento, y cuyo devenir se realiza a medida que nuestra vida se desarrolla.[5] En un sentido, *somos nosotros quienes la hacemos*; lejos de ser un carácter esencialmente inmanente a la idea, necesita de nuestro concurso. La idea sólo es verdadera, sólo *deviene* verdadera, cuando nos servimos de ella, cuando la hemos probado y experimentado, cuando nos ha permitido conciliar las verdades más antiguas con las nuevas. La verdad es por lo tanto algo que "acontece a una idea", y que resulta de un *trabajo* por el cual se convierte en verdadera. La palabra "verdad" no designa otra cosa que esta función que consiste en "casar las partes previas de la experiencia con otras más nuevas".[6]

De este modo, *verdad* y *verificación* son términos sinónimos. "Para nosotros la verdad simplemente es un nombre colectivo para los procesos de verificación, igual que la salud, la riqueza, la fuerza, etc., son nombres para otros procesos conectados con la vida".[7] A lo sumo se podría distinguir un sentido abstracto o lógico de acuerdo al cual la verdad ya no sería esos mismos procesos sino *el producto* de tales verificaciones.

Aquí James tiene en cuenta una posible objeción: ¿no hay ideas verdaderas fuera de las que verificamos? Sin embargo, creemos que existe un país llamado Japón, aunque nunca hayamos ido; es una idea verdadera, y sin embargo jamás la hemos verificado. James responde que tales ideas, aún si no están actualmente verificadas, son sin embargo *verificables*. "En estos casos, la verdad [no consiste] más que en una posible verificación".[8]

El pragmatista, dice, es el primero en reconocer la utilidad práctica de este procedimiento que consiste en sustituir la verificación por la *verificabilidad*, que es la verdad "en potencia".[9] Por lo demás, existen ideas en las que confiamos porque tenemos fe en la experiencia de los demás. "En su mayor parte, la verdad vive realmente de un sistema de crédito... Ustedes aceptan mi verificación de una cosa, y yo acepto su verificación de otra.

---

5  *Op. cit.*, pp. 185, 219, etc.

6  *Op. cit.*, pp. 73, 290, etc. [*Pragmatismo*, p. 91].

7  *Op. cit.*, p. 200; cf. *ibid*, pp. 185, 189 [*Pragmatismo*, pp. 181-182, 166, 170]; *Volonté de croire*, pp. 115-116 [*La voluntad de creer*, pp. 136-137].

8  *Op. cit.*, pp. 189 y 201 [*Pragmatismo*, pp. 173 y 182].

9  *Op. cit.*, p. 291, o *Idée de vérité*, p. 79 [*El significado de la verdad*, p. 86].

Comerciamos con nuestras respectivas verdades, pero las creencias verificadas concretamente por alguien son los pies de toda la superestructura".[10]

James sostiene que la verdad implica un cierto acuerdo con lo real, con la única diferencia de que mientras que para el racionalismo este acuerdo es meramente teórico, para el pragmatismo es esencialmente práctico. Pero a menos que supongamos que tal acuerdo es el resultado de un azar inexplicable, o bien la obra misteriosa de una providencia trascendente, es necesario que este real sea plástico para ser capaz de satisfacer nuestras necesidades, para que pueda adaptarse a ellas. De allí esta noción de un real que, él también, *se hace*, que es en parte obra nuestra, como ya hemos visto.[11]

## NECESIDAD Y LIBERTAD

En suma, existe en el universo del Pragmatismo una corriente doble: una corriente de necesidad, de determinación, y una corriente de libertad, de indeterminación. La necesidad deriva a la vez: 1° del orden de las sensaciones y las percepciones, tanto interno como externo; 2° de la masa de las verdades ya adquiridas. Atrapado entre estos dos términos, nuestro espíritu no puede pensar lo que le plazca. James insiste en la idea de que nuestras abstracciones se nos imponen tanto como nuestras sensaciones: "Podemos jugar a lo loco y a la ligera con esas relaciones abstractas tan poco como podemos hacerlo con las experiencias sensoriales. Nos constriñen y estamos obligados a tratarlas de forma consecuente, nos gusten o no los resultados".[12] Pero paralelamente a esta corriente de determinación, existe una corriente de indeterminación (y que para los pragmatistas no es la menos importante). Lo que atenúa la doble necesidad en cuestión y lo que hace que seamos en definitiva más libres de lo que creemos, es que la realidad, como la verdad,[13] es en buena medida un *producto humano*. El mundo es "un caos" en el cual el espíritu humano "talla"[14] objetos que ha dispuesto, colocado y organizado

---

10   *Op. cit.*, pp. 190-191 [*Pragmatismo*, p. 175].

11   Ver la Cuarta Lección; y cf. en el mismo sentido Schiller, *Studies in humanism*, ensayos V, VII y XIX, particularmente las pp. 425-426 (trad. fr., pp. 542-543): "Realmente *transformamos* [a nuestras realidades] por nuestros esfuerzos cognitivos... Este es un resultado de inmensa importancia filosófica. Ya que sistemáticamente cierra el camino a la noción persistente pero ilusoria de que 'verdad' y 'realidad' existen de algún modo separadas entre sí, y separadas de nosotros... La 'realidad' es la realidad para nosotros y conocida por nosotros, así como la 'verdad' es la verdad para nosotros".

12   *Le pragmatisme*, p. 193 [*Pragmatismo*, p. 177].

13   *Op. cit.*, p. 201 [*Pragmatismo*, p. 182].

14   [*N. del t.*: "*découpe*" en la versión francesa, "*carve out*", en el original de James; seguimos la traducción de Alianza].

en categorías. Espacio, tiempo, causalidad: todas estas categorías vienen de nosotros; somos nosotros los que las hemos creado para responder a las necesidades de la vida práctica.[15] De este modo el mundo tal como es en realidad es tal como lo hemos construido. La sensación pura no existe: no toma consistencia más que por la forma que le damos.

Es cierto que existe en la base un primer *substratum*, un primer "caos", que se obtendría si se despojara al universo de todas las adiciones sucesivas aportadas por nuestro pensamiento, si se pudiera representar al mundo sin el hombre. Pero sólo podemos tender hacia él, sin poder nunca alcanzarlo. Este sustrato, despojado de todas las cualidades y categorías que provienen del espíritu humano, sería una pura ὕλη [*hylé*], una materia primigenia sin forma,[16] mientras que a ojos de los pragmatistas, por el contrario, el universo real tiene por carácter primordial el ser *plástico*,[17] es decir, el de prestarse a todas las formas que le confieren el pensamiento y la acción humanas. Nos reencontramos aquí con la concepción pluralista: *el universo es maleable*, se presenta a nosotros no bajo una figura única sino bajo formas distintas de acuerdo al modo en el que queramos actuar sobre él.

---

15  *Op. cit.*, pp. 160-172 [*Pragmatismo*, pp. 152-161].

16  James, *Volonté de croire*, trad. fr., p. 137 [*La voluntad de creer*, p. 160]; *Le pragmatisme*, pp. 220 y 225 [*Pragmatismo*, pp. 196 y 200]; Schiller, *Personal Idealism*, p. 60; *Studies in Humanism*, p. 433 (trad. fr., p. 552).

17  Esta idea ha sido desarrollada sobre todo por Schiller; véanse sus *Studies...* p. 427 (trad. fr., p. 545) y 444-445 (trad., pp. 568-569). En *Axioms as Postulats* (1902), § 6, ya sostenía que es nuestro espíritu quien le otorga a esta materia informe la forma armoniosa de un cosmos.

# Décima lección[1]

## Construcción de lo real y construcción de lo verdadero

De acuerdo al Pragmatismo, la realidad es obra nuestra. Somos los "autores auténticos de la realidad", dice Schiller;[2] no es que seamos sus "creadores", en el sentido absoluto del término, que produzcamos la realidad de la nada, sino que "cooperamos" a hacerla. Además, también "hacemos" al mundo por nuestras acciones; en particular nuestras instituciones modifican el mundo por venir. Construimos, "hacemos" al mundo para nuestra propia comodidad, así como la verdad es, también, un producto humano, cuyos fines son igualmente fines prácticos. Construcción de la verdad y construcción de la realidad no son más que un mismo y único proceso. "Lo que juzgamos como verdadero, lo consideramos como real y lo aceptamos como un hecho… Es en esta construcción cognitiva de la experiencia donde la verdad y la realidad se desarrollan ambas *pari passsu*".[3] Al crear verdades, creamos igualmente realidades: "Somos creativos tanto en nuestra vida cognitiva como en la práctica", dice James.[4]

Esta identificación del proceso *lógico* (el del pensamiento) y el proceso *activo* (el que "crea" lo real) conlleva sin embargo una grave dificultad para el Pragmatismo. El mundo, lo real, nos dice, está construido por el pensamiento del hombre. Muy bien, pero para poder decir que ambos procesos son uno solo también habría que poder decir que esta construcción de lo real es verdadera por el sólo hecho de que existe. Pero tal afirmación está desprovista de sentido. Esta construcción es un hecho, *es*. Decir que es *verdadera* supone un problema muy distinto. Percibir o construir la realidad no implica necesariamente que tal percepción o tal construcción no sean ilusorias. Dicho de otro modo: una cosa es organizar nuestras sensaciones y otra cosa es interrogarse acerca del *valor lógico* de esta organización, y es a nosotros

---

1     Clase del 17 de febrero de 1914.

2     "Genuine makers of reality", *Studies…*, p. 446 (trad. fr., p. 569).

3     Schiller, *Studies in Humanism*, ensayo XIX §2, p. 426 (trad. fr., p. 643).

4     *Le pragmatisme*, p. 232 [*Pragmatismo*, p. 205; la traducción francesa emplea "*créateurs*" ("creadores") en lugar de "*creative*"].

a quienes corresponde plantearnos este problema. El pragmatismo se limita a decirnos que ambas construcciones, la de lo real y la de lo verdadero, se operan en vista a un fin práctico. Pero no parece haber llegado a distinguir entre ambas cuestiones.

## La interpretación de Dewey

Sin embargo, Dewey percibió esta dificultad e intentó escapar a la confusión de estos dos problemas. De acuerdo a él, el único mundo que cuenta para nosotros es el mundo tal y como es calificado y valorado por el hombre. Somos nosotros los que le atribuimos los valores que tiene para nosotros. Ponemos en relieve las cosas que nos interesan, y dejamos de lado a las otras. El mundo está constituido por un sistema de valores que le hemos dado a las cosas, y éstas se convierten así en los factores que dirigen nuestra conducta y nuestro pensamiento. Por el hecho de estar implicados en tal o cual medio, tomamos las cosas en tal o cual sentido. Pero esta constitución de *cualidades* y *valores*, agrega Dewey, no es en absoluto un acto reflexionado o voluntario. Es la experiencia *pura* la que nos advierte, antes que toda reflexión, que los objetos se reparten en ciertos grupos, que tienen ciertas cualidades. Es la conciencia la que nos da el valor inmediato de los objetos; existen "valores empíricos de la vida no-reflexiva [*unreflective life*]".[5] Por el contrario, la *verdad* es obra del pensamiento reflexivo, el cual, como se sabe,[6] no interviene sino cuando el sistema de valores se ve perturbado. En este nivel ya no es más la naturaleza misma del mundo la que dicta nuestra conducta, es el pensamiento reflexivo.

Sin embargo, este intento de mantener la distinción entre los dos órdenes de lo real y lo verdadero, por más ingenioso que sea, es muy poco defendible. Por empezar, hay un postulado en Dewey según el cual sólo existe conocimiento propiamente dicho, y por lo tanto *verdad*, cuando ha existido de antemano una *ruptura del equilibrio*, y por consiguiente *duda*. Si no intervino esta duda, no puede haber verdad. Pero un postulado de este tipo es muy difícil de admitir: 1° existen proposiciones que para nosotros son verdades aun cuando nunca las hayamos puesto en duda, o hayamos dejado de hacerlo desde hace mucho tiempo, como por ejemplo que 2 y 2 son 4; 2° la diferencia entre conciencia instintiva y conciencia reflexiva, al

---

5	Dewey, *Studies in Logical Theory*, pp. 9, 41-42, etc.; *Essays in Experimental Logic*, pp. 17-18; cf. también *Experience and Nature* (1925), pp. 31 y ss.

6	Cf. *supra*, la Sexta Lección, § "El pensamiento y lo real".

menos tal como la concibe el pragmatismo,[7] no es tan grande como para justificar la diferencia que establece Dewey entre apercepción de la realidad y construcción de la verdad. Sin dudas, ambas nos ayudan a vivir mejor; pero mientras que una ordena y organiza lo real, la otra lo *reorganiza* sobre bases nuevas. Esto parecería ser sólo un matiz, pero es capital. Ahora bien, la propia conciencia instintiva no ignora estos ordenamientos y reorganizaciones. Cuando el equilibrio es roto el mismo animal busca, tantea, intenta otros movimientos apropiados a la situación. La duda y la incertidumbre, por lo tanto, no son privilegios del pensamiento reflexivo. Por consiguiente, no alcanzan para diferenciar nuestra construcción de lo real y nuestro examen del valor lógico de esta construcción.

Quizás sería mejor buscar por el lado del elemento *satisfacción*, al cual el pragmatismo le otorga un lugar tan grande. Por lo demás, en la medida en que insiste sobre este elemento el pragmatismo cambia de nombre y se denomina *humanismo*, nombre que como se sabe le fue dado por Schiller. El humanismo consiste en afirmar que el factor individual es un elemento esencial de la construcción de la verdad. "No puede nacer ningún juicio, incluso en el mundo del pensamiento, si una mente individual no se viera impulsada a afirmarlo en alguna ocasión conveniente por todos sus contenidos psíquicos y su historia, y a arriesgar su fortuna en esta afirmación personal… El juicio, por lo tanto, presupone una mente, un motivo y un propósito".[8] En la búsqueda de la verdad se trata de encontrar ideas que satisfagan nuestras necesidades de acción y de pensamiento. Todo acto, todo movimiento es personal, y así como la idea es el instrumento del acto, la idea también es algo personal, y, al mismo tiempo, en cierta medida, función del medio; porque una vez que se produce la ruptura del equilibrio que está en la base del acto de conocer, ella varía de acuerdo al medio y la persona a la que afecta. Todos los pragmatistas rechazan unánimemente la distinción habitual entre el pensamiento real o personal y el pensamiento lógico o impersonal.[9] Sin dudas, el factor personal nunca actúa por sí solo, pero su papel es importante, y hasta decisivo.

---

7    Se aprecia aquí que, por su parte, Durkheim la concibe de otro modo. Para el pragmatismo existe, a pesar de todo, una continuidad de la conciencia instintiva a la conciencia reflexiva. Para Durkheim es aquí donde radica toda la distancia que separa a lo individual de lo social.

8    *Studies in Humanism*, ensayo III §9, p. 90 (trad. fr., p. 116 [en la versión francesa *purpose* ha sido traducido por *intention*]; cf. el ensayo XVI §9, p. 361 (trad. fr., p. 461): "Es realmente imposible hacer abstracción del aspecto personal del conocimiento".

9    Además de las referencias ya ofrecidas en la Tercera Lección, § "Verdad ideal y verdades concretas", cf. James, *Le pragmatisme*, p. 224 [*Pragmatismo*, p. 199], Schiller, *Studies…*, p. 96 (trad., p. 124), Dewey, *Comment nous pensons*, trad. fr., pp. 82-88 [*Cómo pensamos*, pp. 75-81].

## De la verdad individual a la verdad impersonal

Aquí se presenta una cuestión. Si el factor personal y afectivo juega un papel tan capital, ¿no debemos concluir que la verdad es esencialmente individual, y por consiguiente incomunicable, intraducible, dado que traducirla es expresarla en conceptos, y por lo tanto en algo impersonal? Si, por otra parte, los juicios están afectados por este coeficiente de subjetividad, resulta entonces que tienen un valor desigual; algunos son preferibles a otros.

Se nos dice que se establece una elección totalmente espontánea y que gracias a la experiencia los que valen menos se eliminan mientras que los otros se desprenden, se aproximan unos a otros y llegan a constituir el tesoro común de la humanidad. Pero podríamos preguntarnos ¿para quién es desigual el valor de estos juicios? Existen juicios que para mí son buenos, y por lo tanto verdaderos, mientras que para otros son malos, y por tanto falsos; para personas distintas, la "satisfacción" se refiere a puntos diferentes.[10] ¿Cuáles de ellos son los que constituirán ese "tesoro de la humanidad"? Los pragmatistas nos dicen que son los que valen más para la media de los hombres, los que corresponden a las semejanzas que tienen entre ellos. La "verdad" aparece así como un residuo de las creencias particulares.

Una verdad tal, ¿merecería entonces el nombre de impersonal? Los pragmatistas nos dicen que sin duda se puede concebir una verdad objetiva e impersonal, y en este sentido absoluta, que ya no supondría ni diferencias ni cambios, pero sólo como *ideal* hacia el que tendemos, solidario del progreso del conocimiento humano e indicando meramente una orientación del pensamiento.[11] Aquí el riesgo de error sería tomar esta tendencia por una realidad ya actual. Sea como fuere, se advierte aquí cómo se podría explicar desde el punto de vista pragmatista que la verdad, aun siendo individual en sus orígenes, en rigor no lo seguiría siendo.

Pero más que nada lo que va a producir y reforzar la convergencia de los espíritus es la acción de la sociedad. Una vez establecido este "consenso de las opiniones",[12] una vez alcanzada esta "gran fase de equilibrio en el desarrollo de la mente humana" que James llama "la fase del *sentido común*",[13] la sociedad ejerce una presión para imponer a los espíritus un cierto conformismo.[14] Existe un patrón de verdad que se forma poco a poco, y al cual la sociedad tiende a patrocinar y garantizar; ya que si las verdades siguieran

---

10  *Le pragmatisme*, p. 70 [*Pragmatismo*, p. 89].

11  Schiller, *Studies…*, ensayo VIII, § 6, p. 213 (trad. fr., p. 274).

12  *L'idée de vérité*, pp. 234-235 [*Significado de la verdad*, pp. 215-217].

13  *Le pragmatisme*, p. 160 [*Pragmatismo*, p. 152].

14  Schiller, *Studies in humanism*, ensayo V, § III, p. 153 (trad. fr., p. 197): "El control que ejerce la sociedad sobre las excentricidades y actitudes no-conformistas de sus miembros es casi tan severo sobre las intelectuales como sobre las morales".

siendo particulares se chocarían unas con otras[15] y serían ineficaces. De este modo se observa cómo el pragmatismo, para explicar que existe una verdad impersonal (por otra parte, un atributo secundario según ellos), se ve llevado a proponer interpretaciones de orden sociológico.

Consideremos ahora la CONCEPCIÓN GENERAL DE LA VERDAD que resulta de este análisis.

De ordinario se proclama el carácter *determinante e imperativo* [*nécessitant*] de la verdad: una vez conocida, la verdad se impondría sobre nuestros espíritus con la necesidad de un decreto divino, y el mismo carácter presentarían los procedimientos por los cuales accedemos a ella. Pero desde el punto de vista pragmatista, si la verdad es, efectivamente, buena, útil, "satisfactoria", no tiene sin embargo ningún carácter de necesidad lógica. Somos nosotros los que la hacemos, y la hacemos de tal modo por nuestras necesidades. Somos por lo tanto completamente *libres* en la obra de su construcción. Por otra parte, dice James, es lo que muestra la epistemología moderna, que en lugar de los principios absolutos de otrora nos descubre axiomas o postulados más o menos convencionales, y en lugar de leyes rigurosas, simples aproximaciones: "la arbitrariedad humana ha desterrado la necesidad divina de la lógica científica".[16]

Las consecuencias que resultan de esta concepción en lo que se refiere al *método* son de consideración. Ya no puede ser cuestión de instituir *un* método único, ni tampoco una regla definida de conducta; no existe control cuyas reglas estén fijadas de modo absoluto. La actitud a tener frente al universo no debe ser la actitud doctrinaria y autoritaria del Racionalismo; la actitud del pragmatista es la del "despreocupado".[17] Se debe renunciar al fariseísmo, tanto científico como moral, dado que de ahora en más es imposible pretender pesar en una balanza desconocida el valor de las pruebas. Sólo podemos reconocer la verdad por la manera en la que acrecienta nuestra vitalidad.

De este modo, es la propia lógica la que se ve puesta en cuestión. ¿Es o no posible un método más o menos definido, que permita a los hombres encontrar la verdad y seguir tal camino antes que tal otro? Si el pensamiento lógico es una forma inferior del pensamiento, habrá que encontrar una forma distinta capaz de cumplir esta función.

---

15 James insiste a menudo sobre este fenómeno del conflicto de las creencias: en particular en *Pragmatisme*, pp. 84-85 y 110 [*Pragmatismo*, pp. 99-100 y 117]; *Idée de vérité*, p. 178 [*Significado de la verdad*, p. 168], etc.

16 *Le pragmatisme*, pp. 66-67 [*Pragmatismo*, p. 87; aquí hemos corregido la versión de Alianza, por omitir la referencia a la "*divine necessity*" presente en el original].

17 *Op. cit.*, p. 235 [*Pragmatismo*, p. 207; hemos optado por traducir de este modo el original "*happy-go-lucky*", que en la versión francesa traducen como "*bon enfant*" (equivalente al "bonachón" que emplea la versión de *Pragmatismo y sociología* de Schapire) y en la edición de Alianza como "alegre y feliz"].

# Undécima lección[1]

Aquí parece faltar –en nuestras dos versiones– una Lección intermedia, destinada a responder a la pregunta planteada al final de la precedente: ¿cuál es el *método* con el que el pragmatismo pretende sustituir los métodos lógicos que generalmente se adoptan? Asimismo, esta Lección completaría una laguna: en la segunda lección (p. 101), Durkheim había caracterizado al pragmatismo como siendo a la vez un método, una teoría de la verdad y una teoría del universo; pero sólo se trataron estos dos últimos puntos. Tenemos razones para suponer que Durkheim utilizó aquí en particular las indicaciones dadas por James en las páginas 56-64 de *Pragmatisme* [*Pragmatismo*, pp. 79-85] sobre el "método pragmático". Las ideas esenciales son: 1° que la "actitud" que representa el pragmatismo se ubica en la línea del empirismo, pero de un empirismo *renovado*; 2° que toma partido contra el pensamiento abstracto, y más en general contra el intelectualismo y el racionalismo; 3° que es hostil a todos los dogmas metafísicos, los "sistemas cerrados" y las soluciones definitivas que cierran el camino a la investigación; 4° que a sus ojos no importan los primeros *principios* sino sólo las *consecuencias* prácticas, y que se debe "extraer de cada palabra su valor práctico en efectivo [*practical cash-value*]", es decir, la capacidad de la idea que expresa para "*cambiar* las realidades existentes".[2]

---

1   Clase que debería haber correspondido al 24 de febrero de 1914.

2   [*N. del t.:* Cuvillier está citando aquí pasajes de James, "Lo que significa el pragmatismo", en *Pragmatismo*, cit., p. 84].

# Duodécima lección[1]
## El pragmatismo y la religión

Habiendo expuesto las tesis y métodos generales del pragmatismo, podemos ahora preguntarnos cómo se aplica a problemas especiales y determinados. A decir verdad, en todas las exposiciones que nos han dado los pragmatistas los ejemplos de estas aplicaciones son muy escasos. No hay ninguno tomado del conocimiento del mundo físico. Debería haberlos en el terreno de las cosas del orden humano, pero allí también son escasos. Sin embargo, podría esperarse que el método pragmatista se pudiera aplicar a los problemas morales; pero, de hecho, *no hay una moral pragmatista*. Existen varios artículos de Dewey sobre temas del orden moral,[2] pero cuando trata estas cuestiones sus exposiciones no tienen ningún carácter pragmatista. Sus teorías morales parecen por completo independientes de su teoría de la verdad. Sólo en Moore encontramos algunas indicaciones vagas en ese sentido.[3]

El único tema que ha sido tratado en toda su extensión según el método pragmatista es el de la *religión*. Tenemos allí el libro de William James sobre las "variedades de la experiencia religiosa".[4]

¿Cómo es tratada esta cuestión? James se pregunta cuál es el *valor* de la religión. Para resolver este problema, se debe proceder a un inventario de todos los hechos que presenten un carácter religioso. ¿Dónde los hallaremos? De acuerdo a James, exclusivamente en la "religión interior", en la

---

1 Clase del 3 de marzo de 1914.

2 En particular, *Outlines of a Critical Theory of Ethics*, Ann Arbor, 1891; "Moral Theory and Practice" en *International Journal of Ethics*, enero 1891; *The Study of Ethics, a Syllabus*, Ann Arbor, 1894; *Ethics*, en colaboración con H. Tufts, Nueva York y Londres, 1908; "The Bearings of Pragmatism Upon Education", en *The Progress. Journal of Education*, 1908; "Maeterlinck's Philosophy of Life", en *Hibbert Journal* 36, 1911; etc. Dewey sólo se consagrará más tarde a los temas de la educación y la filosofía de la democracia.

3 En particular en su *Pragmatism and its Critics*.

4 *The Varieties of Religious Experience. A Study in Human Nature,* 1902; trad. fr. por Frank Abauzit, París (Alcan) y Kündig (Ginebra), 1906 [*Las variedades de la experiencia religiosa. Estudio de la naturaleza humana*, Barcelona, Península, 1986].

experiencia íntima de la conciencia individual. "La religión personal... es fundamental en mayor medida que cualquier teología o sistema eclesiástico", escribe.[5] Desdeña así todo lo que sean instituciones, iglesias y prácticas consagradas. A sus ojos, la vida religiosa no es ella misma sino cuando no está fijada. Como toda especie de vida, es una corriente (*course*). Por lo tanto, es necesario descartar las formas rígidas de la religión para remontarse a su misma fuente antes de que llegue a cristalizarse, es decir, en definitiva, a la conciencia individual puesto que "la realidad concreta se compone exclusivamente de experiencias individuales".[6]

¿Cuáles son entonces los hechos que están en la raíz de la vida religiosa, según muestra el estudio de la conciencia individual? James distingue cinco especies:[7] el *sentimiento de lo invisible*, el *optimismo* religioso (confianza y creencia en la felicidad), el *pesimismo* religioso (las "almas dolorosas", la necesidad de liberación), los estados del *alma dividida entre la duda y la fe* y finalmente la *conversión*. Esta elección me parece bastante arbitraria, pero no deseo discutirla aquí.[8] Me limitaré a constatar que existen religiones en los que estos sentimientos individuales no intervienen, por decirlo de algún modo.

Por otra parte, el valor de la religión, de acuerdo a William James, depende en muy poca medida de estos análisis; no depende ni de estados orgánicos ni de estados psicológicos. La ciencia de las religiones debe juzgar la *verdad* de la religión, no por un método dogmático,[9] sino por sus resultados: "La

---

5   *L'expérience religieuse. Essai de Psychologie descriptive, op. cit.*, pp. 26-27 [*Variedades de la experiencia religiosa*, p. 17]; cf. *ibid*, p. 288: "...es muy importante insistir en la distinción entre la religión como una función personal individual y la religión como producto institucional, colectivo o tribal... en este curso de conferencias las instituciones eclesiásticas no nos interesan en absoluto" [*Variedades de la experiencia religiosa*, p. 159; la versión francesa que cita Durkheim traduce "*institutional, corporate or tribal product*" por "*rites et institutions qui sont le produit et le patrimoine commun de tout un group social*"].

6   *L'expérience religieuse, op. cit.*, p. 417 [una vez más, optamos por traducir literalmente de la versión francesa utilizada por Durkheim por ser consistente con las demás referencias empleadas, sobre las que como se verá se apoya en gran medida su crítica a James; no obstante, señalemos que la traducción que emplea se aparta aquí considerablemente del original: "*the axis of reality runs solely through the egotistic places*", traducido en la versión de Península como "el eje de la realidad sólo penetra en lugares egotísticos" (p. 235)].

7   En la "Primera parte" de su obra, caps. III a VII [en el original, conferencias III a X].

8   Se puede comparar con la clasificación que proporciona el mismo Durkheim en el libro III de sus *Formas elementales de la vida religiosa*: el culto negativo (los ritos ascéticos), el culto positivo (el sacrificio, los ritos miméticos, representativos o conmemorativos), los ritos piaculares y la noción de lo sacro. Ambas clasificaciones, evidentemente, no tienen nada en común.

9   *L'expérience religieuse, op. cit.*, p. 408 [*Variedades de la experiencia religiosa*, p. 230].

manera pragmática de tomar la religión es la más profunda".[10] Para conocer el valor de un árbol no se consideran sus raíces sino los frutos que brinda; lo mismo debe ocurrir para la vida religiosa. Preguntémonos entonces cuáles son los *productos* de la vida religiosa. Todavía nos falta considerarlos allí donde alcanza su máximo de intensidad, aunque sea para tener una idea de lo que puede brindar en los casos del promedio. En otras palabras, debemos estudiarlos entre los *santos*.

## La santidad

¿Qué es la santidad? ¿Será necesario, para responder a esta pregunta, elegir entre diferentes teologías, establecer la existencia de Dios y postular "definiciones establecidas" sobre su naturaleza, la naturaleza del hombre, etc.? Es inútil plantearnos estas preguntas, nos dice James.[11] No llegaríamos a ningún resultado, ya que si admitimos o negamos la existencia de Dios no es por razones especulativas, sino porque nuestras aspiraciones y necesidades nos sugieren tal concepción antes que tal otra. Las únicas guías que tenemos en la materia son "nuestros prejuicios filosóficos generales, nuestros instintos y nuestro sentido común";[12] son ellos los que nos sirven de criterio. Estos "prejuicios" (en el sentido etimológico del término), estos instintos y este sentido común, y con ellos nuestras concepciones religiosas, están en incesante evolución. De modo tal que se verá en el santo un modelo o se lo discutirá según si está o no de acuerdo con los sentimientos que esta evolución nos lleva a realizar. Sin dudas, reconoce James, este método empírico es "vago, subjetivo y 'general'";[13] pero este "es un reproche aplicable a toda la vida del hombre referida a estos temas".

Las grandes virtudes del santo son: la *devoción*, la *caridad*, la *fuerza del alma* (resignación, desprecio del peligro), la *pureza* del alma (horror a todo lo que sea artificio o engaño), el *ascetismo* (que puede llegar al amor al sufrimiento) y finalmente la *obediencia* y la *pobreza*.[14] Estas virtudes se oponen al menos en general a la del hombre de acción. ¿Cuál es su valor respectivo? Ciertamente, "la conducta santa sería la conducta más perfecta

---

10  *Ibid.*, p. 436 [*Variedades…*, p. 244; la versión francesa dice "*Le pragmatisme me paraît être la meilleure attitude a l'égard de la religion*"].

11  *Ibid.* p. 280 [*Variedades…*, p. 156; la versión francesa nuevamente se aparta del original, optando por "*deux ou trois formules précises et irrévocables*"].

12  *Ibid.*, pp. 281-283 [*Variedades…*, pp. 156-157].

13  *Ibid.*, p. 285 [*Variedades…*, p. 158; aquí nos apartamos de la versión de Península, que escuetamente refiere a "toda la vida del hombre"].

14  *Ibid*, cap. VIII [en el original, conferencias XI a XIII].

que se puede concebir en un medio donde todos ya fuesen santos, pero… en un ambiente donde hay pocos santos… estará mal adaptada".[15] En sociedades imperfectas como las nuestras, la caridad y la no-resistencia al mal aparecen a menudo como estando completamente fuera de lugar, y parecen preferibles las virtudes del hombre de acción. Pero como una sociedad perfecta sería precisamente una sociedad de santos, es este, a pesar de todo, el estado ideal. Y además, agrega James,[16] incluso en nuestras sociedades no es inútil que ciertos hombres opongan la bondad a la dureza, el perdón a la ofensa, etc. Los santos son "autores… promotores de bondad". Su misión es la de reanimar los instintos de bondad que llevamos en nosotros, y así su fervor "es vital y esencial en la evolución social".

## Mística y "yo subliminal"

Hasta aquí sólo se ha tratado la *fecundidad práctica* de la religión. Pero, dice James,[17] algunos objetarán que es imposible juzgar a la religión por sus frutos en el mundo físico: "Es su *verdad* y no su utilidad… sobre lo que debería reposar nuestro veredicto". Para intentar resolver esta cuestión James rechaza con desdén los argumentos de filósofos y teólogos.[18] Por el contrario, manifiesta mucha indulgencia por las intuiciones místicas.[19] Lo que está en la base de la experiencia mística es una comunicación directa con la realidad, algo análogo a la sensación, en tanto que ésta es la aprehensión de la *cosa* misma, y no un conocimiento *sobre* esta cosa.[20] Sólo aquellos que experimentaron esta especie de sensación han sentido la potencia de lo divino.

La única justificación teórica de las creencias religiosas que se encuentra en el libro de James debe buscarse en los últimos capítulos.[21] James no quiere probar que Dios existe, sino que la creencia en lo divino puede conciliarse

---

15  *Ibid.*, p. 306 [*Variedades…*, p. 168; en la versión francesa: *"parmi des saints, la conduite idéale serait la sainteté; mais elle n'est guère adaptée parmi les hommes dont bien peu sont des saints"*].

16  *Ibid.*, pp. 307-308 [*Variedades…*, p. 169; la versión utilizada por Durkheim resume *"authors, auctores, increasers, of goodness"* como *"créateurs de bonté"*].

17  *Ibid.*, p. 323

18  Cf. el capítulo XI de su libro: "Especulación" [en el original, la Conferencia XVIII: "La filosofía"].

19  Cf. el capítulo X: "Misticismo" [Conferencias XVI-XVII].

20  Sigue siendo la diferencia entre *acquaintance* y *knowledge about*.

21  Fin del capítulo XI, pp. 381-382, y Conclusión, principalmente pp. 424 y ss. [Conferencia XVIII, pp. 214-215 y Conferencia XX, pp. 239 y ss.].

con "los resultados de la ciencia", que forma parte "de las concepciones que cuando menos [son] posibles".[22] Según él, lo que está en la base de la vida religiosa es la idea de que existe algo MÁS GRANDE que nosotros.[23] Esta idea se toca precisamente con la concepción del *subconsciente* y del *yo subliminal*, a la que según James los psicólogos contemporáneos le otorgan un papel tan importante en sus interpretaciones. "Nuestra conciencia despierta, normal… sólo es un tipo particular de conciencia… por encima de ella, separada por una pantalla transparente, existen formas potenciales de conciencia completamente diferentes".[24] Fuera del campo de esta conciencia normal existen conciencias que tienen por objeto realidades psíquicas de naturaleza diferente y es de *allí* de donde surgen las inspiraciones y las iluminaciones súbitas. El estudio de los estados místicos, la conversión y la plegaria, muestra el papel capital que estas incursiones del subconsciente juegan en la vida religiosa. La forma en la que esas fuerzas actúan sobre nuestra vida espiritual demuestra su superioridad. Por lo tanto debemos admitir que existe algo más que los cuerpos y el mundo material, e incluso que la conciencia tal y cómo se nos aparece. Así, "sea lo que sea, en su rincón *más alejado*, el 'más' con el que nos sentimos vinculados en las experiencias religiosas es, en su sentido más *cercano*, la continuación subconsciente de nuestra vida consciente".[25] La "ciencia de las religiones" –o la filosofía– puede entonces fundarse en "un hecho psicológico reconocido" y justificar al mismo tiempo la afirmación del teólogo según la cual, en la experiencia religiosa, el hombre sufre la acción de una fuerza que lo supera. Lo divino se ubica en el mundo de la experiencia. Dios se convierte en una de esas fuerzas experimentales que testimonian su existencia por efectos empíricamente comprobables. "Dios es real, desde el momento en que produce efectos reales".[26]

## POLITEÍSMO

¿**D**ebe incluso decirse "Dios" en singular? La única "verdad" que exige la experiencia religiosa es que "podemos experimentar la unión con

---

22  *L'expérience religieuse, op. cit.*, p. 381 [*Variaciones…*, p. 215].

23  *Ibid.*, pp. 424-425 [*Variaciones…*, p. 239]

24  *Ibid.*, p. 329 [*Variaciones…*, p. 183; la versión francesa es mucho más sucinta: "*Notre conscience normale n'est qu'un type particulier de conscience, séparé, comme par une fine membrane, de plusieurs autres*"]; cf. también el último capítulo de *La volonté de croire*: "Los logros de la investigación psíquica", y el cap. XVII de los *Studies in Humanism* de Schiller: "The Progresss of Psychical Research". Se trata sobre todo de las interpretaciones de Myers.

25  *Ibid.*, p. 427 [*Variedades…*, p. 241].

26  *Ibid.*, p. 429 [*Variedades…*, p. 243].

*algo* superior a nosotros y que en esta unión encontramos la paz más grande".
La filosofía, enamorada de la unidad y el místico que tiende al "monoideís-
mo" hacen de eso "superior" un Dios único y absoluto. Pero para satisfacer
las "necesidades prácticas" del hombre y los datos de la experiencia religiosa
basta con admitir que existe "para cada individuo" una potencia superior a
la cual se puede unir, y que le es favorable. No es necesario que sea único
e infinito. Incluso se lo puede concebir como "un yo superior y más divino
asimismo, del que el yo real sería una expresión mutilada, siendo el universal
una colección de estos yo con diferentes grados de penetración e identificados sin ningún tipo de unidad absoluta".[27] Se llega así –y nuevamente
tocamos aquí la noción de *pluralismo*– a una especie de "politeísmo", que
ha sido siempre "la religión de la gente común" agrega James. Existen alrededor nuestro espíritus dotados de fuerza y de acción, conciencias análogas
a la nuestra, pero distintas y superiores, que sin embargo "se filtran" en ella
y son capaces de enriquecer y fortalecer nuestra vida.[28] Tales experiencias
son las que constituyen la religión.

Ciertamente, los hechos alegados por James podrían interpretarse de
otro modo a como él lo hace. Como piensan muchos autores,[29] los hechos
de conciencia subliminal podrían vincularse con los hechos de desdoblamiento o desagregación de la personalidad. Pero lo que explica y apoya la
argumentación de James es su confesión de haber expresado allí sus propios
sentimientos o, como dice, sus "supercreencias" (*over-beliefs*).[30] Los sentimientos y las aspiraciones de cada persona tiene su valor[31] –ya que suponen
a las experiencias anteriores–, pero a condición de no transformarlos en una
fuente de luz, como lo hace James. Es por esta misma razón que James le
reconoce la primacía al elemento satisfacción. Lo que equivale a decir, en
suma, que se debe obedecer a las propias aspiraciones, que debemos seguir
la pendiente de menor resistencia.

---

27  *Ibid.*, p. 435 [*Variedades…*, p. 247]

28  *Ibid.*, p. 436 [*Variedades….*, p. 244].

29  Ver por lo demás al mismo James en *Philosophie de l'expérience*, p. 289 [*Un universo
pluralista*, p. 187]. Pero concluye: "Por mi parte, encuentro en estos hechos anormales
y supranormales las sugerencias más fuertes en favor de que una co-conciencia superior
sea posible".

30  *L'expérience religieuse, op. cit.*, pp. 436-437 [*Variaciones…*, p. 244].

31  En *Las formas elementales de la vida religiosa* (Buenos Aires, Schapire, 1967, p. 429),
Durkheim ya hacía alusión al libro de James, escribiendo: "Como un reciente apologista de la fe, nosotros admitimos pues que las creencias religiosas se basan sobre una
experiencia específica cuyo valor demostrativo, en un sentido, no es inferior al de las
experiencias científicas, aunque diferente".

## CONCLUSIÓN DE LA EXPOSICIÓN
## EL ESPÍRITU GENERAL DEL PRAGMATISMO

A modo de conclusión de esta exposición podemos ahora intentar definir el espíritu general del pragmatismo.

Se ha dicho que el pragmatismo era antes que nada un intento de liberación de la voluntad. Para que el mundo solicitase nuestra actividad es necesario que pudiéramos transformarlo, y para ello, debe ser maleable. Las cosas no cuentan principalmente por lo que son, sino por lo que valen. Lo que sirve de base para nuestra conducta es una jerarquía de valores que nosotros establecemos. La condición de nuestra acción es entonces que ese sistema de valores se pueda realizar y encarnar en el mundo en el que vivimos. El pragmatismo le da así un sentido a la acción.

Sin embargo, esta preocupación por la acción, por la que se ha querido definir al pragmatismo, no es a mi entender su característica dominante. Esta impaciencia de las personas por transformar las cosas se encuentra en todos los idealistas; cuando se tiene un ideal, se ve al mundo como debiendo plegarse a ese ideal. Pero el pragmatismo no es un idealismo: es un empirismo radical. ¿Cómo podría autorizar tal interés por la transformación? Hemos visto que para él no existen dos planos de existencia sino uno solo, y por consiguiente no se percibe dónde se podría ubicar al ideal. Como acabamos de mostrar, para la doctrina pragmatista el mismo Dios es objeto de experiencia.

Por lo tanto, se puede concluir que el pragmatismo, mucho más que una empresa destinada a favorecer la acción, es un intento dirigido contra la especulación pura y el pensamiento teórico. Lo que lo caracteriza con propiedad es una impaciencia frente a toda disciplina intelectual rigurosa. Aspira a "liberar" al pensamiento mucho más que a la acción. Como dice James, su ambición es "flexibilizar la verdad".[32] A continuación veremos cuáles son las razones que esgrime para sostener que la verdad no debe seguir siendo "rígida".

---

32  [*N. de. t.:* sobre este término, cf. la nota 6 del capítulo siguiente].

# Décimo tercera lección[1]
## Crítica general del pragmatismo

Podemos pasar ahora a la discusión general de las doctrinas pragmatistas.

Se les puede reprochar por empezar ciertas *lagunas*. Como ya hemos señalado, los pragmatistas se toman las más de las veces demasiadas libertades con las doctrinas históricas.[2] Las interpretan de acuerdo a su fantasía, y a veces de forma poco exacta. Pero se debe señalar sobre todo el *carácter abstracto* de su argumentación, que va en contra de la orientación general de la doctrina, pretendidamente empírica. Sus pruebas tienen muchas veces un carácter *dialéctico*, y todo se reduce a una pura *construcción lógica*. De donde surge una primera contradicción.

Además, su pensamiento presenta otras *contradicciones* flagrantes. He aquí un ejemplo: se nos dice por un lado que la conciencia *no existe* como tal; que no tiene nada de original, que no es ni un factor *sui generis* ni una realidad verdadera, sino un simple eco, un "ruido inútil" que ha dejado detrás de sí el "alma", desaparecida del cielo de la filosofía.[3] Como se sabe, este es el tema del célebre artículo "¿Existe la conciencia?", que James retomó bajo la forma de una comunicación en francés al Congreso de 1905.[4] Pero por otro lado se sostiene que la realidad es una construcción

---

1   Clase posiblemente dictada el 10 de marzo de 1914.

2   Cf. *supra*, la Lección Segunda: § "La concepción dogmática de la verdad". El propio James parece reconocerlo, por ejemplo cuando escribe en el prefacio de *La voluntad de creer* (trad. fr., p. 19 [p. 38]: "El artículo 'Sobre algunos hegelianismos' exige sin duda una disculpa por la superficialidad con la que aborda un tema tan serio".

3   *Essays in Radical Empiricism*, I, p. 2 [la nota de Cuvillier en el original ubica erróneamente la referencia en *Some Problems of Philosophy*; hemos optado por mantener aquí la expresión que emplea Durkheim (*"vain bruit"*), pero debe notarse que la frase de James (*"faint rumor"*) debería traducirse más bien como "rumor sordo" (tal como ocurre en la edición citada de Hiperión)].

4   Cf. *supra*, Segunda Lección [Durkheim se refiere aquí al V Congreso Internacional de Psicología, celebrado en Roma el 30 de abril de 1905; el texto fue publicado en *Essays in Radical Empiricism*, pp. 206-233].

del pensamiento, que lo real es la misma apercepción.[5] De este modo se le atribuye al pensamiento las mismas cualidades y el mismo poder que las doctrinas idealistas. Epifenomenismo de un lado, idealismo del otro; hay una incompatibilidad entre ambas tesis.

El pragmatismo carece por lo tanto de los aspectos fundamentales que tenemos derecho a exigirle a una doctrina filosófica. Pero aquí nos debemos hacer una pregunta: ¿cómo es posible que con tales defectos el pragmatismo se haya impuesto tan rápidamente a numerosos espíritus? Es necesario que se apoye sobre algo dentro de la conciencia humana, que exista en él una fuerza que todavía debemos descubrir.

## El móvil fundamental de la actitud pragmatista

Preguntémonos por lo tanto cuál es el sentimiento que anima a la doctrina, cuál es el móvil que constituye su factor esencial. Ya hemos dicho que no es la necesidad práctica, la necesidad de extender el campo de la acción humana. Es cierto que existe un gusto por el riesgo y una necesidad de aventura, en particular en James. Este prefiere un mundo incierto, "maleable", a un mundo fijo e inmóvil, porque es un mundo en el que existe algo por hacer, y este es el ideal del hombre fuerte que desea ampliar el campo de su actividad. Pero entonces ¿cómo puede el mismo filósofo presentarnos como un ideal al asceta que renuncia al mundo y se aleja de él?

A decir verdad, el pragmatismo no se ha ocupado por diseñarnos un ideal determinado. Lo que en él domina es la necesidad de aligerar la verdad, de "flexibilizarla", como dice James, es decir, en suma, de liberarla de la disciplina del pensamiento lógico.[6] Es lo que aparece con mucha claridad en el libro de James *La voluntad de creer*. Dicho esto, todo se explica. Si el pensamiento tuviera por objeto simplemente "reproducir" lo real, sería escla-

---

5   Cf. *supra*, Séptima Lección.

6   [*N. del t.:* El término que utiliza aquí Durkheim es *"déraidir"*, que correspondería al *"unstiffening"* de James en *Pragmatism*, quien a su vez traduce así un neologismo de Giovanni Papini: *"disirrigidimento"*, literalmente "desrigidización" ("Il pragmatismo meso in ordine", *Leonardo*, abril 1905, reeditado en *Sul pragmatismo (saggi e ricerche, 1903-1911)*, Milán, Librería Editrice Milanese, 1913, pp. 77-82, texto ya comentado por James en "Giovanni Papini and the Pragmatist Movement in Italy", *Journal of Philosophy*, 3:13, 1906, pp. 337-341; cf. la referencia del propio Durkheim en la n. 12 de la Segunda Lección). Sin embargo, en la versión francesa el término utilizado es *"assouplir"* (*Le pragmatisme…*, p. 86); es posible que Durkheim haya tomado la expresión del artículo de André Lalande, "Pragmatisme et pragmaticisme" (*Revue philosophique*, 1906), que traduce el término de Papini por *"déraidissement"*. Mientras que la versión de Schapire utiliza "aflojar", hemos optado aquí por "flexibilizar", siguiendo la traducción de Alianza de *Pragmatismo* de James (p. 100)].

vo de las cosas, estaría encadenado a la realidad; no haría más que "copiar" servilmente un modelo que tendría frente suyo. Para que el pensamiento se libere, por lo tanto, es necesario que se convierta en creador de su propio objeto, y el único medio para alcanzar este objetivo es darle una realidad que esté por hacerse, por construirse. Es así que el pensamiento no tiene por objeto reproducir un dato, sino construir una realidad futura; de ahí que el valor de las ideas ya no pueda apreciarse por su relación con su objeto, sino por su grado de utilidad, por su carácter más o menos "ventajoso".

Vemos así el alcance de las tesis pragmatistas. Si en el racionalismo clásico el pensamiento presenta ese carácter de "rigidez" que le reprocha el pragmatismo, es debido a que concibe a la verdad como una cosa simple, cuasi divina, que obtendría de sí misma todo su valor. Como concibe a una verdad que se basta a sí misma, la ubica necesariamente por encima de la vida humana. No puede plegarse a las exigencias de las circunstancias y de los distintos temperamentos; vale por sí misma: es buena, de una bondad absoluta. No está allí para nosotros, sino para ella misma: su papel es el de dejarse contemplar. Está como divinizada, se convierte en objeto de un verdadero culto; sigue siendo la concepción de Platón. Esta concepción de la verdad se extiende a la facultad por la cual alcanzamos lo verdadero, a saber, la razón. La razón nos sirve para explicar las cosas, pero en esta concepción ella misma no se explica, queda por fuera del análisis científico.

"Flexibilizar" la verdad es retirarle ese carácter absoluto y como sacrosanto. Es arrancarla de este estado de inmovilidad que la sustrae a todo devenir, a todo cambio, y por lo tanto a toda explicación. Imagínense que la verdad, en lugar de estar así confinada en un mundo aparte, formara parte ella misma de lo real y de la vida, no por una especie de caída o degradación que la desfigurase y corrompiese, sino porque es *naturalmente* parte de la realidad y de la vida.[7] Hela aquí ubicada entonces en la serie de los hechos, en el seno mismo de lo que supone antecedentes y consecuencias. Nos postula problemas: estamos autorizados a preguntar de dónde viene, a qué sirve, etc. Se convierte ella misma en objeto de la ciencia. Esto es lo que hace al interés de la empresa pragmatista: podemos ver en ella un esfuerzo para *comprender* a la verdad y la razón mismas, para restituirles su interés humano, para hacer de ellas cosas humanas, que dependen de causas temporales y engendran consecuencias temporales. "Flexibilizar" la verdad es hacer de ella algo analizable y explicable.

---

7    Cf. *Las formas elementales de la vida religiosa*, p. 453: "Atribuir al pensamiento lógico orígenes sociales no es, pues, rebajarlo, disminuir su valor… es, al contrario, relacionarlo con una causa que lo implica naturalmente".

Es aquí donde podemos establecer un **PARALELO ENTRE EL PRAGMATIS-MO Y LA SOCIOLOGÍA**. En efecto, la sociología se ve llevada a plantearse el mismo problema por la aplicación del punto de vista *histórico* al orden de las cosas humanas. El hombre es un producto de la historia, y por lo tanto de un devenir; no hay nada en él que le sea dado ni esté definido por anticipado. La historia no comienza en ningún lado, ni termina en ningún lado. Todo lo que está en el hombre ha sido hecho por la humanidad en el curso de los tiempos; por consiguiente, si la verdad es humana ella también es un producto humano. La sociología le aplica la misma concepción a la razón: todo lo que constituye la razón, sus principios y sus categorías, todo esto se ha hecho en el curso de la historia.

Todo es producto de determinadas causas. No tenemos que representarnos los fenómenos en series cerradas. Las cosas tienen un carácter "circular", y el análisis puede prolongarse hasta el infinito. Es por esto que no puedo admitir que se diga, como hacen los idealistas: *"en el origen está el pensamiento"*, ni tampoco, como lo hacen los pragmatistas: *"en el origen está la acción"*.

Pero si la sociología postula el problema en el mismo sentido que el pragmatismo, está mejor ubicada para resolverlo. En efecto, el pragmatismo pretende explicar la verdad psicológicamente, subjetivamente; pero la naturaleza del individuo es muy limitada para ser capaz de explicar por sí sola todas las cosas humanas. Considerar exclusivamente sólo los elementos individuales lleva a atenuar indebidamente la amplitud de los efectos que se intentan explicar. En particular, ¿cómo se podría haber construido la razón en el curso de las experiencias efectuadas por un único individuo? La sociología nos permite explicaciones más amplias; para ella la verdad, la razón y la moral son resultados de un devenir que abarca todo el curso de la historia humana.

Por lo tanto, se advierte cuál es la ventaja que presenta el punto de vista sociológico en relación con el pragmatista. Para los filósofos pragmatistas la experiencia, como hemos dicho en varias ocasiones, no puede constar más que de *un solo plano*: la razón se encuentra ubicada así en el mismo plano que la sensibilidad, la verdad en el mismo plano que la sensación y los instintos. Pero en todos los tiempos se ha reconocido en la verdad algo que, en ciertos aspectos, se nos impone independientemente de los hechos de la sensibilidad y de los impulsos individuales; una concepción tan universal tiene que corresponder a algo real. Una cosa es poner en entredicho la correspondencia de los símbolos con la realidad, y otra cosa es rechazar con el *símbolo* a la cosa simbolizada.[8] Incluso si se rechaza hacer de la

---

8    Cf. *Las formas elementales de la vida religiosa*, pp. 447-448: "una representación colectiva... puede expresar (a su objeto), sin duda, con ayuda de símbolos imperfectos, pero

verdad algo absoluto y extrahumano, esta presión reconocida de la verdad sobre los espíritus es un símbolo que se debe interpretar.

El pragmatismo, que todo lo nivela, se despoja del medio para tal interpretación, al desconocer la *dualidad* que existe entre la mentalidad que resulta de las experiencias individuales y aquella que resulta de las experiencias colectivas. La sociología, por el contrario, nos recuerda que lo que es *social* posee siempre una dignidad más alta que lo que es individual. Se puede suponer que la verdad, como la razón y la moralidad, mantendrá siempre este rasgo de valor más elevado, lo que de ningún modo impide tratar de explicarla. El punto de vista sociológico presenta esta ventaja de permitir aplicar el análisis incluso a esa cosa augusta que es la verdad.

Sin embargo, hasta aquí no ha sido urgente optar entre el punto de vista de la sociología y el del pragmatismo. Este último ha visto muy bien que no existe de un lado el error y del otro la verdad, como supone por el contrario el racionalismo, sino que en realidad los errores y las verdades se mezclan, siendo a menudo los errores momentos del devenir de la verdad en el curso de la historia. En la historia existen creaciones y novedades imprevisibles; por lo tanto, ¿cómo se podría concebir a la verdad como algo inmóvil y definitivo?

Pero las *razones que alega el pragmatismo* en apoyo de esta idea caen bajo el peso de varias objeciones. Además, que las cosas cambien no significa necesariamente que la verdad cambie al mismo tiempo; podría decirse que la verdad *se enriquece*, pero hablando propiamente no *cambia*. Por cierto que ha recibido adiciones y agregados en el curso del desarrollo de la historia; pero es algo muy distinto decir que la verdad crece a decir que varía en su propia naturaleza.

---

los mismos símbolos científicos no son nunca sino aproximados"; cf. también *ibid.*, p. 22, donde las nociones de origen social son consideradas "símbolos bien fundados".

# Décimo cuarta lección[1]
## Las variaciones de la verdad

Retomemos las razones que nos ofrece el pragmatismo para probarnos que la verdad está sometida al cambio. Se resumen en dos:

1° La verdad no podría ser inmutable, porque la misma realidad no lo es. De ahí el cambio en el tiempo.

2° La verdad no podría ser única, porque esta unicidad sería incompatible con la diversidad de los espíritus. De ahí el cambio en el espacio.

1° Para poder decir que la verdad ha variado en el tiempo se debería haber establecido que una proposición pudo ser considerada legítimamente como verdadera en un momento determinado, y que esta misma proposición, en otro momento y en otras circunstancias, no podía ser considerada verdadera, aun cuando se vinculara al mismo objeto. Pero no se nos ha proporcionado esta demostración. El pragmatismo alega que la realidad ha cambiado, pero ¿de esto resulta que las verdades antiguas se vuelvan falsas? Lo real puede evolucionar sin que por ello la verdad deje de ser la verdad; las leyes del mundo físico, por ejemplo, han permanecido siendo lo que eran una vez que la vida apareció y a medida que se constituyó el mundo biológico.

2° Por otro lado, se apoyan sobre la diversidad de los espíritus individuales. Pero ¿no podríamos preguntarnos si el progreso no consiste precisamente en borrar las diferencias individuales? ¿Se sostendrá que la verdad sólo pertenece al individuo? Es una paradoja a la que ni el mismo pragmatismo quiso llegar a arriesgarse. Por lo demás, no se nos explica qué relación existe entre la diversidad de los espíritus y la diversidad de la verdad; del hecho de que ésta tome formas diversas al penetrar en los espíritus individuales no se deduce que sea múltiple. En suma, el pragmatismo no aporta ninguna prueba al apoyo de la tesis que propone, la del *amorfismo de la verdad*.

---

1 Clase del 17 de marzo de 1914.

Sin embargo, esta tesis no carece de algún fundamento. Descansa sobre hechos ciertos, de los cuales los pragmatistas tienen un sentimiento confuso, pero que deben ser restablecidos en su verdadera significación. Veamos cuál es la explicación que propone la sociología.

La sociología introduce un *relativismo* que descansa sobre la relación entre el medio físico de un lado y el hombre del otro. El medio físico presenta una fijeza relativa. Por cierto que está sometido a la evolución, pero la realidad jamás ha dejado de ser lo que era para dar lugar a una realidad de un género nuevo, o formada por elementos nuevos; el mundo original sobrevive bajo las adiciones sucesivas que han venido a enriquecerlo. En cierto sentido, las realidades nuevas ya estaban en las antiguas.[2] El mundo orgánico no declara abolido al mundo físico, y el mundo social no se formó *contra* el mundo orgánico sino *con él*. Las leyes que presidían los movimientos de la nebulosa primitiva se conservaron en el universo estabilizado de hoy.

En el mundo orgánico la era de las grandes transformaciones parece haberse cerrado desde la aparición de la especie humana; ¿ocurre lo mismo con el hombre y con los medios sociales en los que vive? Los medios sociales son los productos de elementos diversos combinados y en cierta forma fundidos conjuntamente. Nuestra sociedad francesa actual está hecha de elementos galos, germánicos, romanos, etc.; pero estos elementos ya no se pueden discernir en estado aislado en nuestra presente civilización. Ésta es algo nuevo y original, es una síntesis, producto de una verdadera creación.[3]

Por lo tanto los medios sociales son diferentes unos de otros, puesto que cada uno de ellos presenta algo nuevo; de allí que las instituciones que los constituyen deban ser también diferentes. Sin embargo, estas instituciones cumplen las mismas funciones que aquellas que las han precedido. Es así que la familia evolucionó en el curso de la historia, pero siempre siendo la familia, cumpliendo las mismas funciones; cada una de sus formas diversas estuvo adaptada a estas funciones. Asimismo, hoy concebimos que un mismo régimen político ideal no puede convenir a todos los tipos sociales; y sin embargo el régimen de la ciudad era válido para las ciudades antiguas, del mismo modo en que nuestro régimen político actual hoy es válido para

---

2   *Sic*, en la única redacción que disponemos. Pero tenemos todas las reservas sobre la autenticidad de esta fórmula, que no nos parece en absoluto conforme al conjunto del pensamiento de Durkheim, inspirado, como se sabe, en Boutroux [Cuvillier hace referencia a las obras de Etienne Boutroux como *De la contingence des lois de la nature* (1898) o *De l'idée de loi naturelle dans la science et la philosophie contemporaine* (1892-93); en cuanto a la incomodidad de Cuvillier por la supuesta contradicción de esta formulación con el pensamiento durkheimiano, cf. nuestro estudio introductorio, pp. 11].

3   Cf. *Las formas elementales de la vida religiosa*, p. 455, donde se presenta a la sociedad como dotada de una "potencia creadora". Pero Durkheim agrega que "toda creación es el producto de una síntesis", y tales síntesis son en sí mismas "productoras de novedades".

nosotros. Del mismo modo, una vez más, en el orden moral no existe *una* moral única, pero nos negamos a calificar de inmorales a los sistemas morales que han precedido el nuestro; el ideal que representaban era válido para la sociedad en la que se edificaron. Puede decirse lo mismo de la religión: no existe *una* religión, *una* moral, *un* régimen político, sino *tipos* religiosos, *tipos* morales, *tipos* políticos distintos.

De este modo, en el orden práctico la diversidad se puede considerar como establecida. ¿Por qué sería de otro modo en el orden teórico, por el pensamiento mismo? Si el valor de un mismo acto ha cambiado, es porque el pensamiento especulativo ha cambiado, y si el pensamiento especulativo ha cambiado, ¿por qué no cambiaría también el contenido de la verdad?

La acción no es separable del pensamiento. Nos es imposible admitir que las generaciones que nos han precedido hayan podido vivir en el error total y en la aberración, puesto que los pensamientos falsos determinan actos errados. Entonces, si los hombres hubiesen estado totalmente confundidos sobre la naturaleza de las cosas, su acción no habría sido lo que debía ser, y sus fracasos hubieran engendrado sufrimientos que los hubieran llevado a buscar otra cosa. Nada nos autoriza a pensar que las capacidades afectivas de los hombres de antes fueran fundamentalmente distintas a las nuestras.

Por lo tanto, el pensamiento especulativo varía como varía la práctica. La misma especulación estética presenta variaciones: existe una estética para cada pueblo. Todas estas razones nos llevan a creer que la especulación y su valor son variables, y por consiguiente que también lo es la verdad.

Estas variaciones no se producen sólo en el tiempo, sino también en el espacio, es decir, no sólo entre un tipo de sociedad y otro, sino entre los individuos de una misma sociedad. En efecto, en la sociedad, el exceso de homogeneidad sería su muerte; ningún grupo social puede vivir, ni sobre todo progresar, en la homogeneidad absoluta.[4] La vida intelectual como la vida práctica, el pensamiento como la acción, necesitan la diversidad, y la diversidad, por lo tanto, es una condición de la verdad. Hemos renunciado a la excomunión intelectual de todos aquellos que no piensan como nosotros. Respetamos las verdades de los otros, las "toleramos", y esta tolerancia ya no es la que precedió el desarrollo de nuestra civilización moderna. No se trata ya de una tolerancia que tenga su fuente en el cansancio (como ocurrió al final de las guerras religiosas) ni de la que nace de un sentimiento de caridad; es la tolerancia del intelectual, la del sabio, que no ignora que la

---

4    Cf. *La división del trabajo social*, caps. II y III, donde Durkheim había demostrado que la "solidaridad mecánica", que realiza el máximo de homogeneidad, sofoca a la personalidad y por lo tanto al progreso, y el célebre pasaje de las *Reglas del método sociológico* donde declara que el crimen es "normal", sobre todo porque una cierta elasticidad es indispensable para que las transformaciones sociales sean posibles (*Las reglas del método sociológico*, Buenos Aires, Schapire, 1969, p. 64).

verdad es algo complejo y que comprende que es muy probable que cada uno de nosotros no vea al conjunto en todos sus aspectos, es la desconfianza frente a toda ortodoxia. Estos sentimientos, sin embargo, no le impiden al investigador expresar su verdad tal como la siente.

Es así como se justifica desde el punto de vista sociológico la tesis enunciada por el pragmatismo. Las consideraciones que pueden brindarnos una explicación satisfactoria no son las abstractas o las de orden metafísico. Es el sentimiento más vivo que tenemos hoy de lo que es la realidad humana, el sentimiento de la extrema variabilidad de todo lo que es humano. Ya no podemos admitir un sistema único e invariable de categorías, de marcos intelectuales; los marcos que tuvieron su razón de ser en las civilizaciones de antaño hoy ya no lo tienen, lo cual, desde luego, no les quita nada del valor que tuvieron en su época. Por otro lado, la variabilidad en el tiempo y la variabilidad en el espacio están estrechamente unidas. Si las condiciones de la vida son complejas, es natural que esta complejidad, y con ella las múltiples variaciones, se vuelvan a encontrar en los individuos que componen los grupos sociales.

## Cómo se explican estas variaciones

Admitida esta variabilidad en el tiempo y en el espacio, veamos ahora cuál es la explicación que nos propone el pragmatismo (ya que hasta ahora vimos que postulaba esta doble variabilidad, pero no que la explicara).

El pragmatismo nos da el porqué de estas variaciones en pocas palabras: *lo verdadero, es lo útil*. A decir verdad, se muestra bastante incómodo para demostrar esta proposición; para nosotros, la forma correcta de efectuar esta demostración sería tomar al conjunto de las proposiciones reconocidas como verdaderas y examinar de qué modo son útiles ¿no es así? Pero tal forma de proceder sería contraria al método del pragmatismo: si, como sostiene, la única idea verdadera es aquella construida, no podría haber una idea dada o establecida de la verdad que sea controlable.

El pragmatismo intenta hacer ver que su propia *teoría* de la verdad es útil. Lo que le importa es mucho menos lo que la verdad *es* de hecho, sino lo que ella *debe* ser, incluso si nadie la reconoce. Lo que se esfuerza por determinar es la noción *ideal* de la verdad. Pero ¿cómo saber si la noción así construida es la noción ideal? El pragmatismo puede llamar *verdad ideal* a todo lo que quiera llamar de este modo; por lo tanto, su método es arbitrario, y lo conduce a una definición meramente verbal, sin valor objetivo. Es análogo al que siguen los moralistas clásicos cuando buscan determinar la noción ideal de moralidad,[5] que puede no tener relación con la moral efectivamente practicada. Pero así como con los hechos morales lo mejor es comenzar por estudiarlos, aquí del mismo modo el método correcto consistiría más bien en observar los rasgos de las verdades reconocidas.

Pero esto no es más que una cuestión de método; lo que es más importante es la propia tesis pragmatista. Veremos que la proposición *lo verdadero, es lo útil* es una fórmula que nos reenvía al utilitarismo: la teoría pragmatista de la verdad es un *utilitarismo lógico*.

---

5    Cf. la discusión de la exposición sobre "La determinación del hecho moral" en el *Bulletin de la Société Française de Philosophie*, 22 de marzo de 1906, o *Sociología y filosofía* (Buenos Aires, Miño y Dávila editores, pp. 98-99), donde Durkheim opone el método de los filósofos, que es el de "construir" la moral, al método sociológico, que consiste en observar y traducir la "realidad" moral.

# Décimo quinta lección[1]
## Verdad y utilidad

Para comenzar, antes de examinar el valor de este utilitarismo lógico que constituye el pragmatismo veamos cuáles son las características de la verdad. Apreciamos de inmediato que ésta está ligada:

1° a una *obligación moral*. La verdad no es separable de un cierto carácter moral. En todos los tiempos los hombres han estado persuadidos de que *debían* buscar la verdad. Hay en la verdad algo de respetable, un poder moral frente al cual el espíritu se siente literalmente *obligado* a inclinarse.

2° a un *poder imperativo* [*nécessitant*] *de hecho*. Existe una imposibilidad física en cierto modo de no reconocer la verdad. Cuando una representación verdadera se ofrece a nuestro espíritu, sentimos que no podemos dejar de declararla verdadera; la idea verdadera *se nos impone*. Es el rasgo que expresaba la vieja teoría de la *evidencia*: de la verdad emana una luz que es irresistible.

## El pragmatismo como utilitarismo lógico

En tanto utilitarismo lógico, ¿es capaz el pragmatismo de explicar estos dos rasgos? Ni uno ni el otro.

1° Buscar lo útil es seguir la naturaleza, no es dominarla ni domarla; aquí no se le otorga ningún lugar a esta *constricción moral* que implica la idea de obligación. En efecto, el pragmatismo no puede constar de una jerarquía de valores, ya que en él todo se ubica en un solo plano: lo verdadero, como lo bueno, está a nuestro nivel, el de lo útil; no tenemos que hacer ningún esfuerzo para elevarnos hasta él. Para James, lo verdadero es lo que es

---

1 Clase del 24 de marzo de 1914.

"conveniente", y es porque es "conveniente" que es bueno, que tiene valor.[2] Ciertamente la verdad también tiene sus exigencias y sus lealtades;[3] puede provocar entusiasmo, pero en el plano de lo útil este entusiasmo no se refiere más que a lo que puede agradarnos, a lo que es conforme a nuestros *intereses*.

2° Tampoco se ve de qué modo el pragmatismo podría explicar la característica imperativa [*nécessitant*] de la verdad. Según sus partidarios, nosotros somos quienes construimos al mundo, así como a las representaciones que lo expresan; "hacemos" a la verdad conforme a nuestras necesidades. Entonces ¿cómo ella se nos podría resistir? Sin dudas, el pragmatismo admite que, a pesar de todo, detrás de esas construcciones intelectuales que constituyen a la verdad existe una materia prima que no hemos hecho.[4] Pero esta materia prima, este dato, no sería más que un límite ideal al que no se llega nunca, a pesar de que siempre tendemos a él. Es más prudente no tenerlo en cuenta, dice Schiller;[5] la verdad absoluta no nos brinda "ninguna ayuda", y constituye más bien un obstáculo a un conocimiento más adecuado de las realidades que nos son efectivamente accesibles. Desde luego que, al lado de esta materia prima, existe toda la organización mental, las verdades adquiridas y las "creencias previas";[6] pero este es "un factor de resistencia mucho menos obstinado", y que "a menudo acaba por dejar libre el paso". Las ideas son cosas blandas, las manipulamos a voluntad mientras no exista una realidad objetiva (dada por las sensaciones y sus relaciones) que nos lo impida.

En suma, al escuchar a los pragmatistas hablar de la verdad como de algo bueno, deseable y seductor nos preguntamos si no se les escapa todo un aspecto de la verdad. La verdad es a menudo dolorosa: ocurre que desorganiza al pensamiento, que perturba la serenidad del espíritu. En ocasiones, una vez que el hombre la percibe está obligado a transformar toda su organización mental, lo que provoca una crisis de la que sale desconcertado y desamparado. Si por ejemplo en su edad adulta reconoce de golpe que sus creencias religiosas carecen de solidez, esto es para él un desmoronamiento moral, su vida intelectual y afectiva se paraliza en cierta forma. Es el sentimiento de turbación que expresó Jouffroy en su célebre artículo "Comment les dogmes

---

2  *Le pragmatisme*, p. 203 [*Pragmatisme*, p. 184; utilizamos la expresión de Alianza, mientras que la versión francesa traduce el "*expedient*" original por "*avantageux*", literalmente "ventajoso"].

3  *L'idée de vérité*, p. 66 [*El significado de la verdad*, p. 75].

4  James, *Le pragmatisme*, pp. 76, 213 y 221 [*Pragmatismo*, pp. 93, 191 y 197]; *L'idée de vérité*, pp. 165 y ss. [*El significado de la verdad*, pp. 158 y ss.].

5  Schller, *Studies in humanism*, VIII, p. 215 (trad. fr., p. 276).

6  James, *Le pragmatisme*, pp. 198 y 222 [*Pragmatismo*, pp. 180 y 198].

finissent".[7] Por lo tanto, no es cierto que la verdad sea siempre atrapante y seductora. Muy a menudo se nos resiste, se opone a nuestros deseos, tiene algo de duro.

3° Existe una tercera característica incontestable de la verdad: es su impersonalidad. Los mismos pragmatistas lo han señalado.[8] Pero ¿cómo se concilia esta característica con su definición de verdad? Se dijo, no sin razón, que el utilitarismo moral implica el subjetivismo moral. ¿No ocurre lo mismo con el utilitarismo lógico? ¿No implica él también un subjetivismo lógico?

Por lo demás, la noción de útil es muy oscura. Todo es útil en relación con ciertos fines, e incluso las peores cosas tienen su utilidad desde cierto punto de vista. A la inversa, hasta las mejores, como por ejemplo la ciencia, tienen sus desventajas y pueden causar sufrimientos; las épocas en las que más se desarrolló la ciencia han sido épocas de angustia. Todo fenómeno tiene repercusiones infinitas en el universo, algunas buenas, otras malas. ¿Cómo se podría hacer el balance entre las ventajas y los inconvenientes? Seguramente puede existir una forma de llevar todos los efectos a una causa, y por lo tanto, a un criterio, ambos únicos y determinantes: sería admitir, por ejemplo, que existe una finalidad moral impersonal y universal a la que los hombres deben alcanzar. Pero el pragmatismo excluye toda determinación de este tipo. James dice que lo verdadero es conveniente: "conveniente, en casi todos los órdenes; y, por supuesto, conveniente a la larga y en general; pues lo que hace frente convenientemente a toda la experiencia a la vista, no necesariamente hará frente a todas las experiencias subsiguientes".[9] Y sin embargo, no todo puede ser verdadero; se debe elegir, y entonces ¿cómo puede operarse tal elección? Únicamente por la experiencia personal.[10] Si una cosa ya nos causa más *satisfacción* que molestia, podemos responder afirmativamente a la pregunta de saber si es útil. Pero la experiencia de los demás puede ser diferente. En tales condiciones, la verdad se vuelve algo puramente subjetivo (por más que el pragmatismo no acepte íntegramente esta consecuencia). Es una cuestión de *temperamento*;[11] el temperamento

---

7    [*N. del t.:* Se refiere al artículo del filósofo cousiniano Théodor Jouffroy aparecido originalmente en 1825, luego incluido en sus *Mélanges philosophiques* de 1886.]

8    En *L'idée de vérité*, p. 181 [*El significado de la verdad*, p. 170] James rechaza la asimilación de la utilidad al interés personal.

9    *Le Pragmatisme*, p. 203 [*Pragmatismo*, p. 184; nuevamente, la versión francesa que cita Durkheim utiliza "*avantageux*" en lugar de "conveniente"].

10   "La única categoría completa de nuestro pensamiento… es la categoría de la personalidad" (*La volonté de croire*, p. 336 [*La voluntad de creer*, p. 363]).

11   James vuelve a menudo sobre esta noción de temperamento. Ver en particular *Le pragmatisme*, p. 25 [*Pragmatismo*, p. 57]: "Como el temperamento no es la razón convencionalmente reconocida, el filósofo sólo esgrime razones impersonales para sus argu-

del asceta, por ejemplo, y el del hombre de acción, tienen cada uno su razón de ser y corresponden por lo tanto a dos modos de actuar diferentes.

Pero entonces se presenta un problema: si la verdad tiene un carácter personal, ¿cómo es posible *la verdad impersonal*? Según los pragmatistas, sería el término *ideal* en el que convergerían a la larga todas las opiniones individuales.[12] ¿Cuáles son las causas que determinan esta convergencia? Los pragmatistas invocan dos. 1° En primer lugar, que si la experiencia varía con los individuos, su *extensión* también varía. Quien posee la experiencia más vasta, y también la más organizada, es capaz de percibir mejor lo que es efectivamente útil. Su autoridad se impone poco a poco y atrae la aprobación de los demás. Pero, ¿es este un argumento decisivo? Puesto que toda experiencia y todo juicio son cosas esencialmente personales, las experiencias hechas por otros son válidas para ellos, pero no para mí. 2° Intervienen luego consideraciones *sociales*: "Todo reconocimiento de un juicio por otros individuos es un problema social", dice Schiller.[13] En efecto, cada uno tiene interés en actuar en común con sus semejantes; de este modo, cada uno se siente más fuerte y, por consiguiente, más eficiente y más "útil". Pero la utilidad de acción común supone una comunidad de puntos de vista, de juicios y de ideas; los pragmatistas han reconocido esto en parte. La dificultad es que no nos representamos de hecho las cosas como las deseamos, y que las tesis pragmatistas amenazan con llevarnos a desconocer esta distancia y hacernos tomar por verdadero todo aquello que sea conforme con nuestros deseos.

Para remediar esta dificultad, sería necesario que se aceptara ver en la opinión común no algo artificial sino una autoridad capaz de acallar las divergencias entre los individuos y de oponerse al particularismo de los puntos de vista individuales. Pero para que una opinión común se pudiese imponer de tal modo es del todo necesario que tenga un origen extra-individual, lo que no es posible en la doctrina pragmatista, dado que de acuerdo a ella los juicios individuales se encuentran en la base de todo el pensamiento

---

mentos. Sin embargo, su temperamento le da una disposición más fuerte que cualquiera de sus premisas más objetivas"; p. 48 [p. 74] "Los temperamentos, con sus apasionadas tendencias y oposiciones, determinan a los hombres en sus filosofías, ahora y siempre"; cf. *ibid.*, pp. 62 y 75 [pp. 83 y 93] (donde se opone el "temperamento" racionalista al "temperamento" pragmatista), p. 235 [207] ("temperamento" monista y "temperamento" pluralista), *Volonté de croire,* p. 226 [*Voluntad de creer*, p. 250].

12   Cf. *supra*, Décima Lección, § "De la verdad individual a la verdad impersonal", e *Idée de vérité*, p. 232 [*El significado de la verdad*, p. 214]: "La verdad absoluta, dice [el pragmatista] significa un conjunto ideal de formulaciones hacia el que cabe esperar que todas las opiniones converjan a lo largo de la experiencia" [aquí hemos corregido la traducción de Marbot por carecer de la referencia a "*the long run of experience*", presente en la versión francesa].

13   *Studies in Humanism*, p. 90, trad. fr., p. 116.

humano; un juicio puramente individual no podría nunca convertirse en una verdad objetiva.

Por otro lado, por encima de toda esta dialéctica existe un hecho: si la verdad común fuera el producto de una convergencia progresiva de los juicios individuales, como lo sostiene el pragmatismo, a medida que nos remontamos cada vez más lejos en la historia deberíamos constatar cada vez más divergencias entre las formas de pensar de los individuos. Sin embargo, lo que se produce es exactamente lo contrario.[14] Es en el origen cuando los hombres pensaban todos del mismo modo, en cada grupo social; es en el origen donde debemos buscar la uniformidad del pensamiento. Las grandes divergencias no comienzan a aparecer hasta los primeros filósofos griegos. La Edad Media vuelve a realizar el arquetipo de la homogeneidad intelectual. Luego viene la Reforma, y con ella las herejías y los cismas, que se multiplicarán hasta que finalmente se llegue a reconocer que cada uno tiene el derecho de pensar como quiera.

De hecho, remontemos la serie de las proposiciones de la doctrina pragmatista.; vemos que si el pragmatismo define a lo verdadero por lo útil es porque planteó como principio que la verdad no es más que un instrumento de acción. Para él, la verdad *no tiene función especulativa*; no puede ver más que su utilidad práctica.[15] Los pragmatistas no reconocen esta función especulativa más que en el juego y en el sueño.[16] Y sin embargo durante siglos la humanidad ha vivido de verdades no-prácticas, de creencias que eran algo muy distinto que "instrumentos de acción". Los *mitos* no tienen un carácter esencialmente práctico; en las civilizaciones primitivas son aceptados por sí mismos, son objeto de creencia. No son simples formas poéticas: son combinaciones de representaciones que están destinadas a explicar el mundo, sistemas de ideas cuyo papel es esencialmente especulativo. Durante mucho tiempo la mitología expresó la vida intelectual de las sociedades humanas. Si los hombres encontraron en ella un interés especulativo es que tal necesidad correspondía a una realidad.

---

14  Cf. en las *Lecciones de sociología. Física de las costumbres y el derecho*, el comienzo de la Lección V, [*Lecciones de sociología*, Buenos Aires, Schapire, 1966, p. 57], donde se dice que el individuo está al principio "absorbido por la sociedad", pero que "cuanto más se avanza en la historia, más se observa el cambio de las cosas", y que "no hay ley mejor establecida" que esta emergencia progresiva de la personalidad individual.

15  Sin embargo, en *L'idée de vérité*, pp. 160 y 179 [*El significado de la verdad*, pp. 154 y 169] James denuncia los malentendidos cometidos por quienes entienden mal la teoría pragmatista de la verdad, la idea de que el Pragmatismo no es más que una "llamada a la acción" y la de que "ignora el interés teórico". Cf. *Le pragmatisme*, pp. 276 y 292.

16  Ver en particular en Schiller, *Studies in Humanism*, la conclusión del estudio "Protagoras the humanist", p. 325 (trad. fr., p. 416) y todo el ensayo XX, especialmente § 20, p. 475 (trad. fr., pp. 606-607).

# Décimo sexta lección[1]
## Especulación y práctica

Los filósofos pragmatistas, y en particular Schiller,[2] niegan que *el pensamiento tenga un valor especulativo*. ¿Qué valor tiene esta opinión? Está en contradicción con los hechos. Siguiendo al pragmatismo, el conocimiento es esencialmente un plan de acción; propone fines prácticos a alcanzar. Pero las *creencias mitológicas* que encontramos en las sociedades primitivas son cosmologías y están orientadas hacia el pasado y el presente, no hacia el futuro. Lo que está en la raíz de los mitos no es la necesidad práctica, es la necesidad intelectual de comprender. En el fondo, entonces, lo que se afirma en ellos es un espíritu *racionalista*;[3] bajo una forma simplista, es cierto, pero que basta para probar que la necesidad de comprender es universal y esencialmente humana.

Después de la mitología vino la *filosofía*, que nació de ella y que también satisface necesidades específicamente intelectuales. La fe en la existencia de verdades especulativas no es una alucinación ni un punto de vista que sería propio de Platón; es muy anterior a él, y se afirma entre todos los filósofos. Es cierto que muy tempranamente la filosofía se planteó problemas prácticos (morales y políticos). Pero si buscó ejercer una acción práctica, por otro lado muy general, en lo que refiere a los problemas humanos, no tuvo nunca las pretensiones de este tipo en cuanto a la acción sobre las cosas; la moral nunca fue más que la auxiliar de la filosofía. En la Edad Media sólo se ubicaba en un segundo lugar, a menudo dejada de lado por la escolástica. Es así todavía

---

1 Clase del 31 de marzo de 1914.

2 Es lo que llama la "eterealización" ["*etherealising*"] de la verdad (*Studies in Humanism*, tercer ensayo § 19, p. 111 (trad. fr., pp. 143-144).

3 Cf. las páginas de las *Formas elementales de la vida religiosa*, pp. 242 y ss., donde Durkheim, contrariamente a Lévy-Bruhl, quien por entonces oponía pensamiento lógico y pensamiento "pre-lógico", afirma la continuidad de la "evolución lógica" a partir de la mitología y del pensamiento religioso. Cf. también la misma obra, p. 439: "las fiestas, los ritos, en una palabra, el culto, no constituyen la religión. Esta no es solamente un sistema de prácticas; también es un sistema de ideas cuyo objeto es expresar el mundo... hasta las [religiones] más humildes tienen su cosmología".

en el siglo XVII. Por lo tanto, la preocupación práctica no representa una corriente permanente en el pensamiento filosófico.

Ocurre lo mismo incluso en la *ciencia*. Ciertamente especulación y práctica se encontraban en el origen fundidas una dentro de la otra; la alquimia, por ejemplo, se preocupa menos por encontrar la naturaleza verdadera de los cuerpos que por la manera de fabricar oro. En ese sentido podríamos decir que en su origen las ciencias son pragmáticas. Pero mientras más se avanza en la historia más se observa que el pensamiento científico pierde ese carácter mixto que tenía primitivamente. La ciencia se vuelve cada vez más ajena a las preocupaciones puramente técnicas. El sabio se coloca frente a lo real y se desinteresa por las consecuencias prácticas de lo que descubrirá. Desde luego, existe un punto de partida de toda investigación, un acto de fe optimista en la utilidad de la investigación; pero esto sólo vale por un tiempo. El espíritu científico consiste en ubicarse en un punto de vista netamente opuesto al de los pragmatistas.

Finalmente *la historia* no es menos incómoda para ellos. En efecto, de acuerdo a su doctrina la idea está destinada a actuar sobre lo real. Pero el hecho histórico es un hecho pasado; ¿cómo se podría actuar sobre él? James y Dewey responden que el pasado no está muerto del todo, que tiene "prolongaciones presentes o efectos de lo que el pasado albergó" y que una afirmación relativa al pasado puede hacer verdadera o falsa una afirmación presente.[4] Pero esto es jugar con las palabras. La adaptación del pensamiento a la realidad histórica es enteramente intelectual, y satisface necesidades puramente especulativas, no prácticas.

Moore dice que el conocimiento histórico puede servirnos para dirigir nuestra conducta individual en circunstancias similares a las del pasado. Pero aunque esta utilización eventual de la historia para fines prácticos e individuales puede no ser imposible, es ajena a los estudios históricos y al establecimiento de la verdad histórica como tal. Cuando el historiador se pregunta si César efectivamente pasó el Rubicón tal como está relatado en los *Comentarios* sobre la guerra civil, es únicamente a fin de saberlo y de hacerlo saber. Fustel de Coulanges decía que la historia no *sirve* para nada, y que es eso lo que hace su grandeza. Más allá del carácter un poco absoluto de esta fórmula, hay que reconocer que el provecho práctico que podemos obtener de la historia es singularmente magro. Los tiempos ya no son los mismos, las circunstancias cambiaron, por lo que los acontecimientos del

---

4    James, *Le Pragmatisme*, pp. 196-197 [*Pragmatismo*, p. 179]; *L'idée de vérité*, cap. X, "L'existence de Jules Cesar", pp. 193 y ss. [*El significado de la verdad*, cap. X, "La existencia de Julio César", pp. 181 y ss.]. En su artículo "Pure Experience and Reality" (*Philosophical Review* 16, t. II, 1907, pp. 419 y ss.) Dewey sostiene que incluso podemos tener la experiencia del pasado como condicionando nuestra experiencia presente.

pasado no pueden reproducirse del mismo modo, dado que las condiciones son distintas.

Existe una ciencia cercana a la historia que es capaz de desprender las consecuencias prácticas de los hechos históricos: es la *sociología*. Pero es una ciencia reciente, que aún está en sus comienzos. Por otro lado, aunque estuviera más avanzada de lo que está, no se confundiría con la historia: la sociología no se inquieta en absoluto por saber, por ejemplo si madame de Montespan jugó o no un papel político, mientras que la historia de ningún modo descuida los problemas de esta índole.

De este modo, la búsqueda de la verdad por la verdad no es un caso aislado, ni un hecho patológico ni una desviación del pensamiento. Por otra parte, incluso suponiendo que fuera una aberración y que los hombres se hubieran visto empujados por quien sabe qué espejismo a buscar una verdad inasible, aun así habría que explicar esta ilusión.

## LOS ARGUMENTOS DE DEWEY A FAVOR DE LA SUBORDINACIÓN DEL PENSAMIENTO A LA ACCIÓN

Examinemos ahora los argumentos con ayuda de los cuales el pragmatismo pretendió establecer que el conocimiento sólo existe para la acción.

Dewey en particular creyó poder citar un cierto número de hechos según él probatorios, que son los siguientes:

1° La mayoría de las veces, la conciencia y la reflexión nacen en condiciones tales que parecen haber sido llamadas a la existencia por la necesidad misma de la práctica.[5] Una vez que se produce una ruptura en un organismo viviente la conciencia se despierta; se interroga, el sujeto toma conciencia de los problemas. Y de este modo puede decirse que la aparición de la conciencia responde a fines prácticos: nace para restablecer el equilibrio que había sido perturbado.

2° Ocurre lo mismo en los hábitos de toda especie.[6] Allí la conciencia se apaga porque se vuelve inútil. Sólo cuando el hábito se ve contrariado, cuando se produce una desadaptación, es cuando se despierta la conciencia.

---

5   Cf. *supra* la Sexta Lección, § "El pensamiento y lo real", y la Décima Lección, § "La interpretación de Dewey".

6   Dewey, *Human Nature and Conduct* (1922), pp. 175-180 [*Naturaleza humana y conducta*, México, FCE, 2014, pp. 131-135]. Cf. también *Studies in Logical Theory*, p. 154.

3° Finalmente, ocurre lo mismo en la sociedad.[7] Cuando un régimen político o social funciona sin problemas, se lo acepta pasivamente y la reflexión no lo considera. Es cuando ya no funciona armoniosamente que se buscan remedios y se piensa en remontarse a sus causas.

Ciertamente, estos hechos son incontestables, pero lo que mueve a discusión es el modo en el que son interpretados. En efecto, se concluye que la conciencia, que sólo aparecería para la acción, no es más que un sustituto; una idea no sería más que la representación de un fin a alcanzar, siendo el mismo movimiento la representación que se traduce en acto. Pero existen hechos que contradicen esta afirmación pragmatista y que demuestran que por el contrario puede haber *antagonismo entre el pensamiento y la acción*:

A. Existen casos en los que la conciencia obstruye la acción, en lugar de facilitarla. Por ejemplo, un pianista que sabe tocar perfectamente una pieza, tendrá errores si se interrogase y reflexionase sobre lo que hace. Del mismo modo, quien busca sus palabras en lugar de hablar naturalmente, balbucea. En todos estos casos, la conciencia viene a ralentizar, sobrecargar o paralizar la acción.

B. A la inversa, ocurre que la acción paraliza al pensamiento, y esto se produce constantemente; es lo que muestra bien la psicología de la atención. La atención es una forma concentrada de la conciencia; la conciencia avivada de este modo es lo que nos permite comprender mejor cuáles son sus características constitutivas. La atención implica una tensión de las funciones orgánicas, una suspensión del movimiento; y esta suspensión del movimiento es incluso su condición esencial, como lo ha mostrado Ribot.[8] Es por lo que se dice que para pensar profundamente hay que abstenerse de todo movimiento. "Pensar es contenerse de actuar".[9] No se puede pensar con intensidad caminando, jugando, etc.

De allí por otra parte la oposición entre esos dos tipos humanos tan distintos, el intelectual y el hombre de acción. En éste lo que domina son las sensaciones globales, sintéticas y confusas, pero vivas y fuertes. Sus representaciones están asociadas a mecanismos motores que combina de

---

7   Cf. Dewey, *The Public and its Problems* (1927), *passim*, en particular pp. 57-67.

8   Théodule Ribot, *Psychologie de l'attention*, Alcan, 1889, especialmente pp. 72-73 [*Psicología de la atención*, Madrid, 1899, pp. 73-74].

9   [*N. del t.:* Sin nombrarlo, Durkheim se refiere aquí a Alexander Bain (*The senses and the intelect*, 1855; trad. fr.: *Le sens et l'intelligence*, 1874), citado por Ribot en *Psychologie…*; la cita completa es: "Pensar es contener la palabra y la acción" ("*thinking is restrained speaking or acting*")].

manera apropiada, adaptándolas a las circunstancias casi sin deliberación. Si se le pide asesoramiento, no se le puede exigir que nos dé razones en las que se apoyan sus consejos; las más de las veces las ignora, y reflexionar sobre ellas le crearía una perturbación y una vacilación. Por el contrario, el intelectual, el pensador, tiende siempre a postergar las resoluciones a tomar. Vacila, porque nunca considera satisfactorias sus razones para actuar. En él el tiempo de la reflexión no tiene límites, y cuando finalmente se decide a actuar, violenta su temperamento de intelectual. Ciertamente, estos dos tipos nunca se encuentran bajo una forma tan absoluta y tajante como la que vengo de describir, pero es verdad que ahí hay dos orientaciones que se oponen de hecho.

¿Por qué esta oposición? Es que las *condiciones* del pensamiento y las condiciones de la acción son distintas. 1° Por empezar, el pensamiento es una *hiperconcentración* de la conciencia, y mientras más fuerte es la concentración, más limitado es el círculo de la reflexión. Por el contrario, la acción está hecha de descarga: actuar es *exteriorizarse* y propagarse hacia afuera. Pero el hombre no puede estar a la vez por entero en sí y por entero fuera de sí. 2° En segundo lugar el pensamiento, la conciencia reflexiva, exige tiempo. Mientras más rápido pasa la representación en la conciencia, más encierra algo desconocido; sólo podemos conocer verdaderamente una representación de modo sucesivo, parte por parte. Para conocerla, hace falta analizarla, y para analizarla se la debe fijar y retener en la conciencia, es decir inmovilizarla durante cierto tiempo. La acción, lejos de reclamar esta fijeza, exige lo contrario. El movimiento fluye, la conciencia también, en tanto que es justamente flujo, movimiento; pero para poder verdaderamente existir y manifestarse, es necesario que se detenga, y ella también supone una detención, una suspensión en la acción. Por el contrario, una vez que existe equilibrio entre nuestras disposiciones y el medio, los movimientos vitales se producen de forma automática, pasan tan rápido que no tenemos tiempo para conocerlos, no hacen más que rozar la superficie de la conciencia. Así, la conciencia no se retira como un actor que hubiese terminado de jugar su papel, sino porque las condiciones de su existencia no se han realizado. Asimismo, si la conciencia aparece cuando el movimiento se detiene no es sólo porque es necesario que algo reemplace al movimiento que desaparece, es porque la suspensión de éste la ha vuelto efectivamente posible.

Podemos concluir que, contrariamente a la tesis pragmatista, no existe parentesco entre el pensamiento y acción. Por lo tanto, es muy sorprendente ver que los pragmatistas sostienen que el conocimiento no tiene más que fines prácticos, dado que por el contrario el conocimiento tiene exigencias profundamente diferentes a la práctica.

# Décimo séptima lección[1]
## El papel de la verdad

La antítesis que hemos marcado en la última lección entre el pensamiento y la acción es aún más acentuada cuando consideramos las formas de pensamiento más elevadas. En efecto, existen grados en los que se escalona el conocimiento. El más bajo es la *sensación*. No nos proporciona más que conocimientos fugitivos y no sirve más que para desencadenar las reacciones necesarias. Es lo que se manifiesta en el funcionamiento del instinto.

Las *imágenes*, como las sensaciones, están en conexión estrecha con las tendencias a la acción. No nos podemos imaginar algo que llame al deseo sin que existan movimientos que se esbocen en nosotros. Pero estos movimientos permanecen en el estado de virtualidades; son bocetos siempre inacabados. Sin embargo, la representación comienza a tener aquí una apariencia de vida específica.

El *concepto*, finalmente, tiene un poder motor muy débil.[2] Para pensar por conceptos es necesario que descartemos las emociones que nos mueven a actuar y que resguardemos los sentimientos que nos impedirían aislar el elemento intelectual. Los conceptos están aislados del acto, se postulan por sí mismos.

## El verdadero papel de la conciencia

El error de los pragmatistas es precisamente haber negado el carácter específico del conocimiento, y por consiguiente del pensamiento e incluso de la conciencia. El papel de la conciencia no es dirigir el comportamiento de un ser que no tendría necesidad del conocimiento: es *constituir a un ser que no existiría sin ella*. Veo la prueba de esto en el papel que juegan las sensaciones cenestésicas en la vida psíquica. Estas sensaciones que emanan de todas las partes de nuestro cuerpo son como el núcleo de la conciencia

---

1    Clase del 21 de abril de 1914.

2    Cf. *infra*, la segunda página del Apéndice 1: "La certeza".

personal; es lo que le hacía decir a Spinoza que el alma es la idea del cuerpo.[3] La conciencia no es entonces una función que tenga como papel dirigir los movimientos del cuerpo; *es el organismo conociéndose a sí mismo*, y por el sólo hecho de que el organismo se conoce, se puede decir que se produce algo nuevo.

Para que la conciencia se produzca, es necesario que existan huecos o lagunas en la acción, y es por estas lagunas que el ser toma conciencia de sí mismo. Un ser que se conoce es aquel que detiene el movimiento y a continuación lo reproduce. La conciencia, lejos de tener únicamente como papel la dirección de los movimientos de los seres, tiene como papel producir a tales seres.

El pragmatismo tiende a negarle este papel a la conciencia. Para él, la conciencia es el mundo exterior, es sólo un momento en la serie de movimientos que componen ese mundo, y que viene a perderse en el conjunto de aquellos.[4] Y sin embargo, el pragmatismo se presenta como una doctrina *espiritualista*. ¡Singular espiritualismo este, que pretende negar el carácter específico de la conciencia!

Sin dudas, cuando el automatismo de los movimientos está desorganizado, es por completo natural que intervenga el pensamiento para suscitar los movimientos que encuentra que faltan. Este papel práctico del pensamiento no está desprovisto de importancia, pero no es el único ni puede ser el principal. Por otro lado, un ser consciente, un ser que se conoce, no puede actuar enteramente del mismo modo que un ser que se ignora a sí mismo. Su actividad será de un nuevo tipo. Sin dudas, seguirá compuesta por movimientos; pero serán movimientos dirigidos por ideas. Dicho de otro modo, será una actividad *psicológica*.

Reducir al ser consciente a no ser más que su acción es retirarle lo que lo constituye esencialmente. A la conciencia, por otro lado, le repugna jugar tal papel. No forma más que planes esquemáticos, y jamás puede tomar directamente el mando de la conducta efectiva. La inteligencia no puede proveer más que planes de acción muy generales e hipotéticos. El movimiento, por el contrario, necesita ser categórico y preciso. Sólo la experiencia misma de la acción puede permitirnos saber si tal acto particular es efectivamente

---

3   *Ética* II, prop. XIII ["El objeto de la idea que constituye el alma humana es el cuerpo", *Ética*, México, Porrúa, 2007]. Es conocido el papel que le atribuía Durkheim al cuerpo en la individualización de la persona; cf. *Las formas elementales de la vida religiosa*, p. 275: "…se necesita un factor de individuación. El cuerpo desempeña este papel". Sobre esta tesis de Durkheim, cf. Maurice Leenhard, *Do Kamo. La personne et le mythe dans le monde mélanesien*, París, Gallimard, 1947, pp. 210-214 [*Do Kamo. La persona y el mito en el mundo melanesio*, Barcelona, Paidós, 1997, pp. 160-163].

4   Es realmente muy notable que aquí Durkheim parece presentir lo que un poco más tarde se llamará *Behaviorism*, del cual un autor como Dewey está, en efecto, muy cercano.

el que conviene en tal circunstancia; hace falta actuar para saber cómo se debe actuar.

Lo que demuestra bien que la conciencia está obligada en cierta forma a violentarse a sí misma cuando se esfuerza a dirigir la acción es el hecho de que, apenas se libera de ese papel, apenas se escapa de él, los movimientos se fijan poco a poco en el organismo y ella misma desaparece. Es lo que se produce en el hábito.

◆ ◆ ◆

El error inicial del pragmatismo es entonces negar la naturaleza propia de la conciencia y, por consiguiente, del conocimiento. Pero tuvo el mérito de llevarnos a reflexionar sobre la pregunta: *¿cómo se debe construir la noción de verdad?*

La respuesta a esta pregunta, ya lo hemos dicho, es que debemos ubicarnos frente a verdades reconocidas como tales y examinar lo que lleva a aceptarlas. Ahora bien, una representación es considerada como verdadera cuando se considera que expresa la realidad. No discutimos la cuestión de saber si se tiene razón en pensar de este modo. Es posible que creamos eso a partir de un error; es posible que sea por otras razones que las ideas sean recibidas como verdaderas. Pero aquí esto nos importa poco. Digamos simplemente que, cuando se *cree* que una idea es verdadera, es que se la considera como adecuada a lo real.

El problema no es saber con qué derecho podemos decir que tal proposición particular es verdadera o falsa; por lo demás, lo que hoy admitimos como verdadero puede mañana ser considerado como falso. Lo que nos importa es conocer las causas que determinaron que los hombres creyeran que una representación es conforme a la realidad. Para nosotros las representaciones que han sido reconocidas como verdaderas en el curso de la historia presentan el mismo interés; no hay ninguna privilegiada. Si queremos escapar a lo que hay de demasiado estrecho en el viejo racionalismo, debemos ampliar su horizonte liberándonos de nosotros mismos y de nuestro punto de vista propio.

En general, cuando en nuestros días se habla de "verdad", se piensa sobre todo en la verdad científica. Pero la verdad existió antes que la ciencia, y para responder convenientemente a la pregunta planteada es necesario considerar lo que fueron esas verdades pre-científicas y no-científicas. Eran, por ejemplo, las *mitologías*; ahora bien, ¿qué fueron las mitologías? Fueron cuerpos de verdades que se veían como expresión de la realidad, del universo, y que se impusieron a los hombres con un carácter obligatorio tan marcante y tan potente como las verdades morales.

Ahora bien, ¿qué es lo que llevó a los hombres a considerar estas proposiciones o estas creencias mitológicas como verdaderas? ¿Fue porque las habían confrontado con una realidad dada, con los espíritus, por ejemplo, o con las divinidades, de las que habrían tenido una experiencia real? ¡De ningún modo! El mundo de seres míticos no es un mundo real, y sin embargo los hombres creyeron en él. Las ideas mitológicas no fueron vistas como verdaderas porque estuvieran fundadas sobre una realidad objetiva; por el contrario, son nuestras ideas y nuestras creencias las que les confieren a los objetos de pensamiento su realidad. Y así, la idea es verdadera no en razón de su conformidad con lo real. sino en razón de su poder creador.

## LAS REPRESENTACIONES COLECTIVAS

Pero estas ideas no son de origen individual, son *representaciones colectivas*; están compuestas por todos los estados mentales de un pueblo o de un grupo social que piensa en común. Ciertamente en ese pueblo o en ese grupo existen personalidades, que juegan su papel; pero incluso este papel no es posible más que gracias a la acción de la colectividad. En la vida de la especie humana, la colectividad es lo que mantiene a las ideas y representaciones. En virtud de sus mismos orígenes, todas las representaciones colectivas están revestidas de un prestigio gracias al cual tienen el poder de imponerse. Poseen una energía psicológica más grande que las que emanan del individuo. Es lo que hace que se instalen con fuerza en la conciencia; allí reside la fuerza misma de la verdad.

Así, traspuesta sobre otro plano, volvemos encontrar la doble tesis pragmatista: 1° el modelo y la copia son una sola cosa; 2° nosotros somos los coautores de la realidad. No obstante, se aprecian las diferencias; el pragmatismo decía: *nosotros* somos quienes hacemos lo real; pero aquí, *nosotros* es el individuo. Ahora bien, los individuos son seres distintos, que no pueden todos hacer al mundo del mismo modo; de hecho un problema difícil de resolver para los pragmatistas es saber cómo varios espíritus pueden conocer a la vez el mismo mundo.[5] Si por el contrario se admite que la representación es una obra colectiva, ésta presenta un carácter de unidad que no puede tener en el pragmatismo. Así se explica esta impresión de resistencia, este sentimiento de algo que sobrepasa al individuo que experimentamos en presencia de la verdad, que son la condición misma de la objetividad.

En definitiva, es el pensamiento el que crea a lo real, y el papel eminente de las representaciones colectivas es el de "hacer" esta realidad superior que es la misma *sociedad*. Un papel quizás imprevisto de la verdad, pero que muestra que no está hecha sólo para dirigir las cosas del orden práctico.

---

5    Cf. en particular el ensayo IV de los *Essays in Radical Empiricism*, pp. 123 y ss.: "How two minds cand know one thing".

# Décimo octava lección[1]
## Los diferentes tipos de verdad

En la historia del pensamiento humano existen dos tipos de verdades que se oponen una a la otra. Son las *verdades mitológicas* y las *verdades científicas*.

— I —

### Las verdades mitológicas

En el primer tipo, toda verdad es un cuerpo de proposiciones aceptadas sin control (contrariamente a nuestras verdades científicas, siempre sometidas a verificación o demostración). Dado que carecen de prueba, ¿de dónde les viene este carácter de verdad que se les atribuye? Son las representaciones las que crean este carácter de objetividad de las mitologías, y lo que les confiere su poder creador es su carácter colectivo. Esta característica es también la que hace que se impongan al espíritu. Las representaciones colectivas llevan consigo sus objetos, producen la existencia de tales objetos. Las verdades mitológicas fueron las condiciones de existencia de las sociedades que creyeron en ellas. En efecto, la vida común supone ideas comunes, una unanimidad intelectual. Por el hecho mismo de esta adhesión colectiva, estas ideas se encuentran sustraídas a las contingencias individuales; de ahí su carácter objetivo e imperativo [*nécessitaire*].

Sin embargo, ¿son libres los pueblos de crear verdades de acuerdo a su fantasía? ¿Puede la sociedad transformar lo real a su gusto? Si así fuera, podríamos adoptar una especie de pragmatismo más o menos atenuado, interpretándolo en un sentido un tanto sociológico; pero esta corrección no sería suficiente. En efecto, las ideas y las representaciones no pueden volverse colectivas si no responden a nada de lo real; tampoco pueden permanecer sin relación con la conducta de los individuos. La experiencia del fracaso, de la decepción, del sufrimiento, nos advierte que nuestra acción corresponde a una representación inadecuada, y de inmediato nos desprendemos tanto del

---

1     Clase del 28 de abril de 1914.

acto como de la representación que le corresponde. Ciertamente, es falso decir, como lo hacen los pragmatistas, que una idea que nos procura una *satisfacción* sea por ese mismo hecho una idea verdadera. Pero si es falso que toda idea que nos satisface sea una idea verdadera, la recíproca no es falsa: una idea no puede ser verdadera sin aportarnos alguna satisfacción.

Aquí ocurre con la verdad lo mismo que con las reglas morales: éstas no se constituyeron para ser útiles al individuo; pero el deber no se podría practicar si los individuos no vieran en ellas algún atractivo, y no se vieran, en definitiva, satisfechos.[2] Del mismo modo, la verdad es impersonal, tiene un carácter imperativo [*nécessitant*], como las reglas morales; pero si este fuera su único aspecto tendríamos siempre la tendencia a rechazarla o ignorarla. Para que se convierta verdaderamente en un elemento de nosotros mismos es necesario que nos sirva, que nos sea útil. Toda representación colectiva debe servir a los individuos en el plano práctico, es decir que debe suscitar actos que estén ajustados a las cosas, a las realidades a las que corresponde. Pero para poder suscitar estos actos es necesario que la representación misma esté adaptada a tales realidades.

Por lo tanto, las creaciones mitológicas no carecen de relación con lo real. Debe existir una realidad de la cual esas representaciones sean la expresión; esta realidad no es otra que la sociedad.[3] Las fuerzas que las religiones y los mitos creen reconocer en ellas no son puras fantasmagorías, son fuerzas de origen colectivo. Lo que la religión traduce en sus representaciones, sus creencias y sus mitos, son las realidades sociales y la manera en la que actúan sobre los individuos. El monoteísmo, por ejemplo, es la expresión de una tendencia a una centralización más fuerte del grupo social, tendencia que hace que los grupos particularistas se vayan retirando cada vez más.[4] Así como para el individuo las sensaciones cenestésicas forman el núcleo de la conciencia, del mismo modo en la sociedad las verdades colectivas constituyen el fondo de la conciencia humana.[5]

---

2   Sabemos que, en "La determinación del hecho moral", Durkheim había designado a la *deseabilidad* como siendo, junto con la *obligación*, el "segundo rasgo de todo acto moral" (cf. *Sociología y filosofía*, p. 60).

3   Cf. *Las formas elementales de la vida religiosa*, p. 430: "…Esta realidad, que las mitologías se han representado bajo tantas formas diferentes, pero que es la causa objetiva, universal y eterna de esas sensaciones sui generis de que está hecha la experiencia religiosa, es la sociedad".

4   Sobre este paralelismo entre las concepciones religiosas y la estructura de la sociedad, cf. *Las formas elementales de la vida religiosa*, *passim.*, en particular pp. 206, 294-302, 436-437, etc.

5   [*N. del t.*: En este punto, según las anotaciones de René Maublanc, Durkheim habría agregado: "Se trata de expresiones simbólicas, pero toda verdad es un símbolo más o menos aproximado. Las mitologías corresponden a una realidad, y es por ello que los actos inspirados por ella no están desprovistos de valor y utilidad"].

La sociedad no puede tomar conciencia de sí misma sin alguna relación con las cosas. La vida social exige que las conciencias individuales estén de acuerdo; para que lo perciban, cada una de ellas debe expresar lo que experimenta; pero sólo pueden hacerlo con la ayuda de las cosas tomadas como símbolos. Es porque la sociedad se expresa por medio de cosas que se ve llevada a transformar y transfigurar lo real; es así que en las representaciones míticas las cosas, las plantas por ejemplo, se convierten en seres capaces de experimentar sentimientos humanos. Las representaciones míticas son falsas en relación con las cosas, pero son verdaderas en relación con los sujetos que las piensan.

De allí la variabilidad histórica de la verdad. Hemos visto que los pragmatistas la percibieron perfectamente; pero la expresan diciendo que la verdad no está ni fijada ni definida, que está incesantemente en vía de formación. Esta fórmula no es satisfactoria; puesto que si existen verdades nuevas, no por ello las verdades antiguas cambian o son abolidas. Todas las cosmologías que son inmanentes a los sistemas mitológicos son distintas unas de otras, y sin embargo las diferentes cosmologías pueden con todo derecho considerarse como verdaderas, porque han cumplido las mismas funciones en relación con los pueblos que pusieron su fe en ellas, porque han tenido el mismo papel social.[6]

— II —

### LAS VERDADES CIENTÍFICAS

Hoy en día son las *verdades científicas* las que para nosotros constituyen el tipo mismo de la verdad. A primera vista, las representaciones científicas parecen muy diferentes a las representaciones mitológicas. Mientras que éstas traducen las ideas que la sociedad se hace de sí misma, las verdades científicas expresan al mundo tal como es. La ciencia social, en particular, expresa lo que la sociedad es en sí misma, y no lo que es a los ojos del sujeto que la piensa.

Y sin embargo también las representaciones científicas son representaciones colectivas. Se objetará que las representaciones científicas son impersonales, pero ¿lo son también las representaciones colectivas? Puede

---

6   [*N. del t.*: En el manuscrito de Maublanc, el texto continua de este modo: "Una sociedad cualquiera solo puede existir y ser ella misma a condición de expresarse bajo la forma que ha tomado; nuestro cuerpo actual de verdades científicas hubiera sido imposible en la sociedad romana. Por lo tanto, todas las verdades son verdaderas [*sic*], puesto que las realidades a las que corresponden son distintas".]

responderse que sí, ya que expresan algo que está por fuera y por encima de los individuos.

Las ideas científicas presentan todas las características necesarias para convertirse en representaciones colectivas. La verdad científica contribuye a reforzar la conciencia social, del mismo modo que el pensamiento mitológico, aunque por otros medios. En efecto, ¿cómo pueden comunicarse entre ellos los espíritus particulares? De dos maneras: o bien confundiéndose los unos en los otros, de modo de no hacer más que un único espíritu colectivo, o bien comunicándose en un mismo objeto que sea el mismo para todos, aunque manteniendo cada uno su personalidad, como las mónadas de Leibniz, las cuales expresan cada una al universo en su conjunto sin perder su individualidad.[7] El primer procedimiento es el del pensamiento mitológico, el segundo el del pensamiento científico.

Por lo demás, esta tarea no la asume la ciencia por casualidad y de forma inconsciente; es *para esto* que existe. Cuando los pragmatistas se preguntan por qué existe la ciencia y cuál es su función, deberían dirigirse a la historia; ésta nos enseña que la ciencia nació en Grecia y sólo en Grecia, para satisfacer ciertas necesidades. Tanto para Platón como para Sócrates la ciencia tiene como tarea unificar los juicios universales. La prueba es que el método empleado para edificarla es la "dialéctica", es decir, el arte de confrontar juicios humanos divergentes para extraer aquellos sobre los que se llega a un acuerdo. Ahora bien, si la dialéctica es el primero de los métodos científicos, si este método tiene como fin terminar con las divergencias, es porque la tarea de la ciencia es dirigir los espíritus hacia las verdades impersonales y hacer cesar las divergencias y los particularismos.[8]

---

7   Se reconocen aquí las dos formas de consenso social que corresponden a lo que Durkheim llamó, en *La división del trabajo social*, "solidaridad mecánica" y "solidaridad orgánica".

8   [*N. del t.*: En las anotaciones de René Maublanc siguen aquí unos párrafos ausentes en la versión de Cuvillier, y de los cuales las afirmaciones más interesantes son las siguientes: "La mitología simboliza al mundo, lo traduce a través de las sociedades, coloreado con sus sentimientos. ¿Cómo es que puede mantenerse? Es porque la conciencia colectiva tiene como objeto, antes que nada, el de mantener a la sociedad con vida, y no el hacer actuar a los individuos en determinado sentido. Pero la mitología expresa a la sociedad de un modo lo suficientemente adecuado y puede regular la acción humana en relación con la sociedad..."].

# Décimo novena lección[1]
## Verdad científica y conciencia colectiva

Hemos visto que los grandes pensadores de Grecia se esforzaron en asegurar la unidad intelectual y el acuerdo entre los hombres. El medio al que recurrieron fue el de tomar como objeto a la *realidad objetiva*, que debe ser necesariamente la misma para todos los hombres, puesto que es independiente del sujeto que la observa. Por lo tanto el objetivo se alcanza si llegamos a representarnos las cosas como se las representaría un entendimiento impersonal.

Pero el objeto de la ciencia tal como la concebimos hoy en día es precisamente representarnos las cosas como si fueran vistas por un entendimiento puramente objetivo. Es lo que ha comprendido perfectamente Auguste Comte: para él, la tarea de la "filosofía positiva" es terminar con la anarquía intelectual que reina principalmente desde la Revolución, pero que en realidad se remonta a mucho tiempo antes. En efecto, a partir de la "edad metafísica", es decir desde el momento en el que se despertó el espíritu crítico,[2] ya no podía seguir habiendo conciencia común. Ahora bien, según Comte, es a la ciencia a quien hay que pedirle el material mental con el cual será posible reconstituir esta conciencia común. Pero las ciencias particulares son insuficientes para esta tarea; son demasiado especiales. Es necesaria una disciplina que englobe a todas las especialidades, que sintetice las ciencias particulares; tal será la filosofía.[3] Aquí podríamos pensar que

---

1 Clase del 5 de mayo de 1914.

2 Cf. *Discours sur l'esprit positif*, París, Société positiviste, 1908, p. 14, §10 [*Discurso sobre el espíritu positivo*, Madrid, Alianza, 1980, p. 25, §10]: "Para comprender mejor… la eficacia histórica de tal aparato filosófico [el estado metafísico] importa reconocer que, por su naturaleza, no es susceptible más que de una mera actividad crítica o disolvente, incluso mental, y, con mayor razón, social, sin poder organizar nunca nada que le sea propio".

3 *Cours de philosophie positive*, París, Schleicher, 1830, t. 1, Primera Lección, pp. 30-31 [*Curso de filosofía positiva (lecciones 1 y 2) – Discurso sobre el espíritu positivo*, Barcelona, Orbis, 1984, pp. 37-38]: "El verdadero medio de detener la amenaza que pesa sobre el porvenir intelectual, debida a la excesiva especialización de los estudios individuales… consiste en perfeccionar la división del trabajo intelectual en sí mismo.

                                    *Émile Durkheim*

Auguste Comte se engañó un poco; no vio que la filosofía nunca podrá dejar de ser algo personal.

Pero la conciencia colectiva, sin pasar obligatoriamente por la filosofía, puede apropiarse de las verdades científicas y coordinarlas en un todo. Es así como se constituye una *filosofía popular* que es obra de todos y que está hecha por todos. Y no son sólo las cosas físicas las que esta filosofía popular alcanza y expresa; es también y sobre todo el hombre, la sociedad. De aquí la gran tarea que debe jugar la historia.[4] Como decía Comte, la filosofía (contrariamente a lo que piensan los pragmatistas) mira menos al futuro que al pasado. Es gracias a ella que la sociedad toma conciencia de sí misma. Existe además una ciencia que, con ayuda de la historia, está llamada a jugar aquí un papel más importante que todas las demás: es la sociología.[5]

## Supervivencia de las representaciones mitológicas

Sin embargo, no es necesario que la filosofía elabore todos los conocimientos científicos; estos se registran y permanecen en la conciencia colectiva. En cuanto a la filosofía, sólo puede orientar, no imponer. Comte no sólo exageró la tarea de la filosofía, también exageró el papel de la ciencia; estaba persuadido de que una vez que se alcanzara la edad positiva todo habría terminado para las ideas mitológicas. Creía que a partir de entonces los hombres se abstendrían de tomar partido sobre las cuestiones no dilucidadas por la ciencia. Se viviría sobre las verdades científicas y positivas, que se pueden considerar como establecidas, y sobre el resto permaneceríamos en la duda intelectual. Admito que ocurre así con los conocimientos relativos al mundo físico, pero no podría ser del mismo modo en lo que concierne al

---

Sería suficiente, en efecto, hacer del estudio de las generalidades científicas una gran especialidad nueva… Así concibo el destino de la filosofía positiva en el sistema general de las ciencias positivas propiamente dichas".

4  [*N. del t.*: Según las notas del cuaderno de Maublanc, así como las de la Sorbona, Durkheim habría agregado aquí la frase 'La historia, que es la memoria colectiva de la sociedad"].

5  *Discours sur l'ésprit positif, op. cit.*, pp. 38-41, §20-21 [*Discurso sobre el espíritu positivo, op. cit.*, pp. 40-42, §20-21]: "Ya no se debe concebir entonces, en el fondo, más que una sola ciencia, la ciencia humana o, más exactamente, social, cuyo principio y fin a un tiempo lo constituye nuestra existencia… La filosofía teológica, durante la infancia de la Humanidad, no ha sido la única propia para sistematizar la sociedad más que por ser entonces la fuente exclusiva de una cierta armonía mental. Así, pues, si el privilegio de la coherencia lógica ha pasado desde ahora irrevocablemente al espíritu positivo, lo que no puede apenas discutirse en serio, es menester desde el mismo momento reconocer también en él el único principio efectivo de esa gran comunión intelectual que viene a ser la base necesaria de toda verdadera asociación humana".

mundo humano y al mundo social. Aquí la ciencia todavía está en un estado rudimentario; sus medios de investigación resultan incómodos, porque la experimentación directa es imposible. En tales condiciones se comprende fácilmente que todavía sean muy escasas las nociones que expresan a las cosas sociales de formas verdaderamente objetivas.

Si Comte pudo creer que la sociología podría brindarle directivas a la conciencia pública es porque tenía ideas simplistas sobre la evolución social, o más bien una concepción esencialmente filosófica. Su sociología era en realidad una filosofía de la historia. Estaba fascinado por la "ley de los tres estados", y consideraba que al enunciar esta ley había constituido él mismo a toda la sociología. Ahora bien, este no es el caso. La sociología –cómo él mismo lo reconoció, por otra parte– tiene un objeto más complejo que todas las demás ciencias; no puede más que producir hipótesis fragmentarias, y éstas apenas si han ejercido hasta aquí alguna acción sobre la conciencia popular.

¿Qué hacer entonces? ¿Debemos encerrarnos en la duda? Ciertamente esto sería prudente, al menos en lo que se refiere al mundo físico. Pero, como hemos dicho, es muy difícil extender esta actitud al mundo social, al mundo humano. Aquí debemos actuar, debemos vivir, y para vivir hace falta algo distinto a la duda. La sociedad no puede esperar a que sus problemas se resuelvan científicamente; está obligada a decidir sobre lo que debe hacer, y para decidirse es necesario que se haga una idea sobre lo que ella es.

¿Dónde buscará la sociedad esta representación de sí misma que es indispensable para su acción, para su vida? Sólo existe una solución: en ausencia de un conocimiento objetivo, ella sólo puede conocerse interiormente,[6] sólo puede esforzarse por traducir el sentimiento que tiene de sí misma y guiarse por él. Dicho de otro modo, debe conducirse según una representación que sea de la misma naturaleza que las que constituyen las verdades mitológicas.

Ahora bien, lo que caracteriza a tales representaciones mitológicas es que expresan una concepción unánime, y es esto lo que les confiere una fuerza y una autoridad que hace que se impongan y que estén sustraídas al control y

---

6   [*N. del t.:* La fórmula utilizada aquí por Durkheim (*connaitre du dedans*) remite a su oposición entre "cosa" e "idea", explicitada en el Prefacio a la 2da edición de *Las reglas del método sociológico*: "La cosa se opone a la idea como lo que se conoce desde afuera (*du dehors*) a lo que se conoce desde adentro (*du dedans*)" (*Las reglas del método sociológico*, p. 12); la edición de Jorro (de 1912) prefiere traducir "exteriormente" e "interiormente". El propio autor aclaró el sentido de esta contraposición: "Con la palabra *du dedans* se ha querido decir... que la acción ejercida por los hábitos en los instintos tiene su origen en nosotros mismos, en el interior del organismo y de la conciencia. Por el contrario, las prácticas sociales ejercen sobre nosotros una acción que proviene del exterior (*du dehors*), pues se origina en la sociedad... las primeras nos dominan por el interior... mientras que la acción de las segundas *proviene del exterior*" (*Las reglas del método...*, Madrid, Jorro, 1912, p. 247)].

a la duda. Así es como en nuestras sociedades circulan fórmulas que no nos imaginamos que sean religiosas, pero que no obstante tienen el carácter de dogmas que no se discuten; tales son las nociones como *democracia, progreso, lucha de clases,* etc. Vemos entonces que el pensamiento científico no puede reinar solo: en la vida social hay y habrá siempre lugar para una forma de verdad que, aunque se pueda expresar bajo una forma muy laica, tendrá a pesar de todo un fondo mitológico y religioso. Todavía durante mucho tiempo existirán en toda sociedad dos tendencias: una hacia la verdad objetiva y científica, y otra hacia la verdad percibida interiormente,[7] hacia la verdad mitológica. Este es, por otro lado, uno de los grandes obstáculos que retrasan el progreso de la sociología.

### *VERDAD IMPERSONAL Y DIVERSIDADES INDIVIDUALES*

Un nuevo problema se nos presenta. Hasta aquí, la verdad se nos apareció como caracterizada por su impersonalidad. Pero sin embargo, ¿no habría que reservarle un lugar en la verdad a la *diversidad individual*? Mientras dure el reino de la verdad mitológica, el conformismo es la regla; pero con el reino de la verdad científica aparece el individualismo intelectual. Incluso es este individualismo el que la ha hecho necesaria, dado que de ahora en más la unanimidad social ya no puede establecerse alrededor de creencias mitológicas.[8] La verdad impersonal que elabora la ciencia puede hacerle un lugar a la individualidad de cada persona. En efecto, la diversidad de los objetos que se encuentran en el mundo provee materia para la diferenciación de los espíritus; no todos los espíritus individuales son igualmente aptos para estudiar las mismas cosas. De este modo, se ven llevados a dividirse los temas a tratar.

Pero esto no es todo, y de hecho el verdadero problema no está allí; está en saber si hay lugar para una pluralidad de actitudes mentales sobre *un mismo problema*, todas ellas, en cierto sentido, igualmente justificadas. Ahora bien, cada objeto es extremadamente complejo: implica siempre a una multitud de elementos que se funden y se pierden unos dentro de otros. Lo real es inagotable, no sólo en su totalidad, sino en cada una de sus partes constitutivas. Por lo tanto, todo objeto de conocimiento brinda lugar a una

---

7   [*N. del t.:* cf. la nota anterior respecto a *"connaitre du dedans"*].

8   Cf. *Las reglas del método sociológico*, p. 81: "A medida que el medio social se vuelve más complejo y móvil, las tradiciones, las creencias ya estructuradas se trastornan, se hacen más indeterminadas y flexibles y se desarrollan las facultades de reflexión; pero esas mismas facultades son indispensables a las sociedades y a los individuos para adaptarse a un medio más móvil y complejo".

infinidad de puntos de vista posibles: punto de vista de la vida y punto de vista del movimiento puramente mecánico, punto de vista estático y punto de vista dinámico,[9] punto de vista de la contingencia y punto de vista del determinismo,[10] punto de vista físico y punto de vista biológico, etc. Pero los espíritus particulares son finitos, no existe uno que pueda ubicarse en todos los puntos de vista a la vez. Para que cada uno de estos puntos de vista se pueda profundizar como conviene, es necesario que el espíritu se dedique a ellos por entero. El resultado es que cada espíritu es libre de elegir el punto de vista bajo el cual se siente más apto a considerar las cosas.

Por consiguiente, para cada objeto de conocimiento existen diversas maneras de ver, todas ellas bien fundadas. Sin duda no son más que verdades parciales; pero todas estas verdades parciales vienen a reunirse en la conciencia común, y allí encuentran a la vez sus límites y sus necesarios complementos. De esta forma el individualismo intelectual, lejos de ser un factor de anarquía como podría haberlo sido bajo el reino de la verdad mitológica, se convierte por el contrario en un factor indispensable para el establecimiento de la verdad científica, y la diversidad de los temperamentos individuales puede ponerse al servicio de la verdad impersonal.

Por otra parte, el individualismo intelectual no implica necesariamente que cada uno tenga el derecho de pensar arbitrariamente lo que quiera, tal como James parece creer, sino sólo que existen tareas diferentes en la obra común y que en esta obra cada uno puede llevar adelante su tarea de acuerdo a como su temperamento se lo solicite en tal o cual sentido.

De este modo, por un lado la verdad científica no es incompatible con la diversidad de los espíritus, y por el otro es imposible que la sociedad adquiera un sentimiento único de sí misma, dado que la complejidad de los grupos sociales crece sin cesar; de aquí las diferentes corrientes sociales. Aquí concebimos a la sociedad bajo una forma estática, allí bajo una forma dinámica. Aquí la veremos sometida a un determinismo, allí seremos sensibles sobre todo a lo que tiene de contingencia, etc. En el fondo todas estas concepciones están fundadas; corresponden a necesidades distintas, que traducen las diferentes maneras con las que la sociedad se siente y se experimenta a sí misma.

Otra consecuencia de esta transformación es que de ahora en más la *tolerancia* debe apoyarse en la idea de la complejidad y la riqueza de lo real, y por consiguiente en la diversidad de las opiniones, a la vez necesaria y eficaz. Cada persona debe poder admitir que los otros perciben un aspecto

---

9 Podría encontrarse aquí una reminiscencia de la distinción comteana entre la Estática y la Dinámica sociales.

10 Aquí se podría conjeturar con mucha probabilidad una reminiscencia de Boutroux, en cuyo pensamiento, como se sabe, Durkheim se inspiró en gran medida.

de la realidad que ella misma había dejado escapar, pero que es tan real y tan verdadero como aquellos a los que le había dado preferencia.

Al mismo tiempo, finalmente, se ve que la función de la verdad especulativa es la de alimentar a la conciencia colectiva. Y esto permite responder a la objeción pragmatista: si la verdad no hace más que expresar lo real, es pura redundancia. Es necesario que *agregue* a lo real; pero si agrega algo, deja de ser una copia fiel. De hecho, esta "copia" de lo real que es la verdad no es simple redundancia ni mero pleonasmo. Le "agrega"[11] a lo real un mundo nuevo, más complejo que todos los otros: el mundo humano, el mundo social. Por ella se hace posible un nuevo orden de cosas: nada menos que la *civilización*.

---

11  Sabemos que Durkheim siempre sostuvo que lo social es lo "sobreagregado" en relación con el ser psico-orgánico del hombre.

# Lección vigésima[1]

## ¿Existe heterogeneidad entre el pensamiento y lo real?

Nos queda examinar al pragmatismo en tanto doctrina que proclama la heterogeneidad de lo verdadero y lo real. Al mismo tiempo tendremos que examinar los argumentos que el pragmatismo toma prestados de Bergson para sostener esta tesis.[2]

Recordemos que la argumentación pragmatista es la siguiente: la verdad implica la distinción de los elementos; lo real está hecho de indistinción; por lo tanto, la verdad no puede expresar lo real sin presentar como distinto lo que no lo es, es decir, sin desnaturalizar lo real. La realidad forma una especie de masa única, donde todo se sostiene sin separación radical; lo que emana de una parte repercute en el todo. Por lo tanto, es sólo mediante la abstracción que separamos a una parte del todo. El concepto, por el contrario, es limitado, determinado, netamente circunscrito; el mundo de los conceptos es discontinuo y distinto.[3] Existe, así, heterogeneidad entre lo conceptual y lo real.

Esta heterogeneidad es aún más acentuada cuando se trata de traducir no al universo tomado en su conjunto sino al cambio, al movimiento y sobre todo a la vida. En efecto, para expresar el cambio es necesario descomponerlo, disociarlo en elementos, y cada uno de estos elementos se convierte necesariamente en algo fijo. Ahora bien, una serie de elementos fijos no podrá nunca restituir la movilidad del cambio, de la misma manera en la que no se podría hacer vida con algo inerte. El concepto no expresa más que lo fijado, lo ya hecho, pero no aquello que se hace, lo que está en vías

---

1    Última clase, 12 de mayo de 1914.

2    [*N. del t.*: Esta referencia a Bergson, así como las que siguen en este capítulo, están ausentes por completo en la versión del curso que puede leerse en el cuaderno de René Maublanc. En las notas de la Sorbona figura una única mención al filósofo francés en esta sección: "Para demostrar la incompatibilidad del espíritu y lo real, James invoca a la filosofía de B."].

3    [*N. del t.*: recordamos al lector que el término *distinct* debe entenderse aquí en el sentido ya mencionado en la Lección 5ª, es decir, referido a la distinción interna de sus partes; esta referencia implícitamente cartesiana debe tenerse en cuenta en toda este capítulo, particularmente en la discusión con el *élan vital* bergsoniano].

de devenir. Pero en lo real, precisamente, todo es continuo, complejo y moviente. El mundo no tiene nada de simple; todo puede descomponerse hasta el infinito. Y el pluralismo, en tanto negación de la simplicidad y afirmación de la diversidad, es lo verdadero.

Este es el argumento pragmatista. Pero que la realidad sea continua e indivisible ¿implica necesariamente que la distinción sea sólo un producto del pensamiento? Que no existan diferencias absolutas, ¿implica que exista una indistinción, una confusión absoluta? No hay nada absoluto en el universo; la confusión absoluta es tan imposible como la separación absoluta; ya existe *en las cosas* una discriminación relativa. En efecto, si lo real fuera absolutamente indiferenciado, si fuera el reino de la confusión total, habría que reconocer que allí no se puede aplicar el principio de no-contradicción. Para poder decir "A es A", es necesario, efectivamente, que A sea determinado, que sea lo que es y no otra cosa. El propio pragmatismo se apoya en razonamientos que ponen en juego conceptos,[4] que se apoyan en el principio de no-contradicción; negar este principio sería negar en los hechos la posibilidad de toda relación intelectual. No podemos emitir un juicio o incluso comprender cualquier cosa, si no convenimos primero que lo que está en cuestión es tal objeto y no tal otro. Del mismo modo, en una discusión es necesario que nos pongamos de acuerdo sobre el hecho de que hablamos de tal objeto y no de tal otro.

Pero quizás se objete, con Bergson, que el estado natural de la vida es precisamente el de ser indivisible. La vida es una unidad, una concentración, donde, hablando propiamente, nada es exterior a las demás partes.

Responderemos que sea lo que sea la realidad, lejos de ser refractaria a toda especie de distinción, tiende a la misma y de cierto modo aspira a ella. Cuando Spencer afirma que el universo va "de lo homogéneo a lo heterogéneo", esta fórmula es inexacta. Lo que existe en el origen es también lo heterogéneo, pero lo heterogéneo en un estado de confusión. El estado inicial es una multiplicidad de gérmenes, de modalidades y actividades diferentes, no sólo mezcladas sino perdidas, por así decirlo, unas dentro de las otras, de tal forma que es extremadamente difícil separarlas; son *indistintas* unas de otras. Es así que en la célula de los seres monocelulares todas las funciones vitales están como reagrupadas; todas están allí, sólo que no están separadas. Las funciones de nutrición y las funciones de relación parecen confundidas, y resulta difícil distinguirlas. Ocurre lo mismo con el embrión: en el feto humano ya existen todas las funciones del organismo humano. El niño que nace trae consigo todas las tendencias que le vienen de la herencia, sin que

---

4    Se sabe que el propio James, en sus *Principes of Psychology*, t. I, p. 329 [la referencia de Cuvillier parece ser incorrecta, quizás se refiera al cap. XII, "Concepción"; *Principios de psicología*, t. I, p. 494], reconoce al concepto como indispensable para el razonamiento].

aún se las pueda discernir claramente. Es sólo más tarde que se separarán efectivamente.

En la vida social este estado primitivo de indivisión es todavía más llamativo. La *vida religiosa*, por ejemplo, consta de una gran riqueza de formas de pensamiento y actividades de todo tipo. En el orden del pensamiento, encierra: 1° los mitos y las creencias religiosas; 2° una ciencia en sus comienzos;[5] 3° una cierta poesía. En el orden de la acción, encontramos: 1° los ritos; 2° una moral y un derecho;[6] 3° artes, elementos estéticos, especialmente canciones y música. Todos estos elementos están recogidos en un todo y parece muy difícil separarlos: ciencia y arte, mito y poesía, moral, derecho y religión, todo esto confundido o, mejor, fundidos los unos en los otros. Se podría hacer la misma observación a propósito de la *familia* primitiva: es a la vez grupo social, religioso, político, jurídico, etc.[7]

Así, la forma primitiva de toda realidad es una concentración de energías de todo tipo, indivisibles en el sentido de que no son más que aspectos diversos de una única y misma cosa. La evolución consiste en una separación progresiva de todas estas funciones distintas y sin embargo primitivamente confundidas. El pensamiento laico y científico se separó del pensamiento mítico y religioso, el arte se separó del culto, la moral y el derecho se separaron del rito. El grupo social se dividió en grupo familiar, grupo político, grupo económico, etc.

Por lo tanto, nos vemos conducidos a esta idea: que *lo que se nos dice ser la forma eminente de lo real*, a saber, este estado de confusión, de interpenetración de todos sus elementos, *es a decir verdad su forma más rudimentaria*. La confusión está en el estado original.


## El pensamiento distinto y el "élan vital"[8]

Pero aquí nos volvemos a chocar con la objeción de Bergson. Lo que constituye la vida sería un impulso [*élan*] indivisible: al chocar con la materia, que es inercia, rigidez, fijeza, este *élan vital* se habría visto obliga-

---

5   Cf. *Las formas elementales de la vida religiosa*, pp. 212-213, 245-246, etc.

6   Cf. *Sociología y filosofía*, pp. 66, 94, etc.

7   Cf. "Introducción a la sociología de la familia" y "La familia conyugal", en *Durkheim. El Estado y otros ensayos,* Buenos Aires, Eudeba, 2012, pp. 81-100 y pp. 101-112, respectivamente. Cf. además Georges Davy, "La famille et la parenté d'après Durkheim", en *Sociologues d'hier et d'aujourd'hui*, París, Alcan, 1931, pp. 103 y ss.

8   [*N. del t.:* En este caso hemos mantenido la expresión original (en lugar de traducirla como "impulso vital") para reforzar la identificación con el pensamiento de Henri Bergson].

do a difractarse y subdividirse.[9] La misma materia, por lo demás, no sería más que una distensión, un relajamiento y una inversión de este impulso ascensional.[10]

Sin embargo, si la materia es también vida, aunque ralentizada y condensada por así decirlo, no vemos cómo ambas pueden entrar en lucha, ni por qué oponemos una a la otra; la hipótesis de la oposición de la materia y de la vida como dos fuerzas hostiles es inadmisible. La vida no se fragmenta y subdivide *a pesar suyo*; se divide espontáneamente para realizarse de forma más completa, se divide para emanciparse. En efecto, primitivamente todas las formas de actividad y todas las funciones están reunidas, como si fueran prisioneras unas de otras. Son por lo tanto obstáculos unas para las otras; cada una le impide al resto realizar completamente su naturaleza. Es así que para que la ciencia se pueda constituir debe diferenciarse de la religión y de los mitos. El hecho de que el lazo que los unía primitivamente se distienda y se afloje no es una caída o una degradación, es por el contrario un progreso.

La necesidad de distinción y separación, entonces, está *en las cosas*; no es sólo una necesidad del espíritu. Las cosas están llenas de elementos diversos, de partes separables, de aspectos variados; por consiguiente, en ellas hay elementos discernibles, dado que tienden por sí mismos a separarse, sin lograr nunca liberarse por completo los unos de los otros. En la vida social la individuación es sólo una de las formas de esta tendencia a la diferenciación.

Desde luego, tal diferenciación no puede ser una pura abstracción. Sabemos que cada elemento que aislamos conserva relaciones con todo el resto. No obstante, este acto que consiste en aislar un elemento del todo al que está ligado es legítimo. Tenemos derecho de decir que A es A, pero sabiendo bien que lo hacemos de modo abstracto y condicional. En la medida en la que consideramos a A no en tanto lo que tiene de absolutamente diferente de B y de C sino en sí mismo, hacemos de él un concepto. Aislar este costado real de las cosas no es hacerle violencia a su naturaleza; por el contrario, al hacerlo estamos siguiendo las articulaciones naturales de cada cosa. Pensar las cosas por conceptos es establecer una diferenciación totalmente relativa. El concepto expresa adecuadamente una realidad; si es distinto, es porque

---

9    Cf. *La evolución creadora*, París, Alcan, 1908, p. 197 [*Obras escogidas*, Madrid, Aguilar, 1963, p. 595]: "La evolución de la vida, así considerada, toma un sentido más claro… Todo ocurre como si una gran corriente de conciencia hubiese penetrado en la materia, cargada, como toda conciencia, de una multiplicidad enorme de virtualidades que se interpenetraban. Ha arrastrado la materia a la organización, pero su movimiento ha sido infinitamente retardado y dividido".

10   Cf. *ibid.*, pp. 268-271 [651-653]: la materia es "un gesto creador que se deshace", condensación de las gotas de agua de un chorro de vapor; la vida es "un esfuerzo por elevar el peso que cae".

traduce distinciones que no son en absoluto un simple producto del espíritu. Por lo tanto, no existe ninguna heterogeneidad entre el pensamiento y lo real.

Queda la objeción según la cual los conceptos no podrían expresar el cambio y la vida. Se nos dice que el devenir es algo que "se hace", no una serie de estados ya hechos. El concepto es incapaz de expresar el movimiento del pasaje de un estado al otro. Pero en esta concepción de la vida hay una contradicción. La vida no se puede definir por la pura movilidad: existe en lo real un aspecto estático. Este aspecto, según la doctrina que discutimos, es el de la materia. Pero si la materia es vida degradada y fijada, es necesario que haya algo en la vida que se preste a esta fijación. Es necesario que haya un aspecto estático incluso en el cambio mismo.

En efecto, todo cambio es para llegar a un resultado. ¿Con qué derecho se postula que estos resultados están despojados de fijeza? ¡Como si a veces la vida no tuviera necesidad de detenerse y regodearse en su reposo! ¿No será el movimiento, el cambio, un medio para llegar a resultados? Un devenir que fuera una especie de fuga perpetua, sin detención ni reposo, sin ningún punto fijo, no sería más que una agitación inútil. Así, al fijar *estados* consecutivos se traducen los elementos reales del devenir, y si estos estados no son todo el devenir, son por lo menos elementos esenciales.

Además, no podemos representarnos algo que cambia sin representarnos "algo" y este "algo" necesariamente es algo ya constituido. Es con lo adquirido que hacemos lo nuevo, y lo nuevo no lo es, no tiene sentido como tal, sino en relación con lo adquirido. Es cierto que todavía falta pensar en el lazo entre uno y otro. Se dirá: ¿cómo pensar en lo que "se hace"? Lo que se hace todavía no es, es lo indeterminado, y por lo tanto lo impensable. Sólo nos podemos representar lo que es porque ello es de una cierta manera, lo que permite que sea asido por el pensamiento. La tendencia a ser no puede ser pensada más que en función de los elementos adquiridos.

Pero en el fondo, ¿es verdad que no podemos pensar el movimiento, el pasaje de un estado al otro? El pensamiento, cuando se aplica al cambio, supone siempre tres términos: la noción de un estado realizado, la noción de un estado pensado bajo una forma rudimentaria, porque aún no existe, y finalmente la noción de una *relación* entre uno y otro. Esta última noción es perfectamente representable por un concepto.

La dificultad está sobre todo en comprender cómo se puede expresar la relación de participación. Es que el concepto nunca está verdaderamente aislado por nosotros. Podemos perfectamente desatar el contexto que lo encierra, pero contamos con el *juicio* y el *razonamiento*, que nos permiten reestablecer las relaciones de unos con otros. Es así como advertimos que dos cosas están en comunicación.

De este modo, la diferenciación es una necesidad del pensamiento conceptual, pero está ya en las cosas, como lo está en el espíritu. Del mismo modo, la continuidad y la comunicación están tanto en el espíritu como en las cosas.[11]

## Conclusión

Se les reprochaba a los racionalistas concebir a la verdad como una especie de lujo de lo real, como algo dado, ya realizado, y que se habría hecho únicamente para ser contemplado. Se decía que esta contemplación era un disfrute estéril, un disfrute egoísta de intelectual, sin utilidad desde el punto de vista humano. Pero la expresión de lo real tiene claramente una función útil. Es ella la que hace a las sociedades, aunque también se podría decir que deriva de ellas.[12] Ciertamente, cuando nos representamos a la verdad como algo hecho por completo, nos vemos llevados a concebirla bajo una forma trascendente. Pero si la verdad es una *cosa social*, es al mismo tiempo una cosa humana, y de este modo se acerca a nosotros, en lugar de ir a perderse en las lejanías de un mundo inteligible o un entendimiento divino. Sin dudas, sigue siendo superior a las conciencias individuales; pero incluso lo que hay de colectivo en ella no existe sino por la conciencia de los individuos. La verdad sólo se realiza por los individuos.[13]

Agreguemos que la verdad, al mismo tiempo que cosa social y humana, es también cosa viviente. Se mezcla con la vida porque es ella misma un producto de esta forma superior de la vida que es la vida social, al mismo tiempo que es una condición de ella. Es diversa porque esta vida se presenta ella misma bajo formas múltiples y diversas. Esta diversificación, al igual

---

11 [*N. del t.*: en la versión del cuaderno de Maublanc la idea de este párrafo aparece de un modo ligeramente diferente: "La dificultad está en la participación de los conceptos; la tarea del juicio y del razonamiento es la de poner a los conceptos en comunión unos con otros. Las operaciones lógicas colocan términos medios entre los conceptos distintos: la continuidad está en el espíritu tanto como está en las cosas, si la discontinuidad está en las cosas como lo está en el espíritu"].

12 Durkheim ha insistido a menudo sobre estos fenómenos de recurrencia, como los ha llamado, o de *reciprocidad causal* en el dominio social. Cf. *La división del trabajo social*, pp. 218 y 221, y sobre todo *Las reglas del método sociológico*, p. 80: "el nexo de solidaridad que une la causa al efecto tiene un carácter de reciprocidad que no ha sido suficientemente reconocido", y Durkheim cita diversos ejemplos (cf. *supra*, lección 19, § "Verdad impersonal y diversidades individuales").

13 Una fórmula que quizás sorprenda a los críticos de cierto "sociologismo" de caricatura, pero que es por completo conforme al pensamiento auténtico de Durkheim. Cf. *Sociología y filosofía*, pp. 78-79: "Al mismo tiempo que (la sociedad) nos supera, nos es interior, puesto que no puede vivir sino en nosotros y por nosotros".

que el "tallado" de conceptos,[14] como dice el pragmatismo, no son de ningún modo arbitrarios. Están modelados sobre las realidades, y especialmente sobre las realidades de la vida social.[15]

Existe, finalmente, un último rasgo de la verdad sobre el que ya hemos insistido, pero que quiero recordar para finalizar: se trata de su carácter *obligatorio*.[16] Hemos visto que este utilitarismo lógico que es el pragmatismo no sabe explicar suficientemente esta *autoridad* de la verdad, autoridad que por el contrario podemos concebir fácilmente si vemos en la verdad algo social. Es por esto que *la verdad es una norma para el pensamiento así como el ideal moral es una norma para la conducta*.[17]

---

14  [*N. del t.:* "*découpage*" en la versión de Durkheim, correspondiente al *carving out* del original de James; cf. Quinta Lección, § "Necesidad y libertad"].

15  [*N. del t.*: el manuscrito de Maublanc termina aproximadamente en este punto, agregando una frase ausente de la versión de Cuvillier: "La verdad es también algo vivo porque no nos es dada hecha del todo: se la debe hacer, disociar las cosas pero según sus articulaciones naturales"].

16  Cf. arriba, Décimoquinta Lección, § "El pragmatismo como utilitarismo lógico".

17  [N. del t.: Este párrafo final está ausente de la versión de Maublanc, pero figura en el final del manuscrito del curso hallado en la Sorbona, que combina de algún modo ambas versiones del siguiente modo: "Si [la verdad] tiene como función encerrar a lo real, no nos está dada hecha del todo; somos nosotros quenes debemos realizarla, somos nosotros quienes dividimos [¿las cosas?]. No [¿las?] dividimos al azar, sino según una regla. La verdad es para el pensamiento lo que la moral es a la acción"].

# APÉNDICES[1]

## — I —
## LA CERTEZA[2]

Generalmente se define a la certeza como el estado en el que se encuentra el sujeto cuando se cree en posesión de la verdad. Pero esta definición no es tal, ya que no es objetiva: sólo postula una apreciación completamente subjetiva. Por otro lado, el propio sujeto no sabe cuándo está en posesión de la verdad. Se equivoca sobre su propia creencia, puede creerse con certezas cuando no lo está, y puede creer que vacila cuando en realidad ya está decidido.

Debemos por tanto encontrar las características precisas y objetivas de la certeza. Tenemos que preguntarnos si no existen efectos *exteriores* del estado de certeza que nos permitan definirlo.

Si el sujeto no tiene certezas, al momento de transformar su certeza en acción vacila. Por el contrario, si verdaderamente tiene certeza, actúa conforme a la idea que acepta como verdadera. La fe que recula frente al acto no es verdaderamente fe.

Esta *disposición a actuar* consta de varios grados. Puede ocurrir que suponga necesariamente el acto; así ocurre las más de las veces con la fe religiosa y la fe moral. También puede ocurrir que el acto no aparezca indispensable más que de modo condicional. Pero siempre existe una disposición a actuar.

Esta definición muestra que la certeza no es un absoluto. Pasa por toda suerte de grados. Es la aptitud del sujeto a transformar la idea en acto.

Pero existe otro elemento de la certeza: es una disposición a actuar *en conformidad con una representación*. Ahora bien, ¿qué es lo que será esta

---

1  De acuerdo a las notas de Marcel Tardy.

2  [*N. del t.:* Hemos optado por traducir "*certitude*" por "certeza" en lugar de "certidumbre" (como prefirió la edición Schapire) por su afinidad con las habituales traducciones del término en la tradición filosófica, en particular la cartesiana; cf. las versiones de Alianza o Gredos del *Discurso de método*].

representación? Entre nuestras representaciones, se pueden distinguir tres grandes tipos: las sensaciones, las imágenes y los conceptos.

La *sensación* es vista a menudo como el estado típico de certeza. Se dice que sentimos con certeza: no podemos no tener tal sensación. Es la certeza del hecho.

En realidad, la sensación está por fuera o por debajo de la certeza. El animal no tiene más que sensaciones. Pero el animal no tiene certeza. Ésta es un hecho humano.

Ciertamente, cuando sufrimos, es un hecho que sufrimos. Pero para que allí pueda existir propiamente certeza, es necesario que juzguemos, que le demos un nombre a nuestra impresión, que la subsumamos bajo un concepto. Es necesario que digamos y concibamos: "sufro, y tengo la certeza de que sufro". Es el concepto de sufrimiento el que interviene para subsumir y clasificar la impresión. Sin este concepto, no existe certeza. Ocurre muy a menudo que, hablando con propiedad, no sabemos si sufrimos porque no sabemos *cómo* sufrimos.[3] Para tener certezas, es necesario que afirmemos algo y para afirmar algo, es necesario que sustraigamos tal cosa del devenir sensible y la clasifiquemos. Por lo tanto, en la sensación pura no existe verdadera certeza.

En cuanto a las *imágenes*, se mezclan constantemente con la sensación. Si no consideramos más que las imágenes libres, el mundo propio de la imaginación, vemos en seguida que no hay lugar para la certeza en este dominio. El mundo del arte no es sentido del todo como real.

Quedan los *conceptos*. Sólo en el mundo de los conceptos existe certeza. Existe certeza cuando estamos seguros de que el concepto se aplica a la realidad. Esta certeza conceptual es diferente de la supuesta certeza sensible. Ciertamente, los procesos de acción que dirigen son comparables. Pero el concepto expresa lo real y dirige el movimiento *de forma distinta* que la sensación. La sensación es viva y ardiente; el concepto es abstracto y frío. No existen en él mismo las cualidades necesarias para llevar al acto. La sensación da inmediatamente la impresión de la realidad, y posee su propia fuerza de acción. El concepto, por el contrario, es una expresión indirecta de la realidad, y no tiene su fuerza de acción en sí mismo.

Existen dos especies de conceptos que el estado de certeza puede abordar: 1° los conceptos que expresan estados dados y realizados, ya sea que se trate de estados internos o externos; 2° aquellos que expresan estados a realizarse, movimientos a ejecutar, formas de actuar.

Por consiguiente, puede haber una certeza que se refiera directamente a la acción, donde la disposición a actuar conlleva inmediatamente al acto. Es la certeza religiosa o la certeza moral. Y existe otra certeza, que no se

---

3   Cf. *supra* una idea análoga en Moore, Sexta Lección, p. 129.

refiere más que a objetos reales, y para los cuales, por lo tanto, la disposición a actuar no es inmediata. En este caso el acto no se traduce directamente del concepto, dado que éste es el concepto de una cosa ya realizada. El acto no es entonces más que su corolario.

En pocas palabras, la certeza es o bien *práctica*, alcanzando el acto inmediatamente, o bien *teórica*, y sólo llega al acto a través de un concepto que expresa una cosa dada.

¿Cuáles son las causas que *determinan la certeza*? De acuerdo a una primer teoría, sería una característica intrínseca del concepto. Es esta característica lo que Descartes llamaba *la evidencia*. Es el principio que encadena el espíritu. Sin dudas que hay que darle su lugar al sujeto en esta certeza: el sujeto debe ubicarse en una actitud de *atención* voluntaria. Pero el carácter de certeza no deja de estar impuesto al sujeto.

Esta explicación es insuficiente. En efecto, ¿de dónde viene esta propiedad de la idea clara? Por lo demás, de hecho, no existe evidencia que en cierto momento de la historia no haya sido negada. Ocurre lo mismo con el principio de no-contradicción: en las creencias mitológicas, el todo está por completo en cada una de sus partes. El principio de no-contradicción aparece así como un postulado. La certeza varía. Existe un relativismo de la verdad que se impone históricamente.[4] Por último si la certeza fuera un carácter intrínseco de la idea, no se podría explicar cómo ésta determina el acto. Es necesario que en la certeza existan características más próximas a la acción.

Es lo que han comprendido bien los defensores de la teoría *voluntarista* de la certeza, en particular Renouvier. La certeza ya no sería una propiedad de la idea, sino una obra del hombre como un todo. De este modo se comprende la relación de la representación con el acto. También se comprende cómo es que puede variar la certeza, dado que es individual.

Pero esta teoría voluntarista ignora el carácter imperativo [*nécessitant*] de la idea verdadera.[5] No estamos libres en la certeza; nos sentimos constreñidos a adherir a la verdad. Consideramos que nuestra certeza no nos es personal, que debe ser compartida por todos los hombres; ilusión o no, esta creencia está en nosotros. ¿Cómo podría esta impersonalidad ser producto de factores tan personales? ¿De dónde viene la reunión en nosotros de estos dos elementos: el elemento individual y el elemento impersonal, el elemento libre y el elemento necesario?

Para responder a esta pregunta, consideremos por empezar la certeza práctica. Existe en la representación del acto moral a cumplir algo que se nos impone, y ese algo es una autoridad; la autoridad que viene de los sentimientos colectivos.

---

4	Cf. *supra*, Décimocuarta Lección.

5	Cf. *supra*, el comienzo de la Décimoquinta Lección.

Pero si existen formas de actuar que se nos imponen por el hecho de una autoridad colectiva, ¿por qué no existirían formas de pensar que se nos impondrían del mismo modo por la autoridad de la conciencia colectiva? La potencia de la opinión es tan grande sobre el pensamiento como sobre la acción. Los conceptos de origen colectivo (todos lo son, a decir verdad), toman para nosotros una fuerza tal que su objeto se nos aparece como real aun cuando no lo es. Así ocurre con las representaciones religiosas y mitológicas. En ciertas civilizaciones, el mundo construido por la mitología ha sido para el hombre el mundo real. Es así que los conceptos adquieren la vivacidad y la fuerza de acción de las sensaciones. Se comprende también por qué todos nuestros conceptos varían con la opinión.

Es así que la necesidad lógica no sería más que otra forma de la necesidad moral. La certeza teórica, otra forma de la certeza práctica. En esto seguimos estando en la tradición kantiana.

Bien podría ser que la certeza fuera una cosa esencialmente colectiva. No tenemos certeza más que cuando estamos seguros de no ser los únicos con certeza. Incluso cuando hemos elaborado una creencia personal tenemos la necesidad de comunicarla para tener la certeza de que no nos equivocamos.

Por otro lado, la autoridad de la tradición y la opinión no escapa a la crítica; pero cuando la criticamos, es siempre en nombre de ellas mismas. Por ejemplo, cuando criticamos los prejuicios populares en nombre de la ciencia, nos estamos sirviendo de la autoridad que la opinión le reconoce a la ciencia.

— II —

## LOS CONCEPTOS

Podríamos vernos tentados a definir al concepto por su extensión y su generalidad, por oposición a las sensaciones y las imágenes, que no representan más que objetos particulares.

Pero así definido el concepto no sería más que una noción genérica. No sería específicamente diferente de la sensación y de la imagen. Pensar lógicamente sería entonces simplemente pensar en general. Ahora bien, lo general no existe más que implicado en lo particular. Pensar lo general es por lo tanto pensar a lo particular bajo un cierto aspecto.

Sería extraordinario que esta sencilla diferencia bastase para hacer nacer un tipo de pensamiento tan distinto del pensamiento por sensaciones y por imágenes como lo es el pensamiento lógico. ¿Cómo podría lo particular, una vez empobrecido y simplificado, poseer virtudes que no posee lo particular cuando es rico y frondoso? ¿Cómo, al mutilar lo real, se obtendrían representaciones dotadas de privilegios que no tienen las otras? Debemos examinar si en verdad el concepto no es más que esto.

No existe discontinuidad entre el individuo y el género. Existen conceptos para los géneros. ¿Por qué no los habría para los individuos? ¿Es entonces necesario el género para que exista concepto?

De hecho, existen muchos conceptos que sólo designan individuos. Cada pueblo, cada nación, posee un gran número de héroes, no importa si legendarios o históricos. ¿Cómo los pensamos? No es por ideas generales. Tampoco por imágenes; no los hemos visto jamás. Tenemos de ellos conceptos, ya que discutimos sobre ellos, y son los conceptos los que sirven de punto de partida a nuestras discusiones y a nuestros razonamientos.

Del mismo modo, el concepto de Dios es un concepto individual. Dios es claramente un ser individual para los creyentes, y no lo pensamos ni por sensaciones ni por imágenes.

Además citemos la idea de patria, que es claramente un concepto.

Por otro lado, las sensaciones y las imágenes se caracterizan por su fugacidad, por su movilidad. Por el contrario, el concepto es inmutable, o al menos debe serlo. Pensar conceptualmente es pensar lo variable y subsumirlo *bajo* lo inmutable. La fijeza del vocabulario traduce esta fijeza del concepto, al mismo tiempo que es en parte su causa.

El concepto es universal, o al menos universalizable, entre hombres de una misma civilización. Es común o comunicable a todos los hombres que poseen el mismo lenguaje. No podemos decir: "*mi* concepto", mientras que decimos perfectamente "*mi* sensación". La sensación, como la imagen, es incomunicable a los demás. Sólo podemos despertar otras semejantes por asociación. El concepto es impersonal, está por encima de las contingencias individuales. Esta es la característica del pensamiento lógico.

El problema, entonces, es saber cómo el pensamiento pudo fijarse y por así decirlo despersonalizarse de este modo, y no cómo se generalizó.

Cuando los socráticos descubrieron que existían representaciones fijas, quedaron maravillados, y Platón experimentó la necesidad de hipostasiar y casi divinizar estos pensamientos fijos e inmutables.[6]

Pero podemos encontrar otras explicaciones de las propiedades del concepto. Si el concepto es común a todos, ¿no será porque es obra de la comunidad? El dogmatismo clásico, que postula el acuerdo de todas las razones humanas, es un poco pueril.[7] No es necesario ir a buscar este pensamiento único e impersonal por fuera de la experiencia. Hay uno que está dentro de la experiencia: es el pensamiento colectivo. ¿Por qué el concepto no sería una representación colectiva?

Todo lo que es colectivo tiende a fijarse, a eliminar lo cambiante y lo contingente. Además, es porque es colectivo que el concepto se nos impo-

---

6    Comparar *supra*, Quinta Lección, p. 121.

7    Cf. *supra*, Tercera Lección y ss.

ne; nos es transmitido. Por último, la palabra juega un papel capital en el concepto, y la palabra es una cosa colectiva.

El pensamiento colectivo sólo está representado en cada conciencia individual de modo débil e incompleto. Ya lo hemos visto para el pensamiento moral.[8] Ocurre lo mismo desde el punto de vista intelectual. Cada una de nuestras palabras desborda nuestra experiencia individual y a menudo expresa cosas que ignoramos totalmente. Si algunos de los objetos connotados por la palabra nos son conocidos, son únicamente ejemplos. Con más razón aún, el concepto desborda con mucho nuestra experiencia personal. Está formado por las experiencias de toda una sucesión de generaciones. Es entonces la experiencia colectiva la que viene a superponerse y a "subsumir" a nuestra experiencia individual por medio del concepto.

Por último, la sistematización de los conceptos se debe a que el pensamiento colectivo está él mismo sistematizado. En relación con este pensamiento colectivo somos como el νοῦς [*nous*] de Platón en relación con el mundo de las Ideas. No llegamos a verlo por entero ni tal y como es. No conocemos todos los conceptos elaborados por nuestra civilización. Y además, los individualizamos; le damos a las palabas un sentido particular que ellas no tienen. De ahí las numerosas divergencias entre los individuos; de ahí también las mentiras, esas mentiras que se han llamado necesarias...

A esta teoría sociológica del concepto se le podría oponer una objeción. El concepto, tal como lo hemos definido, asegura el acuerdo de los individuos, de los unos y los otros. Pero se nos preguntará ¿de dónde viene su acuerdo con la realidad? Tenemos la tendencia a pensar que si el concepto es colectivo, es porque tiende a ser verdadero. Pero únicamente los conceptos científicos presentan esa característica; los otros se elaboran sin método.

Sin embargo, se puede responder que las representaciones colectivas no están fuera de la verdad lógica. Su generalidad y su fijeza serían imposibles si fueran por completo inadecuadas a la verdad. El control se hace recíprocamente: las experiencias de todos los individuos se critican entre sí. Los conceptos elaborados por la masa y los que elaboran los sabios no son de naturaleza esencialmente diferente.[9]

◆ FIN DEL CURSO ◆

---

8   Cf. "La determinación del hecho moral", en *Sociología y filosofía, op. cit.*

9   Cf. *supra* la Décimonovena Lección.